엘리어트 파동 이론

일러두기

- 1부는 엘리어트의 《The Wave Principle》의 번역본이다. 국내에서는 《파동 이론》으로 출간되고 있기에, 본서에서는 책은 《파동 이론》으로 표기하되, 문맥에 따라 더 큰 의미이며, 'Principle'과 뜻이 더 가까운 '파동 원리'로도 표현했다.

- 2부는 엘리어트가 〈파이낸셜 월드〉에 기고한 글을 모았다.

- 3부는 엘리어트의 《Nature's Law》의 번역본이다. 본서에서는 《자연의 법칙》으로 통일했다.

- 4부는 엘리어트가 투자자들에게 1938부터~1946까지 유료로 조언을 해주던 파동 해설 서신과 시장 예측 서신, 유인물 등을 모았다. 형식면에 있어서도 가급적 원본 그대로 두었다. 따라서 회수되지 못한 서신이 있음을 밝힌다. 해설 서신 32번 등이 그러하다. 서신의 특성상 엘리어트는 종종 본인의 저서를 언급한다. 하지만 초판본을 확인하기 어려워 정확하게 어떤 부분을 말하는지 밝히지 못했다. 대부분 뒤에 이어지는 설명이 있어서 이해하는 데에는 무리가 없어 '저서를 참고하라'는 원문은 그대로 두었다.

- 1부에서 3부는 원전의 그래프를 보기 쉽게 고쳐서 그렸고, 서신은 원전 그대로를 고쳐 그리고 갈음해 실었다.

- 1부에서 3부는 로빈 창 님이, 4부는 윤지민 님이 번역했기에 용어 등이 상이한 점이 있으나, 처음 나왔을 때 혼용된 표현을 병기해 두었다.

- 책 제목은 《 》, 신문, 잡지, 논문, 영화, 작품 등은 〈 〉를 사용했다.

- 국내에서 이름이 알려진 인물이거나 번역서가 나온 경우는 원어를 병기하지 않았으며, 저자 및 책명 표기는 국내 출간작에 의거했다.

- 외국의 인명, 지명, 독음 등은 사전 및 외래어 표기법을 따르되 이에 해당하지 않는 경우는 언어의 발음을 그대로 따랐다.

The Wave Principle
The Financial World Articles
Nature's Law

최초 저작물부터
유작까지 망라한 전집

엘리어트
파동 이론

R. N. 엘리어트 지음 | Robin Chang, 윤지민 옮김

 이레미디어

추천사

투자 시장이라는 바다를 항해할 때 가장 큰 난관은 내가 어떤 방향으로 나아가야 할지 모르는 것이라고 생각한다. 파도를 거슬러 올라가는 것은 힘들기도 하고 너무나 위험하다. 즉 항해를 끝마치기 위해서는 파도가 어디로 치는지 확인하고 그 기류에 탑승할 줄 알아야 한다.

엘리어트 파동은 이미 100여 년에 걸쳐 시장에서 결과로 증명했으며, 또 많은 선지자가 이론을 강화하여 지금까지 이어져오고 있는 가장 오래된 이론 중 하나이다. 엘리어트 파동 이론은 어느 날 갑자기 한 장의 논문으로 탄생된 것이 아니다. 넬슨 엘리어트는 그의 최초 저작인 《파동 이론》을 발간하고 〈파이낸셜 월드〉에 12차례에 걸쳐 기고문을 작성한 후에야 현재의 이론을 담은—혹은 일부밖에 담지 못한―《자연의 법칙》을 집필한다.

이 책은 엘리어트 파동의 단순히 개념과 이론을 전달하는 것을 넘어 그의 최초 발간서부터 유작 발간서까지의 모든 내용을 담은 종합 전집으로, 1938년부터 1946년까지 엘리어트가 유료로 발간하는 서신들까지 모두 담아냈다.

유튜브를 통해 엘리어트 파동을 접하면서 단순히 12345파로의 개념으로 귀에 걸면 귀걸이, 코에 걸면 코걸이라며 회의적인 시선으로 바라보던 때가 있었다. 그러나 산업혁명에 따른 엄청난 경제발전과 호황기를 거쳐 누구도 예상하지 못했던 경제 대공황으로 나타난 자본시장의 폭락을 경험했던 엘리어트가 어떠한 생각을 가지고 자본시장을 성찰했는지, 그 내면을 이해하기 시작하면서 나의 시선도 달라졌다. 자본시장 역시 끊임없이 반복 순환하는 자연의 사이클과 너무나 많은 부분이 닮아 있다는 내용 그리고 미신이라고 조롱받던 엘리어트의 인간 리듬이 학문적 신빙성을 얻게 되는 과정을 보며 그의 선지적 통찰력에 감탄을 할 수밖에 없었다.

그런 의미에서 이 책은 단순히 파동 이론을 설명하는 설명서가 아닌, 엘리어트의 일생의 연구를 담아낸 '전집'이라는 타이틀이 어울리지 않을까 싶다.

거친 파도 속을 미끄러지듯 항해하는 배들은 모두 저마다 방향을 잡아주는 나침반과 파도의 흐름을 읽는 항해사의 통찰력이 있다. 나는 이 책이 여러분의 나침반과 항해사가 되어줄 것이라 생각한다.

이 책을 읽는 모든 이가 금융의 바다에서 자신만의 길을 찾아 용감하게 항해할 수 있기를 기원한다.

하우투트레이드 bk최범길

역자의 말_시공간을 뛰어넘는 파동 원리의 탁월성

　반세기를 훌쩍 넘긴 책과 글이 지금의 투자 환경에서 유용할 수 있을까? 독자들은 물론이겠거니와 이 글을 번역한 나로서도 의문을 느꼈던 것이 사실이다. 그러나 세월이 그렇게 흘렀다는 선입견을 일단 가슴속에 묻어두고 한 페이지씩 넘기다보면, 독자들은 어느덧 그의 이론에 몰입되고 매료되고 시공을 넘어 반짝이는 그의 선각자적인 지혜를 호흡하게 될 것이라고 믿는다.

　오랜 동안 월가의 감추어진 비밀이었던 엘리어트 이론이 지금의 독자들에게 읽혀진다는 사실은 역설적으로 시대를 뛰어넘는 파동 원리의 탁월성과 가치를 반증하는 것이다. 엘리어트는 살벌하고 촘촘한 월스트리트의 그물에서 잔뼈가 굵은 정통파 투자이론가가 아니었다. 환갑이 넘은 나이에야 독학으로 시장을 익혔고, 그의 후견 역할을 했던 콜린스를 제외하고는 아는 이 한 명 없는 증권가에 나이 예순 여섯에 발을 디뎠다. 참으로 겁이 없었다 할까. 그의 예측은 95퍼센트 이상의 적중률을 보였지만, 찬사보다는 질시가, 명성보다는 값싸게 그를 이용하려는 음해가 그를 기다리고 있었다. 그렇게 딱 10년을 채우고 그는 세상을 떠났다.

만약 그의 예측이 그만큼 뛰어나고 몰래 그의 이론을 익혀 실전에 성공을 거둔 사람들이 많지 않았다면, 그의 이론은 이미 50여 년 전에 그의 생애와 함께 무덤에 들었을 것이다. 따라서 우리는 월가의 오랜 역사 속에서 이론의 진정성만으로 끈질기게 살아남아 진가를 더해온 희귀한 한 인간의 사례를 만나고 있는 것이다.

엘리어트가 증권가의 이단아였음은 그의 직업적 배경과 뒤늦은 출현, 아웃사이더로서의 삶 때문만은 아니었다. '파동 원리 자체가 자연과 인간의 숨은 진실'이라는 그의 주장은 당시로서는 지극히 엉뚱하고 비과학적인 측면을 담고 있었다. 어찌 보면 고대문명에 심취해 미신에 사로잡힌 노인네의 망상으로 치부되기에 부족함이 없었다. 인간의 삶은 영원히 진보하며, 이른바 과학으로 해명되지 않는 진실은 없다고 믿는 서구의 과학주의가 전성기를 구가하던 당시였다. 그의 이론은 그 같은 공격을 감당하고 반박할 만한 세련된 학문 체계를 갖추지 못하고 있었다. 책을 읽다가 실소를 터트릴 만큼 엉뚱한 사례 인용과 견강부회가 심심찮게 발견된다. 하지만 그러다 문득문득 그냥 웃어넘길 수만은 없는 '혁명적' 지혜를 만나게 된다.

그의 시대는 사실 자본주의와 다윈으로부터 출발한 진화에 대한 확신이 완숙을 향해 치닫던 낙관의 시대였다. 그러나 한편, 인간의 문명이 곧장 끝없는 발전으로만 점철되지는 못하리라는 불안, 과학으로 인간과 자연의 비밀을 풀어낼 수 없을지도 모른다는 회의가 스멀스멀 인간의 내면에 자리 잡기 시작한 좌절의 시기였다.

아인슈타인의 상대성 원리가 나오고, 하이젠베르크의 불확정의 원리가 나왔다. 절대가 아니고 진실의 배후에 잘 알 수 없는 무언가가 있다는 것은 당시 최첨단 과학의 연구 결과였다. 1930년대 오스발트 슈펭글러는 역사가 무한히 진보하는 것이 아니라 순환하다는 《서구의 몰락》이라는 책을 내 센세이션을 일으켰다. 그리고 대공황이 터졌다. 자본 시장의 자신감이 충일하던 시점에 불가사이 한 마켓의 폭락, 일반 대중에 파급된 실직 사태와 자본가의 파탄을 목도하면서 왜 이러한 사태가 닥쳤을까 대답할 수 있는 이가 아무도 없었다. 시대의 금자탑이 모래성처럼 부서져 내렸다. 케인즈의 수정자본주의 이론이 나오고, 루즈벨트의 뉴딜이 실행된 것은 뒤늦은 성찰의 결과였다.

이 시기 자본 시장을 들여다보기 시작한 엘리어트에게는 시장에서 보이지 않는 배후를 찾고자 한다는 목표가 당연한 귀결이었다.

그리고 지난 모든 주식 자료들을 뒤적여 깨알 같은 차트들을 손수 만들고 들여다보면서 1929년의 폭락은 예외적인 현상이 아니라 끝없이 반복 순환하는 인간과 자연의 사이클에 비추어 당연히 올 것이 온 것일 뿐이라는 결론을 얻었다. 증권시장의 낙관주의에 물들지 않은 편견 없는 눈만이 포착할 수 있는 실증적 연구의 개가였다. 그리고 미신이라고 조롱되던 엘리어트의 인간 리듬 이론도, 자연의 기하학적 모습도 복잡성 이론이나 프랙탈 이론 등등 각 분야 연구를 통해 조금씩 학문적 신빙성을 얻어가게 되었다.

독자들은 이미 엘리어트의 이론이 증권시장에 어떤 영향력을 미쳤는지, 그의 후학들에 의해 얼마나 정확하게 마켓 예측에 적용되었는지 알고 있을 것이다. 이에 대한 평가나 부연 설명은 역자의 몫이 아니리라. 다만 엘리어트 자신도 자신의 이론이 적용되는데 상황적 한계가 있다는 점을 겸손히 인정하고 있음을 주지시키고 싶다. 전체 시장을 조망하고 평균적인 흐름을 파악하는 데는 부족함이 없으나 작위적 시장 조작이 가능하고 돌발변수의 가능성이 큰 개별 주식의 측정에는 오류가 발생할 수 있다는 점을 강조한다. 그의 원리를 정확히 깨우치고 차트를 세심히 살피지 않으면 잘못된 해석이 도출될 수 있음을 누누이 경고한다. 그런 의미에서 이 책은 주식시장의 바이블이 아니다. 아니 주식시장에 바이블은 이전에도 없었고 앞으로도 없을 것이다. 인간의 심리도, 자연의 흐름도 하나의 수식으로 표현될 수 있는 간단한 것이 아니기 때문이다. 표현될 수 있다고 해도 아직은 아무도 그를 명쾌하게 밝혀낼 사람은 없을 것이기 때문이다. 우리가 그의 원전을 통해서 삶과 투자에 대한 겸손을 조금이나마 배울 수 있다면, 엘리어트의 삶도 그의 책도 그 존재 가치를 충분히 해냈다고 평가해도 좋을 것이다.

이 책에서 나는 그의 최초 저작인 《파동 이론》와 〈파이낸셜 월드〉에 12회에 걸쳐 연재된 기고문, 그리고 죽기 1년 전 집필한 《자연의 법칙》을 번역했다. 파동 해설 서신과 시장 예측 서신은 윤지민 님이 이어서 번역했다. 단편적인 뉴스 레터를 제외하고는 주식시장에 관한 그의 모든 책이 수록된 전집이라 할 수 있겠다. 시금의 눈으로 보면, 학문적으로 정리되고 서술의 체계가 잡히지는 않았다. 중복되는 부분이 더러 있고, 세부 개념은 명확히 정리되지 않은 채 남아있다. 그리고 생경한 개념들이라 정확히 번역하기 난감한 부분도 없지 않았다. 원문에 충실하게 그대로 전달하려 최선의 노력을 기울였지만 역시 부족한 부분이 있다. 독자 여러분의 질책을 바란다.

뉴욕에서 Robin Chang

차례

P A R T

1

파동 원리
The Wave Principle

2

파이낸셜 월드 기고문
The Financial World Articles

PART 4 엘리어트의 파동 해설 서신과 시장 예측 서신

R.N. Elliott's Market Letters 1938-1946

교육 유인물과 회보

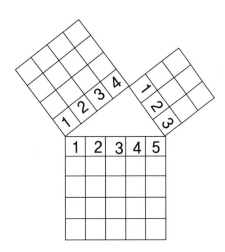

PART

1

파동 원리

The Wave Principle

경고

새롭게 발견된 현상이 공개될 때마다, 자칭 '전문가'들이 등장한다. 하지만 형성 중인 파동 현상을 정확히 해석하려면 상당한 경험이 필요하다. 특히 장기 예측은 역사적 선례에 익숙한 경우에만 가능하다. 앞으로 몇 년 동안 주식시장은 1932년부터 1937년 사이에 관찰된 패턴을 따르지 않을 것이다. 그러므로 이 파동 원리의 해석은 저자 본인이나 저자에 의해 허락된 연구자가 제시한 것이 아니면 유효한 것으로 인정해서는 안 된다.

1938년 R. N. 엘리어트

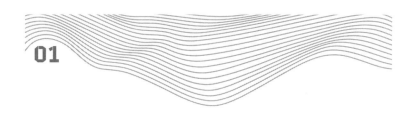

자연의 리듬

　우주 만물은 일정한 법칙에 따라 움직인다. 이 법칙이 없다면 세상은 혼란스러울 것이다. 혼란만 있으면 아무것도 존재할 수 없다. 이 법칙은 예술과 과학의 모든 분야에 적용된다. 항해술이나 화학, 항공학, 건축학, 전파 송출, 수술, 음악 등에서도 이 법칙이 작용한다. 살아있는 물체나 생명이 없는 물질도 이 법칙을 따른다. 자연 자체가 이 법칙으로 움직이기 때문이다.

　콜럼버스는 세상이 둥글다고 믿었다. 그래서 유럽대륙에서 서쪽으로 가면 신대륙에 도착할 것이라고 예언했다. 선원들은 그의 예측을 비웃었지만, 그 예측은 실현되었다. 핼리는 1682년 혜성의 궤도를 계산했고, 그 혜성이 다시 돌아올 것이라고 단언했다. 1759년 그의 예측은 적중했다. 마르코니는 전파를 연구하다가 소리가 전선이 없이도 전달된다는 사실을 발견했다. 덕분에 오늘날 우리는 집에서 음악이나 라디오 프로그램을 들을 수 있다. 이들과 다른 수많은 연구자들은 자연의 법칙을 습득한 것이다. 이 법칙이 성립하면 예측이 쉽다. 이 법칙을 수학적으로 계산할 수 있기 때문이다.

우리가 어떤 특정한 현상 배후에 있는 원인을 이해하지는 못하더라도, 관찰을 통해 이 현상이 반복된다는 사실은 알 수 있다. 사람들은 수천 년 동안 태양이 일정한 시간에 다시 뜬다는 사실을 알고 있었다. 하지만 왜 그런 결과가 나타나는지는 알지 못했다. 인디언들은 달이 바뀔 때마다 한 달의 길이를 맞췄다. 하지만 그들은 아직도 이 하늘의 변화가 왜 한 달 기간으로 나타나는지 밝혀내지 못했다. 세계 곳곳에서 사람들은 봄이 되면 얼마쯤 지나 여름이 올 것을 예상하고 작물을 심는다. 그렇지만 이 끊임없이 반복되는 계절 변화의 원인을 아는 사람이 얼마나 될까? 다만 사람들은 특정한 현상이 주기적으로 변한다는 것을 알아차린 것뿐이다.

인간은 해나 달과 같이 자연 속의 한 주체다. 그래서 인간의 행동도 수리적으로 분석할 수 있다. 인간의 활동은 독창적이지만, 리듬 측면에서 보면 복잡한 문제들에 대처하는 방법일 뿐이다. 인간의 행동이 주기적으로 순환한다는 근거로, 그 행동의 변화를 계량화하면 미래를 예측할 수 있다.

인간의 활동과 관련된 많은 연구들이 있었다. 그 결과에 따르면, 사회적 경제적 과정에서 인간 활동은 어떤 법칙에 따라 발현된다. 더 구체적으로, 일정한 횟수와 패턴을 가진 파동이나 박동으로 반복된다. 이 파동이나 자극들은 서로 호응하면서 시간에 따라 선후

관계를 가진다. 이 현상을 명료하고 구체적으로 설명하려면, 신빙성 있는 자료가 충분한 분야를 택해야 한다. 그런 의미에서 증권시장은 최적의 분야다.

나는 두 가지 이유에서 증권시장을 특별히 주목해 왔다. 첫째, 증권시장은 시장 예측을 위한 분석 글은 많지만 성과가 거의 없는 분야다. 경제학자, 통계학자, 과학기술자, 사업가, 금융인 등 다양한 분야의 연구자들이 뉴욕증권거래소의 주식 가격동향을 예측해 왔다. 심지어 시장 예측을 전문으로 하는 직업도 생겼다. 하지만 1929년에 호황이 최악의 약세 시장으로 바뀌면서 모든 투자자들이 난감해졌다. 시장조사에 수십만 달러를 쓴 투자기관들도 놀랐고, 주가폭락이 계속되면서 수백만 달러의 손실을 보았다.

증권시장을 인간의 사회 경제적 활동에 보편적으로 나타나는 파동의 추진력을 보여주는 하나의 본보기로 선택한 두 번째 이유는 성공적인 시장 예측이 가져다주는 보상 효과가 매우 크기 때문이다. 한 번의 시장 예측에 성공하면 우연히 맞춘 것이었다고 할지라도 그 금전적 대가는 가히 엄청나다. 예를 들어, 1932년 7월부터 1937년 3월까지 주식시장의 대표적인 30개 회사들의 주식가격은 평균 373% 상승했다. 이 5년 동안 일부 개별주식의 상승률은 더 컸다. 또한, 전반적인 상승 장세는 일정한 비율로 지속적으로 상승한 것이 아니라, 상승 하강국면이 반복되거나 몇 달간에 걸친 지그재그식 변동이 수없이 진행됐다. 이런 작은 변동 추이가 더 큰 이득을 안겨줬다.

하지만 주식시장의 변동에 대한 많은 관심에도 불구하고, 성공적인 예측은 우연의 결과였다. 시장동향 예측을 시도해온 사람들은 시장이 심리적 변동 현상이라는 것을 인식하지 못했다. 시장에는 오르고 내리는 변동 속에 질서가 있었다. 다시 말하면, 가격 변동이 주기적 순환의 리듬이나 질서 있는 순열로 나타났다.

주식시장도 자연계의 다른 것들처럼 그 나름의 법칙이 있었다. 시장에 법칙이 없다면, 가격이 움직이는 구심점이 없고, 시장도 존재하지 않았을 것이다. 그러나 매일 매일 이성과 질서는 찾아볼 수 없고, 비조직적이고 혼돈스럽게 오르락내리락하는 가격 변동만 난무했을 것이다. 그러나 이는 실상이 아니다. 나는 면밀한 연구를 통해 주가 변동의 리듬이나 조화로운 움직임을 포착해 증명하고자 한다. 이 같은 시장배후의 법칙은 적절한 조명하에서 관측되고, 이 접근방식에 따라 분석될 때만 발견될 수 있다. 간단히 말하면, 주식시장은 인간의 창조물이고, 인간의 특유한 기질을 반영한다. 다음 페이지부터는 파동 원리에 따라 오르고 내리는 주식시장의 변동 기록을 통해 인간이 특정하게 반응하는 법칙이나 리듬을 공개하고자 한다.

파동의 법칙은 모든 인간의 활동 속에서 기능하는 현상이다. 이를 정확하게 기록할 수 있는 기계적 구조가 있느냐에 따라 파동의 정도가 달라진다. 다음과 같은 조건이 갖춰지면, 파동의 패턴은 완성되고 숙련된 시각으로 포착할 수 있다.

A. 소유 구조가 다수에게 분산된 기업들에 의해서, 광범한 영업 활동이 전개되는 상황

B. 매매자와 구입자가 각각의 대표를 통해 신속히 접촉할 수 있는 공개된 주식시장의 존재
C. 신뢰할 수 있는 주식 거래 기록과 출판물
D. 회사들의 제반 사항에 대한 충분한 통계적 자료의 존재
E. 대규모 파동에서 미세한 파동까지 낱낱이 드러내는 매일 매일의 주식 가격 고점과 저점 변동 차트

주식의 일간 가격 변동폭의 기록은 1928년 처음 도입되었고 시간별 기록은 1932년부터 시행되었다. 소규모 파동이나 미세한 파동을 관찰하려면 이런 기록들이 필요하다. 변화가 빠른 시장의 경우는 더욱 그렇다.

파동 원리는 다른 평균지수를 비교해 정확성을 확인할 필요가 없다. 주식이건, 그룹 또는 개개인의 활동이든지 개별적인 그 자체의 파동에 따라 설명된다. 파동의 행태는 이미 상당히 규명되었으나 이를 실제 예측에 적용하는 것은 아직 초보 단계다.

02

주식시장의 파동들

인간의 감정은 주기적으로 순환한다. 이것들은 일정한 방향성과 특정 횟수를 가진 파동의 형태로 움직인다. 이 현상은 비즈니스, 정치, 쾌락의 추구 등 모든 인간의 행동에 나타난다. 자유 시장경제 구조에서는 이 현상이 더욱 뚜렷하다. 채권, 증권, 현물거래 등의 가격 변동추이는 파동 운동을 조사하고 드러내는 대상 분야다. 이 책에서는 주식 가격으로 이 현상을 설명했다. 여기에서 제시된 원리는 인간의 노력이 결부된 모든 분야의 파동 운동에도 적용할 수 있다.

파동의 법칙에 따르면, 하나의 완결된 파동 운동은 '5회'의 연속된 파동으로 이뤄진다. 왜 하필 다른 숫자도 아닌 '5회'인가 하는 것은 이 자연계가 갖는 비밀 중의 하나다. 여기에서 왜 그런지는

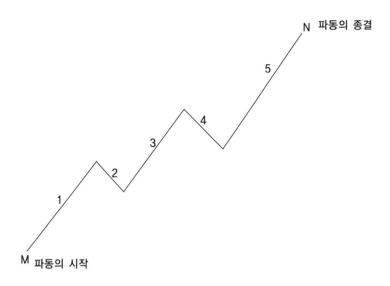

〈도표 1〉

N 파동의 종결

5

4

3

2

1

M 파동의 시작

설명하지 않겠다. 하지만 주변을 가볍게 둘러보더라도 여러 자연현상 패턴에서 이 '5'라는 숫자는 쉽게 눈에 띈다.

인간의 신체를 예로 들어보겠다. 몸체에서 갈라진 지체肢體는 머리 하나, 두 다리, 두 팔, 이렇게 '5개'로 나뉜다. 머리에서는 두 귀, 두 눈과 코, 이렇게 '5개'로 갈라진다. 팔에서는 '5개'의 손가락으로 갈라지고, 다리에서도 '5개'의 발가락으로 갈라진다. 물리적 인간의 감각은 미각, 후각, 시각, 촉각, 청각, 이 '5개'로 이루어진다.

이 같은 예는 다른 분야에서도 무수히 열거할 수 있다. 어쨌든 '5개의 파동'은 하나의 완결된 사회적 운동의 기본이다. 이렇게 기억하면, 이 원리를 논리적으로 파헤칠 필요도 없이 명백한 사실로 받아들일 수 있다.

〈도표 2〉

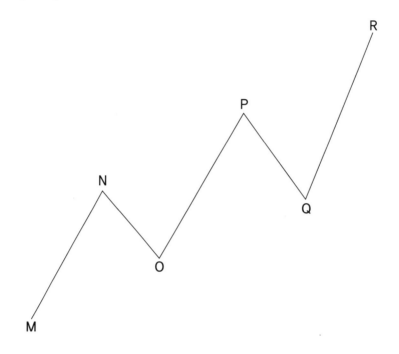

하나의 완결된 운동의 5단계 중 3개의 파동은 운동 전체의 진행 방향과 같으며, 2개의 파동은 역방향으로 진행된다. 첫 번째, 세 번째, 다섯 번째 파동은 전진 충격파동 Forward Impulse 을 나타내며, 두 번째, 네 번째 파동은 역진 Contrary 또는 조정 Corrective 충격파동을 나타낸다. 다른 말로 바꾸면, 홀수 파동은 주방향, 짝수는 역방향이다. 이는 〈도표 1〉로 예시된다.

이 한 단위의 5개 파동은 한 단계 위의 대형의 파동의 1단계가 된다. 예를 들어보자. 〈도표 1〉의 5회 파동으로 운동은 시작점 M에서 종결점 N으로 진행된다. 그러나 〈도표 2〉에서 보듯, 한 단계 높은 운동으로 보면, M에서 N까지의 운동은 M부터 R까지의 5회 파동 중 첫 파동에 불과하다. 한 발 더 나아가면, M부터 R까지의 진행은 다음보다 높은 단계 운동의 한 파동이 된다.

03

파동을 파악하는 방법

전편에서는 주식가격에 있어서 파동 운동을 개략적으로 살펴보았는데, 그 요점은 하나의 운동이 5회의 파동으로 구성되고, 이 5회 파동 전체가 그 다음 높은 단계 파동의 첫 번째 파동에 해당된다는 것이다. 이제 파동 운동의 두 번째 핵심적인 사실을 소개한다. 이는 홀수 파동과 짝수 파동의 차이에 관한 것이다.

첫 번째, 세 번째와 다섯째 파동은 주방향 충격파동들이며, 둘째, 넷째 파동은 역방향 충격파동에 해당된다. 둘째 파동은 첫째 파동의 조정이며, 넷째는 셋째의 조정이다. 주방향과 역방향 파동의 차이는 주방향 파동이 5개의 상승 하강 파동으로 분리되어질 수 있는 반면, 역파동은 3개의 파동들로 분리된다는 사실이다. 전편에서 보았듯이, M부터 N까지 운동은 〈도표 3〉으로 예시된다.

〈도표 3〉

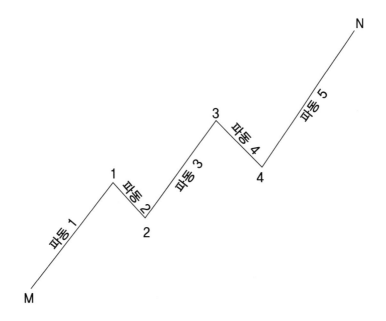

이 표를 세부적인 파동들로 구분하면 〈도표 4〉로 나타난다.

위 도표에서 둘째 파동 포인트 1에서 2까지과 넷째 파동 포인트 3에서 4 이 각각 세 개의 파동으로 구성되고, 첫째 셋째 다섯째 파동은 5개 의 작은 파동으로 이루어졌다는 점에 주목하자. 이 도표에서 전체 파동 원리에서 가장 기본적인 다음의 법칙들이 도출된다.

1. 주방향 운동에 있어서의 파동, 즉 홀수 파동은 5개 파동으로 구성된다.
2. 조정파동, 즉 역방향 짝수 파동은 3개의 파동으로 구성된다.

위의 법칙을 도표로 설명하기 위해, 〈도표 4〉의 1지점에서 2지

〈도표 4〉

점까지를 보자. 이 부분은 M부터 N까지 5차 파동 주기 또는 하나
의 완결된 운동의 둘째 파동에 해당한다. 모든 조정파동이 그렇듯
3개의 작은 파동으로 이루어졌다. 그러나 이 구간을 따로 떼어놓고
생각하면 작은 파동들도 하나하나가 명백히 조정파동의 일 구간에
해당한다. 그리고 위 법칙에 따라, 그 중 홀수〈도표 5〉의 a지점까지와 b에
서 c까지의 파동은 1에서 2까지의 조정파동과 같은 방향 진행이므로
5개의 파동이 존재하며, 그중 짝수 파동〈도표 5〉의 a부터 b까지은 조정
국면 내의 역방향이므로 3개의 작은 파동으로 이뤄진다. 1지점에

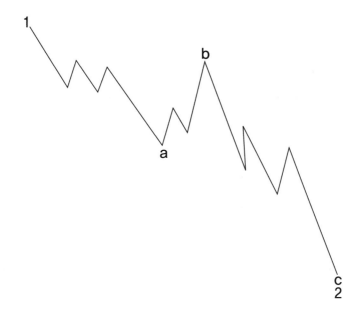

서 2지점까지의 조정 국면을 세분해 표시하면 〈도표 5〉로 나타날 것이다.

편의상, 한 운동의 홀수 파동을 기준Cardinal 파동이라고 이름 붙이고, 짝수 파동을 조정파동이라고 부르기로 하자. 그리고 기준 파동은 5개의 아래 단계 파동들을 포함하며, 수정 파동은 3개의 파동을 내포하고 있음을 기억하자. 그리고 이제 파동의 여타 법칙과 흥미 있는 사항들을 살펴보기로 한다.

파동형 운동은 다우존스 지수나 스탠더드 통계 지수, 뉴욕 타임스 지수 등 각종 주식시장 평균 지수에 적용될 뿐 아니라, 업종별 주가 평균, 이를테면 철강업종, 구리 관련 업종, 섬유 업종 등은 산업별 통계에도 적용되고, 개별적인 주식 등락에도 나타난다. 개별적인 주식을 검토해 보면, 일부 주식 가격이 상승하는 동안 다른 주식들은 하강하거나 조정 과정을 겪고 있기 마련이다. 하지만 한 시점에서 대다수 개별적인 주식은 전체 시장의 평균적인 파동 단계와 일치된 방향으로 움직인다. 따라서 주식 평균지수 산정에 포함되는 개별 회사 숫자가 많을수록 파동 패턴의 파악이 보다 확실해질 것이다.

파동들은 그 파장 또는 진행 기간이 항상 일정한 것은 아니다. 5개의 파동으로 이루어진 한 단락의 운동은 항상 한 가지 또는 그 이상의 주도적인 외부적 영향으로 인해 일어나지만, 이런 영향들은 3차 첫째, 셋째, 다섯째의 것의 상향 파동과 2차의 조정 둘째, 넷째 파동을 거치는 동안 주식 가격의 변동 속에서 스스로 흡수 조절되는 것이다. 즉, 이러한 움직임을 유발한 기본적인 요인은 대체로 하나의 완결된 운동의 형태로 마무리되면서 그 영향력을 다하게 되는데, 한편으로 그 과정 동안에 새로운 뉴스가 수시로 일반에 알려지고 이 요인도 함께 작용해 각파동의 폭과 기간을 조절해나가고 결국 5차례 파동의 한 단락을 완성한다.

일반적으로, 5차례 파동에 있어서 세 번째 파동의 끝, 피크는 첫 번째 파동의 피크보다 위에 있고, 다섯 번째 파동의 피크는 세 번째의 피크보다 위에 있음을 짐작할 수 있다. 마찬가지로 넷째 파동의 끝, 저점은 둘째 파동의 최저점보다 위에 있다. 둘째 파동의 하락이 첫째 파동의 상승폭을 다 까먹는 경우는 매우 드물고, 넷째 파동의 하락폭도 셋째 파동의 상승폭보다 작은 것이 상례이다. 완

〈도표 6〉

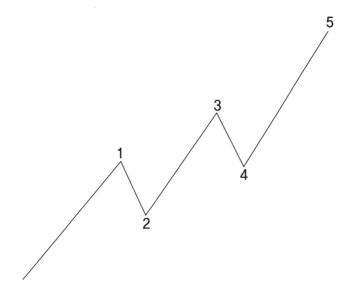

결된 5차례 파동의 진행은 보통 〈도표 6〉에서 보이듯 성격상 대각선 형태를 보인다.

시장의 움직임을 제대로 관찰해 한 운동 단계 중 각각의 파동들을 구분해내려면, 평행선들로 운동의 궤도를 설정할 필요가 있다. 대부분의 문방구점에는 주식등락표의 평행선을 긋는 자를 팔고 있는데 이를 이용하면 손쉽게 주식의 궤도Channel 설정을 할 수 있다.

채널링Channeling, 즉 주가의 궤도를 설정하는 것은 첫 번째와 두 번째 파동이 완결된 연후에야 가능하다. 〈도표 7〉을 보면, 일단 첫째 파동과 둘째 파동이 끝나, 3개의 접점 또는 반전점이 드러났다. 첫 번째 드러난 접점은 첫 파동의 출발점, 둘째 접점은 첫 파동의 끝이면서 2차 파동의 시작점, 세 번째 접점은 2차 파동의 종결점에

해당된다. 도표에 M, N, O로 표시되어 있다. 채널을 설정하려면, 먼저 꼭짓점 M과 O간에 기본선을 그어야 한다. 그리고 꼭짓점 N을 통과하면서 MO의 기본선과 평행하는 선을 그어 '상위 궤도선'으로 지정한다. 이 상위 궤도선은 N의 좌측으로 연장되어 기본선과 같은 길이로 긋는다. 이 작업을 마치면, 〈도표 8〉과 〈도표 9〉로 나타난다.

이 표로 보면, 3파동은 상위 궤도의 한 점 부근에서 끝나게 된다. 만약, 3파동의 종결점이 상위 궤도보다 위에 있으면, 상향 운동이 일시적으로 강세를 보인 것이며, 반면에 상위 궤도선 아래 위치하면, 상향 운동이 일시적인 약세로 진행된 것이다. 어떤 경우에건, 일단 3파동이 끝나면 이전의 궤도는 폐기되고 새로운 궤도선으로 대치된다. 새로운 궤도는 접점 N과 P, 즉 1파동의 종결점과 3파동의 종결점 사이를 잇는 직선의 상위 궤도선을 그으면 드러난다. 또한, 새로운 상위 궤도선에 평행하는 기본선을 접점 O를 지나 좌우로 연장되도록 그으면 새로운 궤도의 범위가 설정되는 것이다. 다

〈도표 8〉

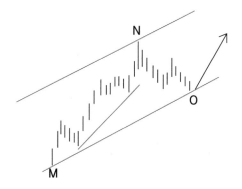

〈도표 9〉

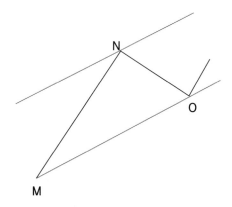

음 〈도표 10〉은 이전의 궤도, 즉 지금은 폐기된 채널과 새로 설정
된 궤도를 나타낸다. 물론, 3파동의 종결점이 이전 N을 지나는 궤
도선의 한 지점과 정확히 일치한다면, 이전의 궤도와 새 궤도가 동
일할 것이다.

4파동이 끝나면, 그 종결점이 상위 궤도상에 있거나, 위아래에 있거나, 이에 따라 마지막 궤도가 설정된다. 이 궤도는 매우 중요하다. 이 궤도가 5, 마지막 파동의 종결 지점을 포착하는데 도움을 주기 때문이다. 일반 투자자나 투기성 투자자나 주식 매매를 성공적으로 이끌려면 주식시장의 하나의 주기가 어느 시점에서 종료되는지 집중적인 관심을 기울여야 한다. 최종 궤도의 지지선은 2파동의 종결점, 다시 말하면 최종 꼭짓점O과 4파동의 종결 접점Q을 연결하는 직선이다. 이 기본 지지선에 평행해, 3파동의 종결점과 접하는 선이 궤도의 또 하나의 선, 상위 궤도선이 된다. 이를 보여주는 것이 〈도표 11〉인데, 최종 궤도를 보다 명확히 보여주기 위해 이미 폐기된 이전의 궤도선은 표시하지 않았다. 일반적인 경우, 5파동은 상위 궤도상이나 그 인근에 위치해야 정상이다. 하지만 이 주제는 그 중요성에 비추어 파동의 성격을 규명하는 다음 장에서 보다 면밀히 검토하려고 한다.

5파동이 종결된 시점에서는, 한 차례 하향 운동이 나타나 거나 이전 궤도 진행 과정에서 나타난 것보다 훨씬 정도가 큰 조정국면이 전개된다. 이 전체 과정이 한 단계 높은 파동 운동의 국면에서 2파동이 된다. 이는 이제까지 진행된 5차 파동의 진행 단계가 한 차원 높은 운동의 1파동으로 간주되는 논리와 맥락을 같이 한다. 따라서 다음 한 차례의 5차 파동이 끝나면, 앞서 제시한 원칙 하에서 한 차원 높은 운동의 궤도 설정이 가능해진다.

〈도표 10〉

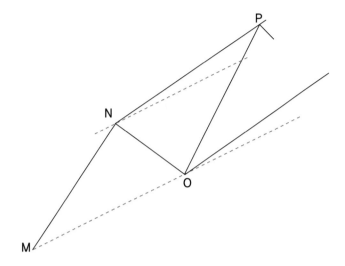

〈도표 11〉

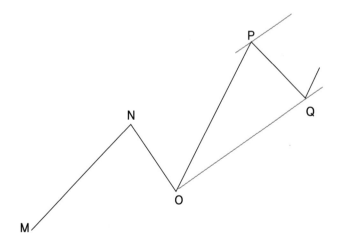

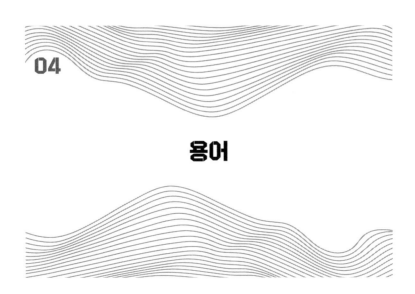

용어

크고 작은 파동 운동을 주식시장에 적용할 수 있도록 분류하려면, 일정한 정도의 파동들이 그보다 단계가 높거나 낮은 파동들과 차별화될 수 있게 하는 새로운 용어를 고안할 필요가 있다. 다른 인간학 분야에 적용할 때도 그 분야에 맞는 구분법이 필요하리라. 파동의 크고 작은 정도를 오른쪽 1번에서 9번처럼 분류한다면, 여기에서 제시하는 연구나 다른 연구자들이 시장 추이를 스스로 연구하기 위해 필요한 범위를 소화하는 데 충분할 것으로 여겨진다. 열거한 순서는 아래 단계부터 위 단계로, 각 단계의 5차례 파동이 다음 단계의 파동 하나를 이루는 차례이다. 예를 들어, 가장 낮은 단계인 서브미뉴엣의 5차례 파동은 미뉴엣 운동의 첫 번째 파동을 이루고, 5개의 미뉴엣 파동은 마이뉴트의 1차 파동에 상당하는 등 다음 단계로의 진행이 이어지는 것이다. 그 차례는 이렇다.

1. 서브미뉴엣 Sub-Minuette, 극초미세

2. 미뉴엣 Minuette, 초미세

3. 마이뉴트 Minute, 미세

4. 마이너 Minor, 소형

5. 인터미디에이트 Intermediate, 중간

6. 프라이머리 Primary, 주요

7. 사이클 Cycle, 주기

8. 슈퍼 사이클 Super Cycle, 대형 주기

9. 그랜드 슈퍼 사이클 Grand Super Cycle, 초대형 주기

파동의 정도	숫자 표시	표시 설명
서브미뉴엣	a부터 e	소문자
미뉴엣	A부터 E	대문자
마이뉴트	1부터 5	아라비아 숫자
마이너	I부터 V	로마 숫자 표기
인터미디에이트	①부터 ⑤	원내에 로마 숫자
프라이머리	②부터 ⑤	양원 내에 숫자
사이클	cI부터 cV	로마숫자 앞에 "c"
슈퍼 사이클	scI부터 scV	로마숫자 앞에 "sc"
그랜드 슈퍼 사이클	gscI부터 gscV	로마숫자 앞에 "gsc"

＊ 그래프와 본문에서 파동의 숫자 표시의 일부는 가독성에 따라 변경되기도 했다.

〈도표 12〉

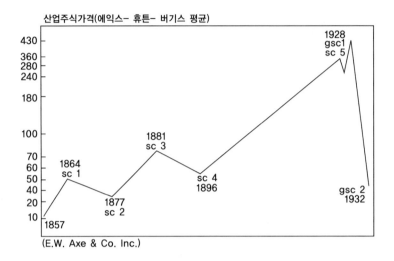

산업주식가격(에익스- 휴튼- 버기스 평균)

(E.W. Axe & Co. Inc.)

이 논문에 수록된 도표, 차트에서 다른 단계의 파동 표시들을 혼동하지 않고 한눈에 구별하고자, 이 9단계의 기호와 숫자를 다음과 같이 달리 붙였다.

당장은 독자들이 이 용어와 숫자 표기에 대해서 지나치게 관심을 둘 필요는 없다. 하지만 주식 가격 변동에 대한 공부가 앞으로 나아갈수록 그 유용함을 알게 될 것이다.

미국에서 주식 가격의 그랜드 슈퍼 사이클은 1857년부터 시작되었다. 이 단계의 첫 번째 파동은 1857년부터 1928년까지 진행되었다. 첫째 파동의 조정 과정에 해당하는 둘째 파동은 1928년 11월에 시작되어 1932년 끝났고, 이 그랜드 슈퍼 사이클의 3차 파동이 1932년에 시작되어 앞으로도 여러 해에 걸쳐 진행될 것이다.

1857년부터 1928년까지의 파동을 그랜드 슈퍼 사이클의 '제1차' 파동이라고 언급했지만, 그것이 3 또는 5파동이었을지도 모른다. 1929년부터 1932년까지와 같은 격심한 불황depression이 1854년과 1857년간에도 있었기 때문이다.

그랜드 슈퍼 사이클의 1차 파동은 1857년부터 1928년까지 상향 파동으로서, 하나의 완결된 슈퍼 사이클을 구성하는 것으로 간주되는 5개의 파동으로 이루어져 있다. 이 슈퍼 사이클은 다음과 같이 세분될 수 있을 것이다〈도표 12〉참조.

1857~1864 – 슈퍼 사이클 1파동
1864~1877 – 슈퍼 사이클 조정 국면 2파동
1877~1881 – 슈퍼 사이클 3파동
1881~1896 – 슈퍼 사이클 조정 국면 4파동
1896~1928 – 슈퍼 사이클 5파동

현재 진행 중인 그랜드 슈퍼 사이클의 시작 시점까지 거슬러 올라가는 주식 가격의 유일한 기록은 〈뉴욕 타임스〉 연감 발행소에서 출판된 에익스-휴튼 매매대행 발부서 색인뿐이다. 이 기록은 1854년부터 현재까지의 거래 가격의 변동을 기록하고 있다.

이제, 앞에 거론한 슈퍼 사이클의 5파동을 한 단계 낮은 5차례의 파동으로 분리, 더 자세한 설명을 해보자. 1896년부터 1928년까지 진행된 이 파동은 앞서 이름붙인 용어로 말하자면 하나의 사이클이 되는데, 이 사이클도 5차례의 파동으로 구성된다. 이 파동

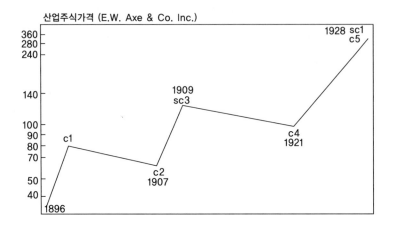

〈도표 13〉

들은 각각 다음과 같다〈도표 13〉 참조.

1896~1899 − 사이클 1파동

1899~1907 − 사이클 조정 국면2파동

1907~1909 − 사이클 3파동

1909~1921 − 사이클 조정 국면4파동

1921~1928 − 사이클 5파동

한 발 더 나아가, 1921년에서 1928년까지 사이클의 5파동을 한 단계 아래로 내려가면, 다음과 같은 5개의 프라이머리 파동들로 구성되었음을 알게 된다. 〈도표 14〉 참조

〈도표 14〉

DJIA 월간 변동
프라이머리 '21/8~'28/11

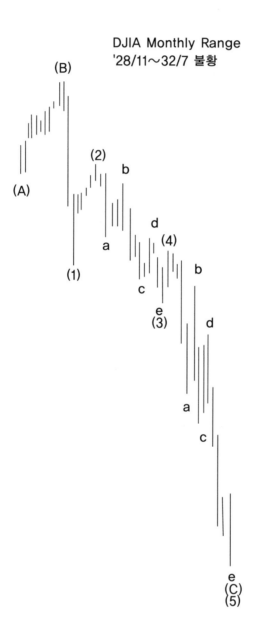

DJIA Monthly Range
'28/11〜32/7 불황

1921년 6월~1923년 3월 – 프라이머리 1파동

1923년 3월~1924년 5월 – 프라이머리 조정 국면2파동

1924년 5월~1925년 11월 – 프라이머리 3파동

1925년 11월~1926년 3월 – 프라이머리 조정 국면4파동

1926년 3월~1928년 11월 – 프라이머리 5파동

같은 방법으로, 1921년 6월부터 1928년 11월까지의 프라이머리 파동들은 각각 인터미디에이트 파동들로 세분될 수 있으며, 이 인터미디에이트 파동들은 각각 마이너 파동으로 세분되는 등, 아래 단계, 그 아래 단계로 세분되어 가면서, 기록상의 극히 미세한 변동까지 적절히 분석되고 분류될 수 있다.

그렇게 하여, 1928년 11월 28일에는 다우존스 산업지수DJIA, Dow Jones Industrial Average 30개가 295.62에 이름으로써, 기록상 첫 번째 그랜드 슈퍼 사이클의 5슈퍼 사이클의 5사이클의 5프라이머리 파동의 5인터미디에이트 파동의 5마이너 파동의 5마이뉴트 파동의 5미뉴엣 파동의 끝에 이르게 되는 것이다. 바꾸어 말하면, 주식시장의 매 10년, 1년, 1개월, 매일, 매시간 단위에 이르기까지의 등락을 세심히 추적해 왔던 사람은 지난 10년간의 어느 순간에도 주식시장의 변화 동향에 혼동을 겪지 않았을 뿐 아니라, 이 대호황이 종결되는 년도와 달은 물론 날짜와 시간, 심지어 분까지도 예측할 수 있었을 것이다. 시장은 슈퍼 사이클에서 가장 낮은 단계의 극미한 파동 단계까지 모든 5파동을 마치고 나서야 마침내 주가의 피크에 이른 것이다.

이 슈퍼 사이클의 5파동의 고점은 주식 지수가 최극점에 이른 1929년 9월이 아니라 1928년 11월에 정상적 최고점 OT, Orthodox Top 으로 나타난다는 점이 주목되어야 할 것이다. 이 두 점 간의 변화는 다음과 같이 설명된다. 〈도표 15〉 참조

- 'A'파동은 28년 11월부터 12월까지 하강
- 'B'파동은 28년 12월부터 29년 9월까지 3차의 마이너 파동으로 상승로, 각각 비정상적인 역행 현상이 일어났다.
- 'C'파동은 29년 9월부터 32년 7월까지 진행된다. 'C'는 하강 국면의 5차 파동으로 세분되며, 비정상적인 고점 형성은 신속한 급강하 운동을 예고하고 있다. 29년 12월의 첫 상승 시점에 하강으로의 역전은 그 이전 28년 11월까지 5차 마이너 파동 기간이 비정상적으로 연장된 것에서 예고된 것 이었다.

유사한 비정상 패턴은 1937년 8월의 고점에서도 일어났다. 이 비정상 패턴에 대해서는 '조정들' 이라는 항목에서 자세히 설명된다.

05

파동의 제반 특성

앞서 서술한 논의에서는, 5차례에 걸쳐 진행되는 파동의 현상을 최대한 간단하게 설명해 보고자 시도했다. 이번 장에서는 연구자들이 파동 운동의 주제를 완벽히 파악하고, 가격이나 기타 인간의 활동에서 기원하거나 파생되는 분야의 연구에 독자적인 이론을 전개할 수 있도록, 보다 구체적으로 설명해 보고자 한다.

일반 주식 투자자들이건 투기성 투자자들이건 5차 파동이 종결되는 시점에 특별히 관심을 기울인다. 이 시점은 이제까지 전 과정의 운동이 유사한 정도의 역방향 운동에 의해서 조정되는 시점이다. 수개월에 걸쳐 진행되는 인터미디에이트 주기나 몇 년 동안 전개되는 프라이머리 주기 같은 중요한 차원의 주식가격 움직임은 그 파동이 끝나는 시점에서 상당한 주가 조정을 수반하며, 이 종결

〈도표 16〉

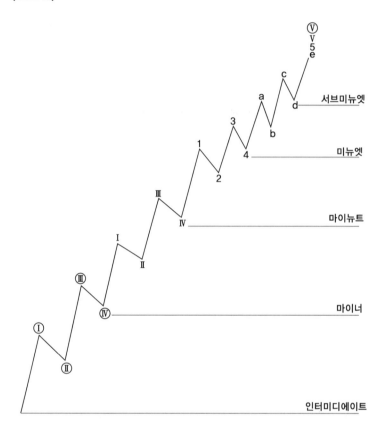

점에서 보유하는 주식을 팔아야 한다. 이 종결점을 포착하는 것이 중요한 또 다른 이유는 이 지점에서 주식의 장기 보유를 시작하는 가격대가 형성되기 때문이다. 다음에서 이 5차 파동과 조정파동을 상술하고, 종결점 형성에 영향을 미치는 기타 요인에 대해서도 검토한다.

5차례의 파동

주식 가격에 있어서 한 운동의 종결점을 산정하려면, 이 종결점에 도달하기 전에 그 아래 단계의 5차례 파동이 끝나고, 이 아래 단계 파동이 마무리되려면, 그보다 아래 단계 5차례 파동이 끝나야 한다는 점을 명심해야 한다. 예를 들어, 인터미디에이트 운동은 그 아래 마이너 5차 파동의 5차 마이뉴트의 5차 미뉴엣의 5차 서브 미뉴엣 운동이 끝나는 시점에서 종결된다. 〈도표 16〉에서 보면, 5차 마이너 파동이 5차례의 미뉴엣으로, 그중 5차 미뉴엣이 5개의 서브미뉴엣으로 세분되는 것으로 이러한 원리가 설명된다.

〈도표 17〉

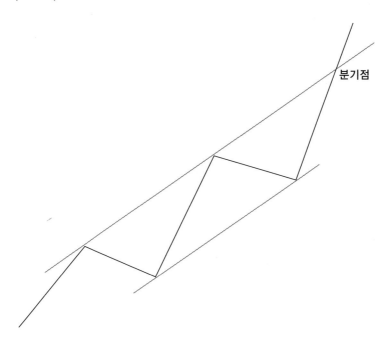

분기점

운동의 5차 파동은, 특히 인터미디에이트 이상의 대형 파동일 경우 전 장에서 설명한 2, 3, 4차 파동으로 추정된 채널의 상위 궤도와의 접점을 뚫고 올라가거나 '뛰어넘는' 경우가 일반적이다. 이는 〈도표 17〉로 설명된다.

이 교차점에서 거래량은 증가하는 경향이 있으며, 특히 프라이머리 파동의 5인터미디에이트 파동의 경우는 그 경향이 확연하다. 만약, 어떤 단계에서건 5파동이 상위 행로 선을 지나거나 넘지 않고 가격 하락이 일어나면, 이것은 향후 약세 장세를 경고하는 것이다. 이 약세의 정도는 파동의 각도로 짐작할 수 있다.

〈도표 18〉

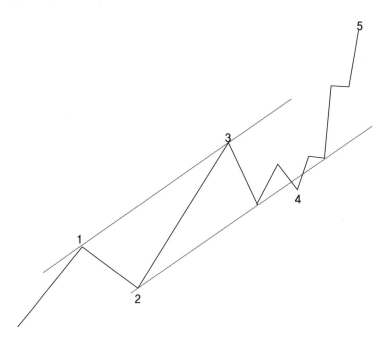

어떤 경우에는 이 분기점 부근에서 5차 파동이 진행되지 못하고 4차 파동 상태에서 보합세로 전환하기도 한다〈도표 18〉 참조. 5차 파동의 분기점을 포착하는데, 매주간 단위로 가격 추이를 추적하는 차트를 그리는 데는 로그 단위를 사용하기를 강력히 권고한다.

〈도표 19〉

월간변동
1929~1932

반면, 일간 가격 범위와 시간별 차트는 일반 계산자를 사용하는 것이 좋다. 프라이머리 이상의 대규모 파동의 종결 단계에서는 일반 수치 스케일이 분기점을 선명히 드러내주는 반면, 이 운동의 바닥 지점에서는 로그 단위를 사용하는 것이 효과적이다. 어떤 경우에서건 반전의 포인트가 30곳 이상이면 일반자로는 정확성을 기하기 힘들다. 1929년~32년간 다우존스지수의 월별 가격분포 차트인 〈도표 19〉를 보면, 왼쪽의 로그 스케일과 일반 수치 좌표의 차이를 분간할 것이다.

5파동은 진행기간이 연장되거나 분산되는 경우가 가끔 있다. 이같은 현상은 '이완 Streaching'의 한 형태로 지적된다. 이 경우, 5파동은 곧바로 일련의 운동을 완결하지 못하고 한 단계 아래의 4차례 파동 운동을 수반한다. 즉 5파동은 단순히 5차례의 파동 움직임으로 대체된다. 이 이완 현상은 과열된 시장에 나타나는 특성이며, 비정상적인 약세 시장에서는 이 이완이 하락 운동으로 나타난다. 상승세가 길게 연장되는 상향 이완 현상은 72년간의 지속적 주가 상승의 절정에 이르는 1921년과 28년 사이에서 나타났다.

조정 과정

파동 원리는 매우 간단하고 예측에 굉장히 유용한 이론이지만, 내용상 연구자들을 조금 어리둥절하게 할 만큼 세부적으로 가다듬을 부분이 있다. 특히 파동 운동이 아직 형성 과정에 있을 경우의 해석이 그렇다. 차트를 그려보면 원리를 가다듬는다는 뜻이 무엇인지 보다 확실해진다. 원리를 설명하면서 예를 든 것은 이론상 완벽한 형태에 해당된다. 하지만 연구자들은 파동 진행의 실제 패턴이 그리 간단치 않다는 것을 발견할 것이다.

〈도표 20〉

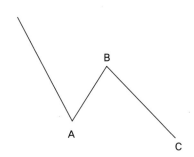

지그재그

〈도표 21〉

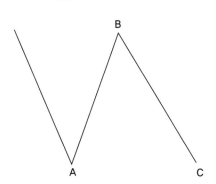

플랫

〈도표 22〉

불규칙적 (타입1)

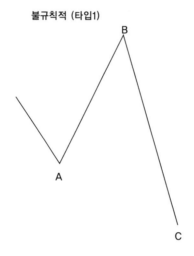

〈도표 23〉

불규칙적 (타입2)

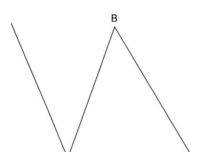

　　파동의 조정은 언제나 3차의 파동으로 이루어지며, 대체로 다
음의 4가지 형태로 진행된다. 그런데 아직 형태가 갖춰지기 전에는

정확한 패턴과 변화의 정도를 예측하기 어려운 경우도 많다. 일단 형태가 완성되면, 그 패턴으로 향후 진전될 운동의 강도를 가늠할 수 있다. 〈도표 21〉부터 〈도표 23〉까지는 매우 소규모의 조정에 일어나는 패턴들이다. 어떤 단계의 파동이든지, 그 대체적인 형태는 같다. 그러나 대형 파동에서는 같은 형태의 패턴이 〈도표 24〉에서 〈도표 26〉까지의 모습으로 나타난다.

이보다 더 대형의 파동, 즉 인터미디에이트나 프라이머리에 있어서의 조정은 원래 형태는 같지만, 〈도표 27〉부터 〈도표 29〉까지의 그림처럼 복잡하게 나타난다.

〈도표 24〉

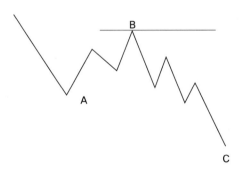

지그재그

〈도표 25〉

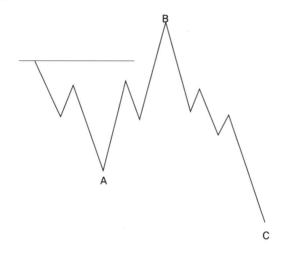

〈도표 26〉

플랫

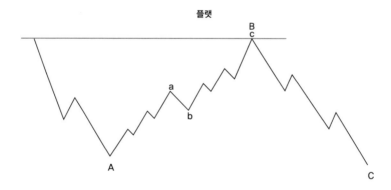

〈도표 27〉

지그재그

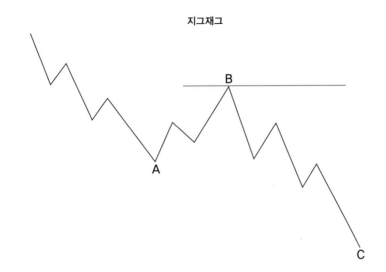

〈도표 28〉

플랫

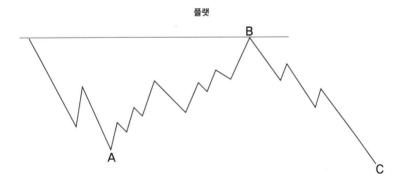

〈도표 29〉

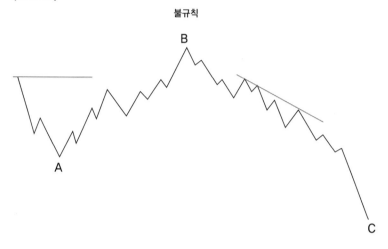

연장

연장Extensions은 1, 3, 5파동 등 상승 파동의 어느 것에서든지 나타날 수 있는데, 이 중 하나 이상에서 일어나는 경우는 거의 없다. 그리고 5파동에서 발생하는 것이 일반적이다. 〈도표 30〉은 그 예를 보여준 것이다.

〈도표 30〉

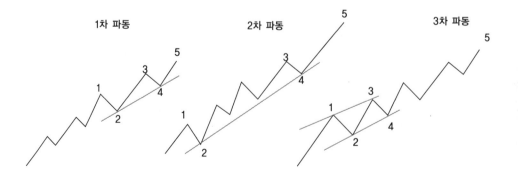

연장의 연장

추세의 연장 기간이 다시 더욱 연장되는 경우도 같은 규칙이 적용된다. 〈도표 31〉에서 표준형과 세 가지 재 연장의 패턴을 열거했다.

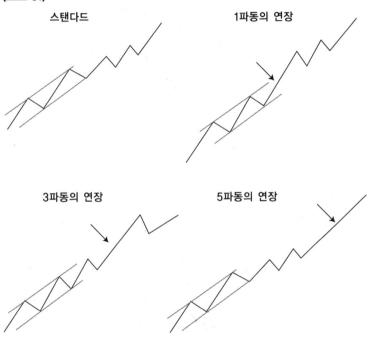

〈도표 31〉

스탠다드

1파동의 연장

3파동의 연장

5파동의 연장

연장 후에 뒤따르는 시장의 행태

연장 현상을 확실하게 이해하는 것은 매우 중요하다. 이 현상의 징후를 찾으려는 많은 노력이 있었지만 성과가 없었고, 앞으로도 어떤 이유에서건 성과를 기대하기 힘들 것이다. 그러나 이 연장에 수반되는 시장의 행태를 파악하면 손실을 줄이고 이익을 남길 수는 있다. 일반적인 시장 규칙들은 다음과 같다.

1. 연장은 현재 진행되는 사이클의 새 영역에서 일어나며,

2. 두 차례에 걸쳐 원 위치로 회귀, 되돌림한다.

3. 첫 번째 회귀는 연장 후 즉각적으로 3번의 파동 형태로 일어나며, 대략 연장이 시작되는 시점의 상태^{연장의 2파동 끝}로 되돌림한다.

4. 두 번째 회귀는 시장의 진행과 같은 방향으로 일어나며, 연장의 고점을 능가하는 지점까지 되돌아간다.

5. 그러나 중대한 역전이 기다리고 있는 5프라이머리 파동에서처럼 대규모 파동 국면에서 연장 현상이 일어날 때는 첫 번째와 두 번째 회귀 현상은 비정상 조정 국면의 A와 B파동이 된다. 즉, 이 파동들이 회귀 규칙 패턴에 일치되는 것이다. 반면, 조정파동의 3번째, C파동은 급격한 하향 국면의 5차례 파동으로 세분되어 앞선 호황 장세의 5프라이머리 파동 시작점에 이른다. 이런 특이한 사례는 1928년 11월부터의 하향국면, 29년 9월까지 반등, 다시 32년까지의 상승 국면까지의 변화가 유일하다. 〈도표 15〉 참조

6. 때때로 불경기 하락 장세에도 같은 규칙에 따라 연장 현상이 일어난다. 1937년 10월, 한 달 동안 이 같은 사례가 있었다.

7. 한 차례 연장만으로는 일련의 파동 운동이 완결되지 않는다. 하지만 연장이 없으면 연장이 나타나는 경우보다 고점 또는 저점이 형성되지 않는다고 단정할 수는 없다.

8. 회귀, 되돌림이란 그 변동이 그 이전 변동된 두 점 간의 폭을 역방향으로 커버한다는 의미다. 예를 들자면, 조정과 원래 추세로의 복귀 과정은 이중 되돌림^{Double Retracement}라고 말할 수 있다.

주식 거래자가 하향장세의 연장이 나타났을 때 장기 보유^{longs} 상태에 있다면, 그 시점에서 매도하면 안 된다. 최저점에 이르기 전에 시장은 즉각 3차례 파동을 거치면서 연장 시작 당시의 원위치로 회귀하기 때문이다.

이제까지 일어난 주요한 연장 현상은 다음과 같다.

산업지수 상향 국면

1925년 7월~11월

1928년 10월~11월

1933년 7월

1936년 3월

산업지수 하향 국면

1929년 11월

1937년 10월

철도지수 상향 국면

1936년 2월

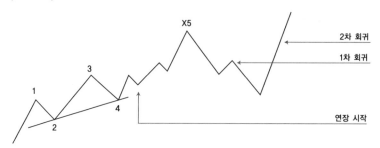

〈도표 32〉

이처럼 1차 회귀는 연장 이후 즉시 일어나지만, 2차 회귀는 상당 기간 나타나지 않을 수도 있다. 그러나 결국 이 회귀는 현행 사이클 내에서 진행되기 마련이다. 이 연장의 형태와 2차례 회귀에 대해서는 〈도표 32〉에 설명되어 있다.

불규칙적인 조정

조정의 사례는 이미 검토된 바 있지만, 이전 파동의 연장선상에

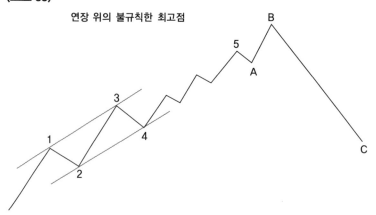

〈도표 33〉

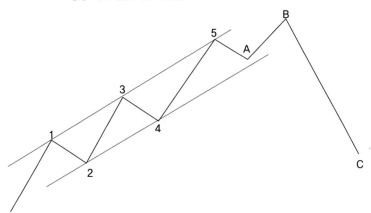

〈도표 34〉

정상 위의 불규칙한 최고점

서 그 일부로 조정이 일어나는 경우에 대한 설명은 없었다. 그와 같은 예는 〈도표 33〉과 〈도표 34〉에 나타나 있다. A, B, C로 표기된 것은 불규칙한 형태의 조정 운동에서 첫째, 둘째, 셋째 파동을 각각 나타낸 것이다. 주목할 것은 이중 2파동, B가 이전 규칙 운동의 정상적 최고점 5의 상위에 있다는 점이다.

강세 조정

조정 형태는 이후 반등 운동의 힘을 예측하는 징후로서 유용할수 있다. 〈도표 35〉는 규칙적인 지그재그 형을 보여주고 있는데, 이는 이후의 운동이 보통의 강세로 진행될 것을 시사하고 있다. 〈도표 36〉은 높낮이가 평평한데, 이어지는 운동의 강력한 추진력을예고한다1933년 7월부터 1934년까지 4프라이머리 파동 참조.

〈도표 35〉

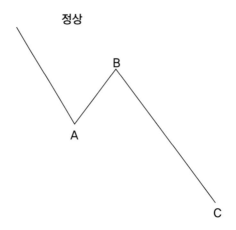

〈도표 35〉

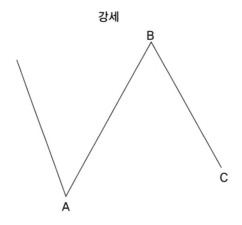

〈도표 36〉

　〈도표 37〉은 '2'의 조정이 끝나는 지점이 A파동의 조정의 끝보다
위에 있는 경우를 보여주는데, 이는 이어지는 운동의 추진력이 비
상하게 클 것을 시사하고 있다〈도표 37〉의 두 번째 조정이 더 약하다는 뜻이다.

〈도표 37〉

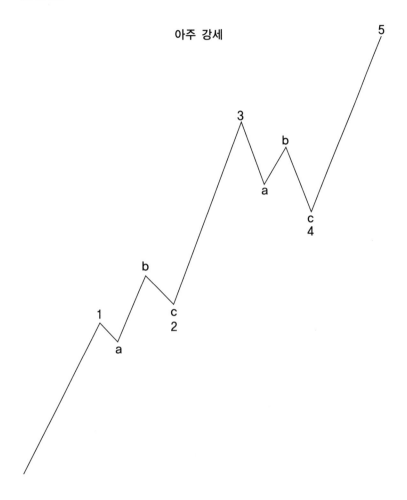

아주 강세

불경기 추세, 즉 주가의 하락 장세에서 나타나는 조정도 그 방향만 반대일 뿐, 같은 논리에서 성격 파악이 가능하다〈도표38-40〉참조.

〈도표 38〉

정상

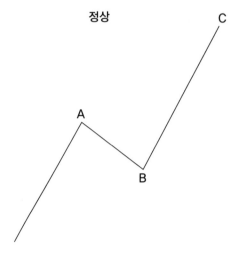

〈도표 39〉

약세

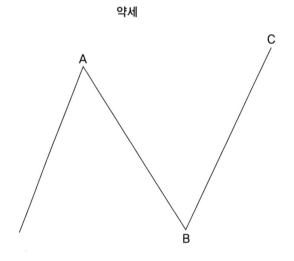

<도표 40>

아주 약세

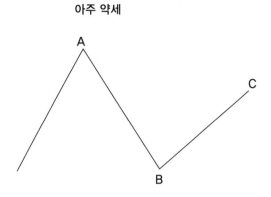

하락 장세에도 불규칙적인 조정이 있긴 하지만 매우 드물다. 하나의 5차 파동 운동 이후 불규칙 조정이 나타나는 모습은 〈도표 41〉에서 볼 수 있다.

<도표 41>

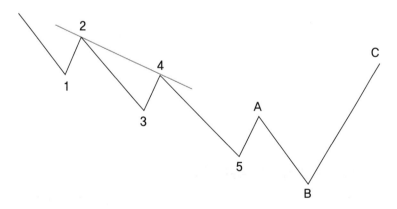

파동 완결의 실패

〈도표 42〉에 나타난 패턴에서는 5파동이 실현되지 못했고, 이 경우 'B'점에서 주식을 매각해야 한다. 조정은 3차례 파동으로 진행되어야 하는데, 여기서는 '3'의 고점에서부터 5차례의 파동으로 하강세가 전개된다. 해답은 'B'점이 파동 원리상의 고점이며, 이후 3차례 하향 파동이 진행되었다는 것이다. 말하자면 강한 하락세가 전진 국면의 두 차례 파동을 빼앗은 셈이다. 규칙에 따르자면 전진 파동이 5개이고 하강 파동이 3, 모두 8차 파동인데 이 경우 전진이 5개, 후진이 3개이다. 이 같은 형태는 드물게 나타나지만, 나타난다면 심각한 경고이므로, 즉각 반응해야 한다.

〈도표 42〉

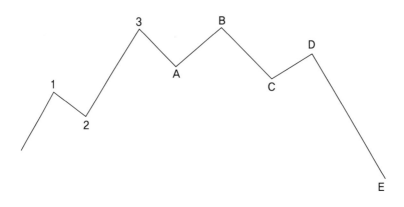

향후 전개 방향이 의심되는 경우

〈도표 43〉에 나타난 시점에서 거래자들은, 이 다음 연장 형태로

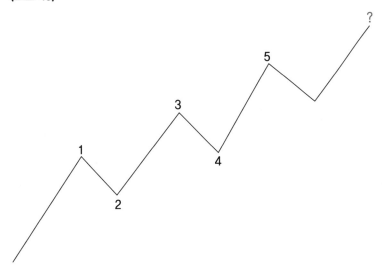

〈도표 43〉

전개될지, 아니면 불규칙 조정 국면으로 전개될지, 판단하기 어려울 수도 있다. 거래량을 보면 그 해답을 알 수 있다. 어디에선가, 여러 형태의 조정파동지그재그나 플랫형 보합, 또는 삼각형 등의 도중에는 거래량이 감소한다고 지적한 바 있다. 이에 따르면 나타난 마지막 파동 시 거래량이 극히 적으면 불규칙 조정상의 B에 해당한 것으로 판단된다. 거래량이 비교적 많으면 차후 연장 국면이 조성되고 있는 것이다.

삼각형 형태

파동 운동은 때에 따라 점차 가격 변동폭이 작아져 한 점으로 위축되기도 하고, 한 점에서 점차 넓어져, 이를테면 삼각형 형태를 띠는 경우가 있다. 삼각형의 형태 파악은 중요하다. 삼각형 진행의 정점 부근 또는 종결 지점에서 시장이 어느 방향으로 전개될지, 이후 시장 전개 방향을 시사하기 때문이다.

삼각형은 수평형과 대각선형의 두 가지가 있다. 수평형 삼각형은 주가 형성에서 현상유지, 즉 망설임을 보여준다. 그래서 이 수평형 삼각형이 끝난 후 시장은 상향세건 하향세건 이전 진행 추세로 돌아갈 것이다. 수평형은 그저 망설임이라는 점에서 별다른 가격 변동이 없는 보합 장세와 같은 의미를 갖는다. 만약 지그재그 진행이 2파동에서 나타났다면 플랫형 진행이거나, 삼각형 진행이 4파동에서 나타날 것이다〈도표 44〉 참조 . 그리고 만일 보합 또는 삼각형 진행이 2파동에서 나타나면, 4파동에서 지그재그형이 나타날 것이다. 〈도표 45〉 참조

수평형 삼각형의 진행을 〈도표 46〉으로 표시했는데 도표의 4가지 형태로 구분된다.

〈도표 44〉

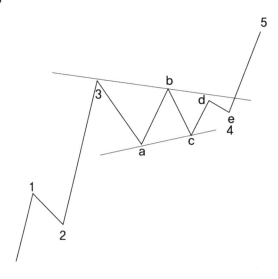

〈도표 45〉

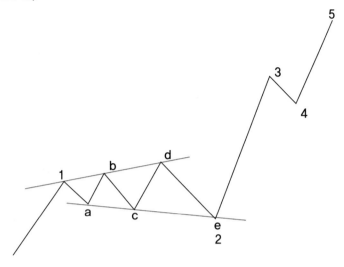

〈도표 46〉

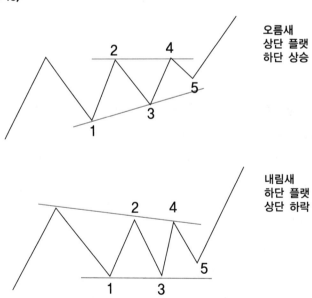

오름새
상단 플랫
하단 상승

내림새
하단 플랫
상단 하락

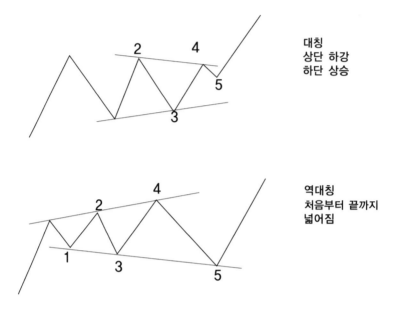

대칭
상단 하강
하단 상승

역대칭
처음부터 끝까지
넓어짐

　대각선 방향 삼각형에는 두 종류가 있는데, 다음의 〈도표 47〉과 같다.

　삼각형 진행은 그것이 수평형이건 대각선이건 관계없이 도표에 나타난 것처럼 5개의 파동을 내포하고 있다. 만약 파동의 수효가 5개 미만이면 여기에서 논의하고 있는 파동 현상의 범주에서 벗어나는 것이며 무시해도 상관없다.

　수평형 삼각형에서 가장 주목해야 할 사항은 이 삼각형이 시작되는 위치이다. 이 삼각형 내의 2파동의 위치가 반드시 설정되어야 하고, 2파동의 위치를 설정하려면 1파동의 시작과 끝을 확인해야 하기 때문이다. 여기에서 2파동이 중요하다. 왜냐면, 삼각형 진행이 끝났을 때 시장은 2파동의 진행과 같은 형태로 진전되기 때문이다.

〈도표 47〉

대각상승

대각하강

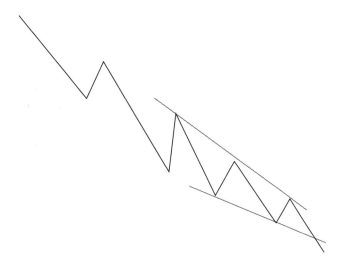

〈도표 48〉에서 수평형 삼각형 내 2파동의 진행 방향은 하향이다. 따라서 M-N의 사이의 하향 국면에서 머뭇거렸던 시장은 5파동이 끝난 후 다시 하락을 지속하게 된다.

반면 〈도표 49〉에서는 삼각형 진행의 5차 파동들이 상향이므로, 시장은 M에서 바닥을 보이고, 다시 상승세로 돌아가기 전에 주춤거리고 있는 것이다.

〈도표 50〉에서 상향 대각선 삼각형 내의 2파동은 하향으로 진행한다. 시장은 이 대각선 움직임의 끝에서, 즉 삼각형 내 5파동이 종결되는 시점에서, 하향세로 대략 삼각형의 밑변 높이까지 내려간다. 역삼각형 형태가 아닌 이런 모양에서, 5파동은 삼각형이나 궤도의 목표점에 도달하지 못하는 경우가 흔하지만, 도표에서처럼 삼각형선을 뚫고 솟구치는 경우도 가끔 있다.

프라이머리 운동의 마지막 파동, 즉 5차 인터미에이트 파동이 삼각 형태로 진행되면, 이후 급격한 역행에 대비해야 한다.

삼각형 안의 모든 파동은 일관된 패턴 운동의 일부로 파악되어야 한다. 그렇지 않으면 삼각형이 나타나지 않으며, 나타나더라도 우연의 일치에 불과하다.

대각형 진행의 삼각형은 5차 파동으로서만 나타난다. 즉, 같은 단계의 4번에 걸친 파동이 그 이전에 일어난 것이다.

하나의 삼각형 진행 범위 내, 주 단위든 혹은 일간 변동이든 그 범위 내에서 삼각형의 전체 모습이 드러나면 곧 종결점에 도달한다. 5파동이 일어나는지 확인해야 하지만, 주가 반전의 고점을 꼭 확인할 필요는 없다.

〈도표 48〉

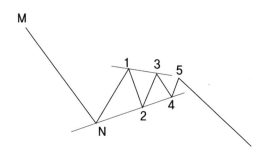

〈도표 49〉

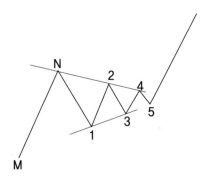

〈도표 50〉

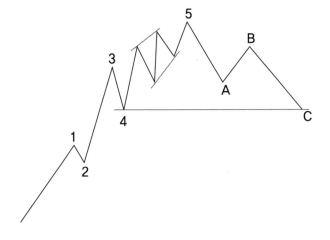

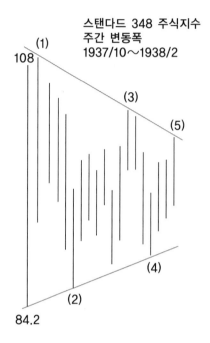

스탠다드 348 주식지수
주간 변동폭
1937/10〜1938/2

(1)
108

(3)

(5)

(4)

(2)
84.2

대체로, 삼각형 모양은 크기가 별로 크지 않고 모든 파동이 일일
이 선명하게 진행되지는 않는다. 1937년 10월에서 1938년 2월 사
이에 처음으로 5개의 파동이 3개의 소규모 파동을 수반하는 구체
적인 형태를 보인 대형 삼각형이 나타났다. 이 5개의 파동들은 모
두 다른 패턴을 보였다.

이 기간 동안 다우존스지수 상으로는 삼각형 모양이 나타나지
않았으나, 〈스탠더드 스태티스틱스〉의 348 주식지수, 주간 변동폭
차트는 〈도표 51〉에서처럼 완벽한 삼각형으로 보인다. 이때가 기록
상 보이는 최대의 삼각형 출현이었다. 이 도표는 주간 변동표이기

때문에 5개의 파동 각각의 모습이 분명하지 않지만, 9장의 〈도표 66〉의 일간 변동표는 이들을 확실히 드러낸다.

06

속도, 수량, 그리고 도표 그리기

시장이 한 방향으로 고속 진행할 경우 이에 호응하는 반전의 속도도 거의 어김없이 매우 빠르다. 예를 들어보자. 1932년 한 여름의 주가 상승은 다우존스 산업지수로 40포인트, 즉 9주 동안에 100%의 급등세를 보였다. 이는 매주 당 평균 4.5포인트가 오른 수치다. 그에 비해, 〈도표 52〉의 1932년부터 1937년까지의 지수표로 보면 상승 속도가 차츰 완만해진다.

1932년과 33년의 주가 급등처럼 빠른 시장에서는 주간 가격 변동뿐 아니라 일간 변동까지 관찰하는 것이 필수적이다. 그렇지 않으면, 삼각형이나 연장 같은 중요한 주가 등락의 성격이 감추어질 수 있다.

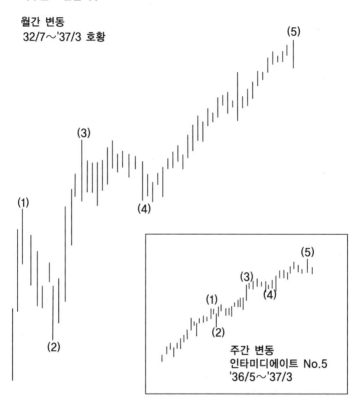

〈도표 52〉

다우존스 산업지수

월간 변동
32/7~'37/3 호황

(5)

(3)

(1)

(4)

(2)

주간 변동
인타미디에이트 No.5
'36/5~'37/3

(5)

(3)

(1)   (4)

(2)

　　다음 장 '차트 만들기'에서 주가 변동의 선에 대해 언급했다. 평
상적인 시장에서는 변화 속도가 완만하다고 해서 일간 변동폭만
사용하면 중요한 패턴이 드러나지 않는다. 1904년 1월 마지막 주
에서 6월 첫째 주까지를 예로 들어보자. 이 5개월 동안 일일 등락
의 최대 폭은 다우존스지수 4.09포인트$^{50.50\sim46.41}$에 불과했다. 일
간 차트 상으로 드러난 모습은 그저 별다른 특징이 없는 것처럼 보

인다. 그러나 주간 도표로 축소해 놓으면, 2파동이 상승세를 보인 완벽한 삼각형 모양으로 드러나, 거래자들은 시장이 삼각형 종료 후 상승국면으로 전환한다는 점을 확인하게 된다.

거래량

수평 삼각형과 플랫형, 기타 다른 형태의 조정 운동은 그 시작에서 끝으로 갈수록 거래 수량이 감소한다. 또한 수량을 보면 일정한 운동의 특성을 명확히 파악하는데 도움이 되는 경우가 종종 있다. 그러나 시장이 비정상적으로 '허약'할 경우에는 거래량의 일반적인 양상과 맞지 않는 케이스도 상당히 많다.

5차례 파동의 주기와 연관지어 거래량의 특징을 규정해 보면 매우 주목할 만한 결과가 나온다. 예를 들어, 중대한 주가상승이나 하락이 진행되는 중에는, 첫째 파동에서 거래량이 증가하고, 2파동에서는 감소, 3파동에서 다시 증가, 4파동에서 감소, 5파동에서 증가의 순으로 이어진다. 5파동의 직후는 가격 진전이 거의 없는 상태에서 거래는 상당량을 유지하고 반전을 예고하는 것이다.

여기에서, 거래량과 거래비율에 대해 언급한다. '거래량'은 실제 거래된 주식의 개수를, '거래비율'은 뉴욕증권거래소NYSE, New York Stock Exchange에 등재된 총 주식 중 거래된 주식의 비율을 말한다.

뉴욕증권거래소는 1938년 7월의 월보에서, 이 거래량과 거래 비율의 흥미로운 비교를 차트로 게재했다. 이 비율 도표의 상향 사이클은 1914년에 시작되어 5차의 프라이머리 파동을 거친 후 1929년에 종결되었다. 그리고 곧 하향 사이클이 시작되어 1938년 6월18일 끝

〈도표 53〉

NYSE 주식 변동

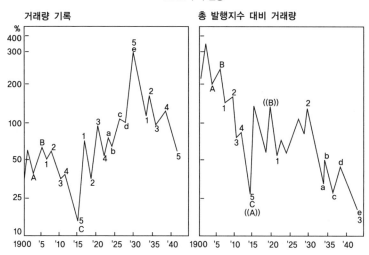

거래량 기록

총 발행지수 대비 거래량

〈도표 54〉

NYSE 중개권 가격

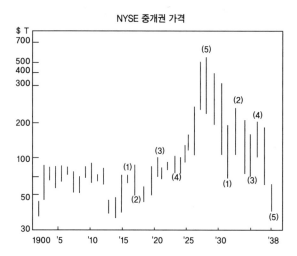

〈도표 55〉

도표 54 중 '36/1부터 '38/6/15까지 자세한 그래프

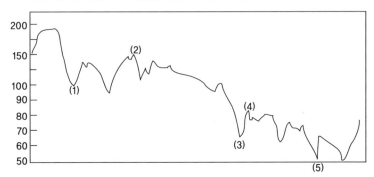

낳다〈도표 53〉 참조. 이와 똑같은 패턴의 현상이 뉴욕증권거래소 중개 좌석seats의 매매 가격에서 나타났다〈도표 54〉와 〈도표 55〉 참조.

거래율의 파동은 시장의 순간적 방향에 따라 거래량이 급변하기 때문에 미세한 부분까지 추적하기가 쉽지 않다. 이에 반해 거래소의 시트 가격 등락은 시장의 가격 변화에 크게 영향을 받지 않으므로 거래율의 유용한 잣대가 된다. 보다 자세한 내용은 10장 '다른 분야에서의 파동 원리'에 들어있다.

뉴욕증권거래소 월보 11페이지에 수록된 자료들에 따르면, 1928년 5월의 거래율은 12.48%였고, 1938년 5월에는 0.98%였다. 내가 계산한 바로는 1938년 6월의 첫 18일간 거래율은 0.65%에 불과했고, 38년 6월18일 토요일의 실 거래량은 10만 4,000주로, 평일 5시간 거래로 환산해 20만 주였다. 6월 18일 이전 수 주 동안 거래량이 극히 적어 주식 평균지수에 포함된 주요 주식조차 거래 사이에 긴 시간이 있을 정도였다. 그 결과로 서브미뉴엣 같은

소규모 파동은 시간별 등락표에서 나타나지도 않거나 보이지 않아야 할 때 나타나는 경우도 있었다. 이 같은 이유로 시간별 거래량은 시장 예측에 사용하기에는 신빙성이 없는 예가 가끔 있다. 다행히 이같이 한산한 거래는 앞으로 20년간은 다시 나타나지 않을 것 같다.

뉴욕증권거래소는 1937년 11월 월보에서 일정기간 동안의 거래량과 가격 변동의 관계를 분석해 게재했다. 이 표에는 1937년 8월 14일부터 10월19일까지와 다른 7개 기간이 비교되었다. 이 자료를 비율로 계산해 보니, 1937년이 사상 유례없이 거래가 폭발적인 기간이었음을 알 수 있었다.

이 비교에서 나타난 특히 흥미 있는 사항들은 다음과 같다.

최근 침체 시장의 주식 지수

최고점, 1937년 3월 10일	195.59
최저점, 1938년 3월 31일	97.46
하락	98.13 포인트
	또는 50.1%
기간 1년 3주간	

뉴욕증권거래소 거래 주식 총액

1937년 3월	$2,612,000,000
1938년 5월	$499,000,000
1938년 6월^{추정치}	$187,000,000

감소: 92.9%

기간 1년 4개월

64일간의 가격 대비 거래량 비율 앞서 말한 1937년 구간과 다른 시기와의 비교

1937년 8월 14일~10월 19일   22.2%

1937년 3월~5월   10.9%

1929년 종반   11.1%

1934년 2월~4월   6.5%

타 기간   2.1% 에서 1.0%

뉴욕증권거래소 중개권 가격

최고가, 1929년 $625,000

최저가, 1938년 6월 15일 $51,000

하락: 92%

기간: 9년

1937년 3월부터 1938년 6월까지 거래량 감소 비율은 87.5%였다.

거래소의 홍보실에서 얻은 거래 주식 총액을 표로 나타낸 것이 다음의 〈도표 56〉이다.

〈도표 56〉

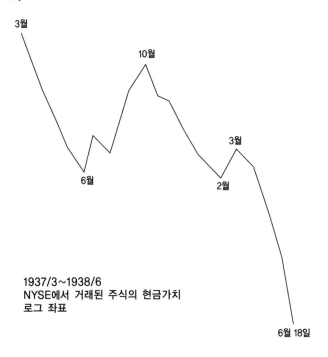

3월

10월

6월

3월

2월

6월 18일

1937/3~1938/6
NYSE에서 거래된 주식의 현금가치
로그 좌표

07

지엽적인 사항들과 차트 만들기

1. 대형주의 변동 사이클에서 최고점은 개별 주식이나 종류별로 분산되거나 약간 다른 형태로 전개되지만, 바닥 형성은 합쳐진다. 달리 말하면, 여러 주식 그룹과 개별 주식들이 일제히 최저점에 이르는 것이다. 예를 들어 1932년 7월 중에는 증권 가격, 채권 가격, 생산량, 보험 판매액 등등 인간 경제활동의 제반 영역이 일제히 최하를 기록했다10장의 〈도표 69-79〉 참조. 물론, 이 시기가 그랜드 슈퍼 사이클의 2파동의 최하점이므로 이 현상이 특히 강력히 강조된 면이 있다.

2. 하나의 운동 주기에서 파동 순서가 혼동될 수 있는데, 파동들의 크기를 비교하는 것도 파동의 각 단계를 판별하는데 도움이 된다. 반전의 포인트, 즉 파동 간의 접점을 연결해 행

로, 운동의 궤도를 그리면 보다 명료해진다.

3. 항상 접점을 연결하거나, 채널을 그려보아야 한다.

4. 언제나 4파동이 진전되기를 기다려 마지막 운동 궤도를 그린다. 운동의 정점, 즉 5파동이 끝나는 예상 지점을 찾는 것은 그 다음 일이다.

5. 운동 궤도의 폭은 한 범주의 파동들이 진행되는 동안 항상 일정하게 유지되어야 한다. 다시 말하면, 이 궤도와 정확히 일치하지 않을 수도 있는 5파동을 제외하고, 한 운동의 폭은 일정하다는 뜻이다.

6. 운동의 단계가 높을수록 운동의 고점이 원궤도 이상으로 초과할 가능성이 크다.

7. 궤도 설정에서, 기본선은 주가 상승 국면에서는 아래, 하강 국면에서는 위에 위치한다.

8. 기본선의 각도가 가파르게 구부러질수록 본 운동의 추진력이 강함을 시사한다. 한 사례로 27년 1월과 28년 6월 사이의 〈도표 14〉를 참조하라.

9. 파동 현상을 큰 국면에서 적절히 조망하려면 다음과 같은 특정한 차트를 사용하라.

　ⓐ 매일매일의 최고와 최저를 주간 단위로 표시한 주별 변동 도표. 이 경우 로그 축적으로 그려진 것이 좋으며, 일반 도표보다 두세 배 확대한 것이면 더욱 좋다.

　ⓑ 5차 프라이머리 파동과 그에 관련한 조정 과정 각각을 한 장에 그린 도표.

10. 3대 주요 지수 다우존스 산업지수, 철도지수, 설비지수 등 변동뿐 아니라 소그룹단위나 개별 주식 단위에도 같은 방법으로 차트를 사용하기 권한다. 각 투자자가 특별히 관심 있는 주식들의 일간 평균 가격표도 계속 작성해 나가야 하며, 이 경우 보통 일반 수치 좌표면 충분하다.

11. 주간 변동범위표가 꼭 필요한 것은 다음과 같은 세 가지 이유에서다.

ⓐ 오직 이 방법으로만 특히 규모가 큰 몇 단계 파동들의 성격을 판단하기 위한 충분한 역사적 배경을 관찰하는 것이 가능하다.

ⓑ 다른 도표에서 그냥 선으로만 나타나는 변화들이 세네 개 파동들로 구성된 보합이나 삼각형 등 특정 패턴으로 드러난다. 이 패턴은 미래의 진행을 판단하거나 확인하는 데 유용하다.

ⓒ 일간 변동폭 도표에서 나타나는 사이비 변화들을 걸러낼 수 있다.

12. 관찰하고 있는 특정한 한 단계 운동의 전체를 표 하나에 따로 작성할 필요가 있다. 그것이 마이뉴트 파동이든 마이너 파동 혹은 인터미디에이트 그 이상의 파동이건 마찬가지다. 그렇지 않고 한 장에 섞어 표기하면 그 규모나 파동 차례의 표시나 궤도 등이 왜곡되거나 혼동되는 경우가 많다.

13. 프라이머리 단계 이하의 운동을 관찰하는 최선의 방법은 주

간, 일간, 시간 변동표 등이다. 파동의 순서를 분석할 때는 이 중요한 자료 중 어느 하나에 전적으로 의지하지 말고, 세 개를 모두 염두에 두어야 한다. 빠른 시장에서는 특히 시간, 일간 변화가, 느린 시장에서는 일간, 주간 변화가 가장 좋은 지침이다.

14. 1928년 이래 처음으로 38년 6월 18일, 주식 가격과 채권 가격, 거래량 비율이 톱니바퀴처럼 맞물려 돌아가기 시작했다. 왜 그런 현상이 나타나는지 오직 파동 원리로서만 파악되고 추적될 수 있다.

15. 일부 종목은 파동 원리와는 달리 5차의 하향 파동이 일어나는 경우도 있다. 이 케이스는 앞서 '조정들' 항목에서 설명된 대로 '비정상' 최고점이 일어난 후 파생되는 'C'파동에 해당한다.

16. 부동산과 같은 분야는 일정한 중심 시장이 없고, 종목이 표준화가 되어있지 않고 또 장부에 표시된 가격이 실제 가격이 아니라 '정상적' 거래 가격인 경우도 있어서 도표를 만들기 위한 자료를 구하기가 불가능하다. 부동산의 경우 '저당권 행사'로 인한 몰수의 통계로 이 문제를 풀 수 있다. 이에 대해서는 신빙성 있는 통계를 구할 수 있는데, 부동산 몰수가 가장 작을 때 시장은 최고 호황이며, 많을 때는 반대로 보면 된다.

17. 또 다른 경우는, 믿을 만한 자료는 있지만 거래가 적어 소규모 움직임을 규정하기가 어려운 경우다. 시장의 순간적인 변

동에 따라 거래량이 소폭 오르고 내리는 경우다. 그 예는 뉴욕 증권거래소 중개권 가격의 변동이다.

18. 계절적인 등락이 있는 종목도 판단이 어려운데, 주간, 월간, 쿼터별 10년간 평균치로 차트를 만들어 등락의 비율을 비교하면 될 것이다. 예를 들어, 자동차 선적량의 주간 통계는 구할 수 있는데, 이를 이용해 10년간 해당 주의 평균과 현행 수치의 비율을 도표화할 수 있다. 이 표를 보면, 파동 원리에 의거, 해석할 근거가 되는 실 데이터가 드러난다.

19. 진행 패턴이 다른 두 종목이 어쩌다 일치될 때에는 '거래량' 항목에서 서술한 것처럼 비정상적인 가격 교란이 일어날 수 있다.

20. 모든 주식이 전체 흐름에 맞춰 가격 등락을 보이는 것은 아니다. 주요 지수들은 1937년 3월 10일 최고점을 기록했지만, 〈스탠더드 스태티스틱스〉에 포함된 몇몇 그룹들은 1936년 11월 고점을 형성하기 시작해, 이듬해 3월 그 수량이 증가하다가 5월까지 점차적으로 하락했다. 반면에 최저가에 이르는 것은 거의 동시이다.

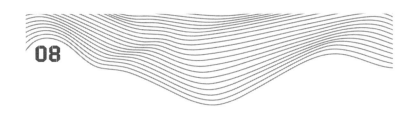

08

파동 원리의 응용

앞장에서 언급한 것처럼, 투자자와 주식 거래자들은 5파동의 종결점에 대해 관심이 크다. 왜냐하면, 이 점이 이제까지의 전체 운동이 반대 방향으로 조정되는 시점이기 때문이다. 주식시장의 대규모 움직임들, 특히 수개월에 걸쳐 진행되는 인터미디에이트나 몇 년 동안 지속되는 프라이머리 운동 등은 그 종료 시점에서 상당한 규모의 조정을 수반하기 때문이다. 따라서 이 시점에 이르면, 장기적으로 보유해온 주식의 처분이 요구된다. 이 못지않게 중요한 사항은 조정이 끝나는 시점을 포착하는 것으로, 이 조정의 종결 시점들이 주식을 매입, 장기간 보유함으로써 수익을 극대화할 수 있는 시점이다.

주식 거래자가 첫째로 고려해야 할 점은 어떤 유형의 파동 움직임에 의거, 주식의 장기 보유를 설정할 것인가 결정하는 일이다. 많은 투자자가 프라이머리 움직임에 따른 주식 운용을 선호하므로, 여기에서는 주로 이 운동의 패턴에 대해 논의하겠다. 하지만 이보다 소규모, 혹은 대규모의 운동에도 프라이머리와 똑같은 이론이 적용된다.

이제, 어느 투자자가 1921년 6월 정확히 시점을 잡아 주식의 보유를 시작했다고 가정해 보자. 그는 〈도표 12〉에 나오는 그랜드 슈퍼 사이클을 조사해, 그 중 하나인 슈퍼 사이클이 1857년부터 시작, 1, 2, 3, 그리고 4의 사이클 파동까지 끝났다는 사실을 알아차린다. 그리고 5사이클 운동이 1896년 시작되어, 1896~1921년까지 그 중 4차 파동으로 진행되었음을 발견한다. 이제 프라이머리의 5파동이 바로 시작되고 이 파동은 5차례 인터미디에이트 파동으로 진행되어 갈 것이다. 이 인터미디에이트 5파동이 끝나면, 비단 프라이머리 파동이 마무리될 뿐 아니라 하나의 전체 사이클, 더 나아가 한편의 슈퍼 사이클도 동시에 끝날 것이다. 앞으로 다가올 시장은 참으로 흥미만점으로 진행될 것이 분명하다.

이 투자자는 지금 진행되는 5프라이머리 파동에 앞선 1, 3파동의 진행에 근거해, 이 프라이머리가 어느 정도의 폭으로, 얼마나 오래 전개될지 윤곽을 그릴 수 있다. 물론, 앞서 말한 대로 각 파동들을 조금씩 다른 형태로 진행케 하는 조정 현상이 수시로 일어나기 때문에, 이 투자자의 윤곽은 그야말로 대충의 짐작에 불과하다. 그러나 이 운동의 궤도, 채널을 그려보면 윤곽이 보다 명료해질 수 있다. 1857년 시작된 슈퍼 사이클이 이미 4의 하위 파동 사이클까지 끝났으므로, 그 2파동과 4파동이 끝나는 꼭짓점을 연결하고,

그와 평행선을 3파동 종결점과 만나게 그리면 상위 궤도선이 수립된다. 대략이 궤도상에서 1896년 시작된 5사이클이 완성되고, 전체 슈퍼 사이클이 동시에 끝나는 것이다. 또한 1896년부터의 사이클이 4프라이머리까지 진행되었으므로, 같은 방법으로 지금 진행되는 5프라이머리가 끝나는 상위 궤도선을 설정할 수 있다.

이 시점에서, 1921년 매입한 주식을 지금 시작된 프라이머리 5파동이 끝나는 시점에 팔겠다는 목표로 매각 시점을 결정하는데 투자자는 다음과 같은 규칙을 명심해야 한다. 이 규칙 중 일부는 이미 언급되었으나, 일부는 여기에서 처음 소개하는 것이다.

1. 프라이머리는 5개의 인터미디에이트 파동으로 구성되어 있다. 따라서 인터미디에이트 4파동이 확인되고 5파동이 개시될 때까지는 매각을 고려하면 안 된다.

2. 인터미디에이트 4파동이 끝나고 인터미디에이트 5파동에 진입한 것이 확인되어도, 그 아래 5차의 마이너 파동 중 5마이너가 진행될 때까지는 매각을 고려할 필요가 없다.

3. 같은 맥락에서, 4마이너 파동이 끝나고 5마이너가 진행되어도, 아직 아래 단계인 5마이뉴트 파동이 확인될 때까지는 매도를 고려할 필요가 없다.

4. 주가의 시간별 평균을 검토하면, 이 마이뉴트 5차 파동에도 5차에 걸친 아래 단계의 서브마이뉴엣 파동이 나타날 가능성이 있다. 그러므로 1921년 시작된 프라이머리 파동의 최정점에 이르기 위해서는, 그 5인터미디에이트 파동의 5마이너

파동, 그 5마이너 파동의 5마이뉴트 파동, 그의 5미뉴엣, 그의 5서브미뉴엣 파동 진행 시까지 보유 주식을 매각할 필요가 없는 것이다.

5. 슈퍼 사이클, 또는 사이클, 프라이머리의 5파동은 일반적으로 종결점으로 예상된 각 단계 파동의 상위 궤도를 뚫고 그보다 훨씬 넘어선 높이까지 치솟는 경우가 많다. 위에 지적한 것을 다시 설명하면, 5슈퍼 사이클과 사이클의 파동 종결점이 되는 상위 궤도는 각각 이미 설정되어 있다. 그러나 21년 시작된 프라이머리 파동은 슈퍼 사이클과 사이클 주기를 함께 끝내는 것이기 때문에 〈도표 13〉 참조, 주가가 로그 좌표 상에서 슈퍼 사이클 및 사이클 상위 궤도를 초과할 때까지는 5파동이 계속될 것으로 예견할 수 있다. 마찬가지로,

〈도표 57〉

DJIA 주간변동범위
인터미디에이트 No1: 1921/8〜1923/3

인터미디에이트 No2: 1923/3~1923/5

진행 중인 프라이머리의 5인터미디에이트 종결점은 설정된
상위 궤도를 뚫고 더 높이 치솟을 것으로 예견된다.

6. 슈퍼 사이클, 사이클, 또는 프라이머리의 5파동 종결점은 보
통 그 운동의 앞선 파동 때보다 많은 거래 물량을 수반한다.
그러므로 거래 물량이 급격히 증가하면, 프라이머리의 5차
인터미디에이트 파동이 피크에 도달하거나 근접했다는 증거
로 볼 수 있다.

〈도표 59〉

인터미디에이트 No3: 1924/5~1925/11

〈도표 60〉

인터미디에이트 No4: 1925/11~1926/5

〈도표 61〉

인터미디에이트 No5: 1926/5~1928/11
(5파동 연장 주목할 것)

투자자는 이 같은 일반 파동의 규칙을 염두에 두고, 각 인터미디에이트 파동 진행을 추적하기 위해 주간 월간 동향 표를 체크하면서, 시장을 예의 주시해야 한다. 주간 동향은 〈도표 57〉에서 〈도표 61〉까지 제시된 표들로 파악된다. 인터미디에이트 1파동은 1923년 3월 끝나는데 〈도표 57〉에 보이는 5차 마이너 파동으로 구성되어 있다. 이어서 인터미디에이트 2파동은 짝수 조정파동의

〈도표 62〉

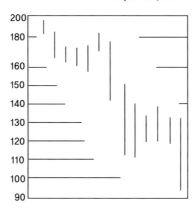

로그 좌표
월간 변동범위: '37/3: 195.59
'38/3: 97.46

통례대로 3차 파동으로 이루어져 있다. 인터미디에이트 3파동은
1925년 5월까지 지속되며, 그에 이어 3차례에 걸친 4조정파동으
로 진행된다.

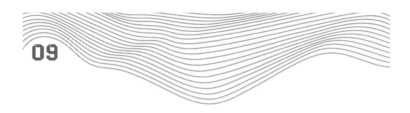

09

침체 시장의 희귀한 사례들

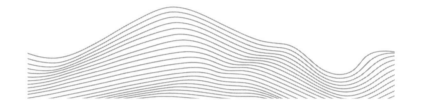

1937년부터 38년까지의 불경기시장 〈도표 62〉와 〈도표 63〉의 경우 여러 가지 새로운 사례들을 보여준다. 그 예들은 다음과 같다.

평행 사변형 Parallelogram

1937년 8월 4일, 다우존스는 187.31로 상승 국면의 정상적 정점에 도달했다. 그리고 3차례의 파동을 거치며 하락이 이어지고, 다시 3차례 반전 파동으로, 8월 14일, 190.38에 다다랐다. 이 두 날짜 사이에, 불규칙적인 조정파동 A와 B가 형성되었다 〈도표 65〉 참조. 그에 이어 C파동은 장기간 급속한 하강으로 10월 18일 지수가 115.82까지 도달했는데, 이 형태가 확실한 평행 사변형으로 되어 있다. 그 이유가 특별히 중요한 것은 아니다. 다만, 그 진행 속도와

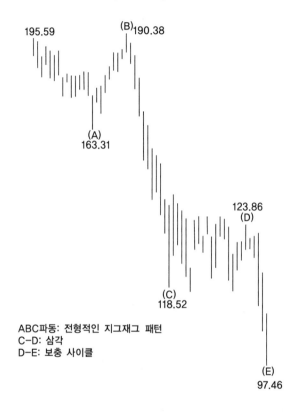

〈도표 63〉

DJIA 주간 변동범위
1937/3~1938 /3

195.59

(B)190.38

(A)
163.31

123.86
(D)

(C)
118.52

(E)
97.46

ABC파동: 전형적인 지그재그 패턴
C-D: 삼각
D-E: 보충 사이클

폭이 엄청났고, 이런 진행이 비정상 최고점 형성으로 어느 정도 예 고되었다는 사실은 1928~29~32년의 예에서와 동일하다.

〈도표 65〉는 내가 본 도표 중에서 흥미를 끄는 파동의 속성이 가장 많이 나타나는 도표이다. 이 형태가 평행 사변형임을 먼저 주 목하자. 정상적인 고점에서 B까지 '비정형 Irregular' 고점은 앞으로 격심한 하락을 예고한다. xa에서 xe까지의 연장은 xb까지 3차례

〈도표 64〉

상수좌표
1937년 하루 변동범위

159.59
3/10

(2)

b

(1)

a

d

c

e
(3)

(4)

(A)

(B)

(5)
163.31
6/17

(A)

(B)

(C)

190.38
8/14
(B)

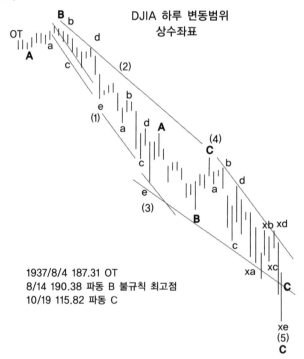

〈도표 65〉

DJIA 하루 변동범위
상수좌표

OT

B
A

b

a

d

c

(2)

e
(1)

b

a

d

c

A

(4)

C

b

a

d

xb xd

e
(3)

B

c

xa

xc

C

1937/8/4 187.31 OT
8/14 190.38 파동 B 불규칙 최고점
10/19 115.82 파동 C

xe
(5)
C

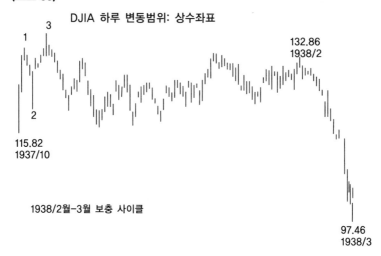

〈도표 66〉

DJIA 하루 변동범위: 상수좌표

3
1
2
115.82
1937/10

132.86
1938/2

1938/2월-3월 보충 사이클

97.46
1938/3

즉각적인 회귀의 패턴을 예고하면서 xe의 급강하를 유발한다. 첫 번째 회귀는 〈도표 66〉에 보이는 3차례 파동들로 이루어지는데 원래 예상 궤도보다 낮은 위치로 추락함을 보여준다. 또한 〈도표 65〉의 지그재그형 A-B-C 진행은 〈도표 65〉상의 이어지는 조정파동 C가 평평하거나 삼각형으로 전개될 것을 예측케 한다.

반달꼴

이는 1938년 2월 23일부터 3월 31일까지 지수 132에서 98로 하락하는 동안 진행된 패턴에 붙인 명칭이다. 이 모양은 커브형으로 하강하다가 끝에서는 거의 수직적으로 급락하는 패턴이다〈도표 66〉와 〈도표 67〉참조.

〈도표 65〉에서 115.82까지 하락한 연장 패턴을 보면 그 후로도

〈도표 67〉

132.86

시간별 변동범위
1938/2/23~3/31

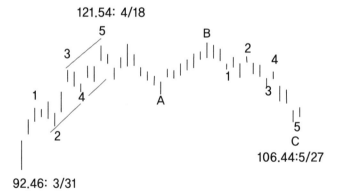

〈도표 68〉

DJIA 일일 변동범위 1938

121.54: 4/18

92.46: 3/31

106.44:5/27

더 주가가 하락할 것을 예측할 수 있다. 115.82부터 첫 번째 상승 국면에 3차례 파동이 도표 상 확인되고, 삼각형 모양도 확인된다.

이와 동일한 형태가 1936년 11월, 지수 163부터 141까지 하강 국면에서도 나타났으며, 두 경우 다 연장 상의 회귀에 해당된다. 이 처럼 급속히 등락하는 경우, 특히 이 형태의 후반 패턴에서는 시간 별 동향을 유심히 살펴야 한다.

1929년 9월부터 11월 사이, 지수 381에서 195로 내린 1파동은 연 장되고, 곧 뒤이어 1930년 주가의 원상 복귀가 이뤄졌다. 이미 1파 동에서 연장이 일어났기 때문에, 3, 5파동에서는 연장이 나타나지 않았다수치 좌표의 〈도표 19〉 참조. 1932년 중 1파동에서가 아니라 5파동 에서 연장이 발생했었다면, 29년 9월부터 32년 7월까지 하강 패턴 이 1938년 2~3월의 '반달꼴'과 흡사했을 것이다.

부수적인 사이클들

현존하는 기록들에서 발견되는 바로는, 1938년 2월 23일~3월 31일간이 최초의 산업상의 부수적 사이클 기간에 해당된다〈도표 66〉 과 〈도표 67〉 참조. 이 동안 다우존스 132에서 98로 하락했다. 이제까 지는 1932년의 경우처럼 5차례에 걸친 C의 전체 파동이 끝나면 1932년의 경우처럼 주요한 조정 국면은 종결되는 것으로 여겨졌었 다. 똑같은 현상이 1934년 12월과 1935년 3월 사이 철도지수와 설비지수에서도 나타났다.

〈도표 68〉의 지수 97.46에서 121.54로의 이행은 5차례의 파동 으로 구성되었는데, 1937년 3월 이후 최초의 이 단계 상승세 5차

례 운동이었고 3월 31일의 97.46이 불경기 장세의 파동 A의 최저 점이었음을 확인해 주었다.

5월 27일의 주가 106.44 수준은 121.54부터의 전형적인 보합세 조정의 끝 지점이었다.

10

다른 분야에서의 파동 원리

'사이클'이란 단어는 오랫동안 흔히 사용되어 왔으나, 그저 큰 폭으로 오르고 내리는 일련의 움직임을 의미하는 폭넓은 개념으로 사용되어온 것이 상례였다. 그래서 미국의 대외 무역의 변동을 다루는 데 있어서, 어떤 경제학자들은 1921년부터 1932년까지를 하나의 완결된 사이클로 간주하고, 다른 학자들은 이 기간에는 거래의 활발한 정도에 따라 21년 초부터 24년 중반, 24년부터 27년 후반, 27년 말부터 32년 중반까지의 3개 사이클을 포함하고 있다고 보았다. 사이클이란 말이 개략적인 범주로 사용되어온 주된 이유는 극단적으로 말해 엄격한 개념 정립에 우리의 계획과 주관적인 견해가 불가피하게 개입되는데 그 사이클을 형성하게 하는 배후의 법칙은 관찰자의 눈에 잡히지 않았기 때문일 것이다.

〈도표 69〉

농촌 이농 인구

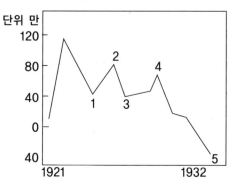

〈도표 70〉

미국과 전세계 산업생산고(미 농무부)

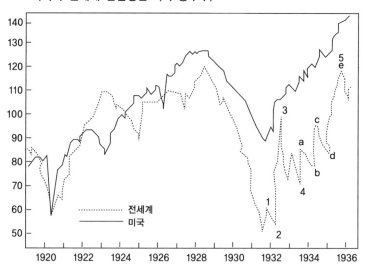

〈도표 71〉

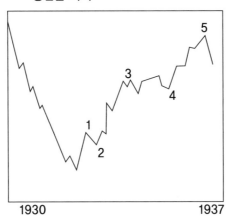

농산물 가격

1930　　　　　　1937

〈도표 72〉

신규 생명보험 가입액

1916　　　　　　1929

〈도표 73〉

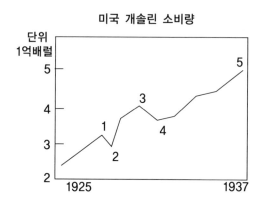

미국 개솔린 소비량

〈도표 74〉

미국 철 생산량

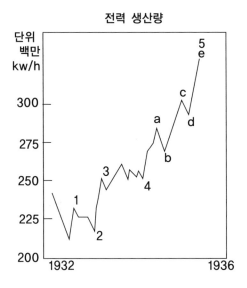

〈도표 75〉

전력 생산량

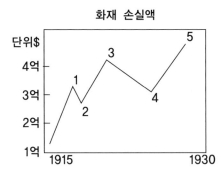

〈도표 76〉

화재 손실액

이 책은 주식시장을 하나의 실례로 하여 이 주기의 법칙을 다루고자 하였으며, 하나의 주기가 어떻게 그 자신을 포함한 다른 운동 또는 그보다 큰 운동의 출발점이 되는가, 그리고 어떻게 그보다 소

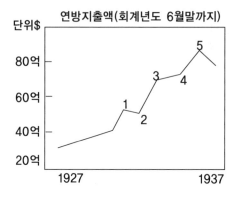

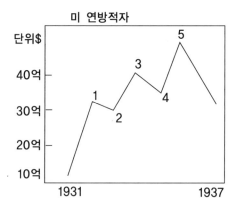

규모 주기에도 같은 법칙이 적용되는가 밝혀 보이고자 하였다. 이
는 모든 자연 현상의 연구와 전적으로 합치되는 것이다. 왜냐하면,
우리가 모두 알다시피 자연은 끊임없이 진화되는 방향으로 펼쳐지
고, 질서 있는 진보를 겪어왔기 때문이다. 그러나 이 같은 진보의
근저에는 어느 영역에서나 전체를 통괄하는 정해진 원리, 즉 자연

을 운행하는 최고의 법칙이 존재한다. 이 글에서는 먼저 이 법칙을 제시하고, 분석적 연구가 가장 난감했던 분야에 어떻게 실제적으로 적용되는가 보여주고자 하였다.

다른 분야에 나타나는 파동 원리의 사례로, 임의대로 뽑은 그래프를 몇 개 소개한다. 이 도표들은 활동이 존재하는 곳에는 어디서나 이 법칙이 작용하고 있음을 보여준다. 주식시장 외에 다른 분야를 연구하는 학자들은 이 주제를 좀 더 깊이 검토해 보기를 권유한다, 그들의 특정한 연구를 보다 간단하고 명확하게 설명하는 데 도움이 될 것이다.

다른 분야의 종목들이 동시에 상승, 하강의 사이클을 보이는 것은 결코 아니다. 2개 이상의 종목이 함께 좌표상 정점에 이르더라도 최저점에는 전혀 다른 시기에 도달한다. 그 반대의 경우도 물론 나타난다. 몇 종목들을 다음과 같이 열거해 보았다.

	최고점	최하점
주식	1928(1929가 아님)	1932
채권	1928	1932
생산 활동	1920	1933
현물	1920	1932/33
부동산	1923	1933
거래율	1928	1938.6.18
증권거래소 중개권	1928	1938.6.15

기업 발행 채권

채권 가격은 1932년 최저에 이른 후 1934년 4월 정점에 도달했다. 그때쯤 주식도 최고점에 도달했겠지만 특별한 상관관계를 규정할 수는 없다. 채권은 34년 정상적 정점에 오른 후 격심한 '불규칙적' 조정을 거쳐 1936년 12월 'B'의 고점에 이르고, 1938년 3월 주식과 함께 파동 'C'로 바닥을 쳤다.

PART

2

파이낸셜 월드
기고문

The Financial World Articles

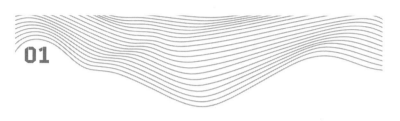

파동 원리 소개

태초부터, 일정하게 반복되는 리듬은 창조의 섭리라고 할 수 있다. 인류는 이 창조의 법칙이 여러 모습으로 나타나고 재현되는 것을 점차 깨닫게 되면서 지식과 능력을 키웠다. 이 법칙의 영향은 물결이 밀려오고 빠지는 모습, 천체의 움직임, 태풍의 변화, 밤과 낮, 그리고 삶과 죽음에서도 볼 수 있다. 이러한 리듬적인 일정성을 사이클이라고 부른다.

역사적 의의

이 법칙이 과학적 응용 분야에서 획기적인 발전을 이끌어낸 것은 콜럼버스 시대 레오나르도 다빈치가 시도한 '파동들의 행태'에 대한 놀라운 연구에서 시작되었다. 그 후에도 다른 위대한 학자들이 각자의 분야에서 이 법칙을 연구했다. 핼리는 혜성의 주기를, 벨은 음파를, 에디슨은 전기파를, 마르코니는 라디오의 파동을 연구했다. 또한 인간 심리의 파동이나 우주의 파동, 텔레비전 등에서도 이 법칙을 발견했다. 이 모든 파동이나 에너지의 구성 형태에 공통적인 현상은 이들이 하나의 사이클 형태를 반복하거나 끊임없이 재생한다는 것이다. 이 사이클 활동은 조화와 파괴라는 두 가지 힘에 의해 만들어진다. 히틀러는 별의 움직임에서 영감을 얻은 자연의 법칙에 따라 세계 정복의 시기를 계산했단다. 하지만 파괴적인 힘이 쌓여가면서 언젠가는 지배적인 힘이 되어, 결국 그는 몰락의 사이클로 마감할 것이다.

이런 반복과 주기적인 재생 현상 덕분에, 우리는 여러 분야에서 이 법칙에 관한 지식을 매우 실용적이고 유익한 방법으로 활용할 수 있다. 주식시장의 거래 사이클과 경기의 변동도 이 자연 법칙에 따라 움직인다. 50여 년 전, 찰스다우는 주식시장의 주요한 변동을 관찰하면서 점점 다우 이론을 완성해갔다. 이 이론은 현재 시장 예측에 특별한 효과가 있는 것으로 널리 인정받고 있다. 다우의 연구 이후로 시장 거래의 기록과 정보도 엄청나게 증가했고, 이를 통해 중요하고 가치 있는 시장 예측 방법들이 나타났다.

필자는 오랜 병상 기간 동안 주식시장의 행태에 관련된 자료들을 연구할 기회를 얻었다. 처음에는 이해할 수 없고 제멋대로인 것 같아서 어떻게 통제할 수 없는 듯 보이던 연간, 월간, 일간의 가격 변화가 점점 어떤 법칙에 따라 리듬적으로 움직이는 파동의 패턴으로 이어지기 시작했다. 그리고 이 패턴은 계속해서 반복하는 것처럼 보였다. 내가 파동 원리라고 이름붙인 이 법칙이나 현상을 이해한다면, 하나의 거대한 사이클을 형성하는 다양한 규모의, 즉 소규모나 중간급, 또는 메이저급 이상의 큰 형태를 구분하지 않고, 그 전체적인 추세와 반전을 측정하고 예측할 수 있게 된다.

〈도표 1〉

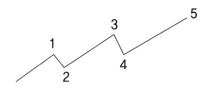

이 현상은 〈도표 1〉과 같이 나타난다. 한 사이클의 전체 파장 또는 진행 국면은 5개의 추진 단락으로 구성된다. 이중 3개는 전진 움직임이며 2개는 반대 방향으로 움직인다. 즉 1, 3, 5파동은 주된 추세의 방향이며, 2파동은 1의 조정, 4파동은 3을 조정한다. 대체로 3개의 전진운동은 진로가 평행에 근접하며, 2, 4파동도 근사한 진행 각도를 보인다.

한 사이클의 주력이 되는 3개의 프라이머리 파동들은 각각 그보다 한 단계 작은 5개의 파동으로 세분된다. 이 세분된 모습이 〈도표 2〉이다. 이 그림을 자세히 보면, 첫 번째 프라이머리 파동이 5개의 인터미디에이트 파동으로 되어있고, 3파동과 5파동도 그렇다. 한편, 2프라이머리 파동은 5개 파동으로 구성된 1프라이머리 파동 전체를 조정하고, 4프라이머리는 3파동을 조정한다.

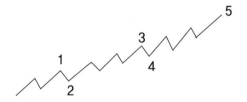

위에서 말한 각각의 전진 형 인터미디에이트 파동이 다시 5개의 마이너 파동으로 이루어지는 것은 〈도표 3〉에서 보는 바와 같다. 이처럼, 프라이머리 5파동, 그의 5인터미디에이트, 그에 속한 5번째 마이너 파동이 종결되면, 비상한 높이의 정점에 도달하며, 이를 기점으로 파괴적인 추세가 지배력을 행사해, 프라이머리 진행 방향은 하향세로 반전, 정치적 혹은 재정적인 전망이 명확해지기 전에 벌써 시장은 주가 하락의 침체기에 접어든다.

〈도표 3〉

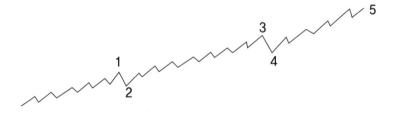

02

파동의 요인들

파동 원리를 주식 가격의 움직임을 예측하는데 응용하는 논의에서, 하나의 완결된 운동은 5개의 파동으로 이루어지고, 이 일련의 5차례 파동 운동이 한 단계 높은 파동 운동의 한 파동 단위에 해당함을 지적했다. 어느 단계에서건 5차 파동이 끝나면 사이클 형태의 운동 내에서 전례 없이 격심한 한 차례의 조정이 일어나게 된다.

완결된 운동

조정 국면의 진행 리듬은 주된 추세 방향으로 움직이는 파동과는 형태를 달리한다. 이들 조정 진동은 2파동과 4파동에 해당하는데, 5개의 아래 단계 파동으로 구성된 전진 파동1, 3, 5번째 과는 달

리, 각각 3개의 아래 단계 파동들로 이뤄진다. 전체 완결된 운동을
표시한 〈도표 4〉는 〈도표 3〉과 동일한 모양으로, 2파동과 4파동에
서의 '지그재그'형 변화를 좀 더 자세히 나타낸 것이다. 이 2파동
과 4파동은 각각 세 부분의 다른 국면으로 나누어지면서도 전체
로 '완결된' 파동을 형성, 5차례 파동의 속성을 보여준다. 즉 이중
'a'와 'c' 국면조정의 첫째, 셋째 운동은 각기 5차례 작은 규모의 파동으
로 구성된 반면, 'b'조정의 조정는 3차례의 아래 단계 파동을 가진다.
이 조정의 문제는, 그 형태나 구조가 매우 복잡해 지금 단계에서는
혼동을 야기할 뿐이므로, 차차 자세히 다루기로 한다.

〈도표 4〉

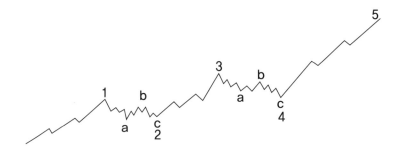

　　주가 변동 예측에 파동 원리를 적용하는 연구자들은 어느 한 가
지 지수에 매달릴 필요는 없다. 이 원리는 개별적인 주식, 다양한
업종 철강, 철도, 설비, 동, 원유 등등, 또는 현물 시장과 다우존스, 〈스탠더
드 스테티스틱스〉, 〈뉴욕 타임스〉, 뉴욕 〈헤럴드 트리뷴〉, 〈런던 파이
낸셜 타임스〉 등 기관의 '평균지수'에 이르기까지 어디에나 적용될

수 있기 때문이다. 어느 주어진 시점에서, 어느 주식 종목은 오르고, 어느 주식은 내리는 경우가 있긴 하지만, 대부분의 주식은 동시에 전체 시장의 패턴에 따라 오르내린다. 주가 지수들의 파동 패턴이 시장 사이클 상의 위치를 정확히 반영하는 이유도 여기에 있다. 평균지수 산출에 많은 개별 주식들이 포함될수록, 그 지수는 파동의 진행패턴을 보다 선명하게 표출할 것이다. 그리고 같은 맥락에서, 주식들이 많은 개인에게 분포될수록 제한적인 분산의 경우보다 사이클의 영향력이 뚜렷하고 활발한 리듬의 형태로 드러날 것이다.

가격 변동 기준

일간 동향이건 주간 동향이건 '종가'에 의존해 변동을 판단하면 안 된다. 한 사이클의 이후 진행 방향을 제시하는 것은 최고 가격과 최저 가격의 범위들이다. 실상, 내가 파동 원리라고 지칭하는 순환적인 반복 패턴을 발견하고 수립한 것도 1928년 다우존스의 '일간 동향'이 나오고, 1932년 '시간 동향'이 기록 정리됨으로써 충분한 데이터가 제공되었기 때문에 가능한 일이었다. 순환적으로 부침하는 작용, 반작용의 힘을 전체로 드러내주는 것은 시간, 일간, 또는 주간의 시장이 요동하는 '이동 거리'이다. 종가, 즉 마감 가격은 이런 전체 움직임을 보여주기에 미흡하며, 런던 주식시장의 국면 진행이 뉴욕 시장보다 판단하기 어려운 이유는 바로 정밀 데이터의 부족 때문이다.

한 파동의 거리를 완벽하게 재려면, 같거나 한 단계 높은 두 차례 조정 사이에 진행한 총체적인 이동거리를 측정해야 한다. 반면에, 가장 저단계의 파동 길이는 시간별 변동 차트에서조차 조정의 반전이 전혀 없는 일직선의 이동 길이에 해당한다. 시간별 차트에서 두 차례 조정이 나타난 후, 파동은 그 5번째 마지막 국면 즉 세 번째 순방향 진행 국면에 접어든다. 이른바 '저항' 수준이나 여타 기술적인 동향 분석은 이 파동의 길이나 경과를 측정하고 예측하는데 쓸모가 전혀 없는 것이다.

외적 요인들

파동 원리로 한 주기의 주가 움직임을 예측해 보면, 수시로 나오는 뉴스나 사건들, 심지어 정부의 정책 발표나 법 제정도 이 사이클 진행 과정에 그다지 큰 영향을 미치지 못함을 발견하게 된다. 때때로 예기치 못한 뉴스나 돌변 사태, 특히 일반 대중에 심리적 영향이 큰 사건들이 조정 구간 사이의 상승 진행을 연장하거나 단축시키는 경우가 있긴 하다. 그러나 이 경우에도, 파동의 횟수 또는 시장의 내재적인 일정한 진행 리듬은 변하지 않는다. 상업 거래가 주기적인 운동에 따라 격감하면 사회적 동요가 일어나고 전쟁의 요인이 된다고 보는 것이, 전쟁에 의해 새로운 사이클이 생겨난다고 주장하는 것보다 논리적으로 타당한 결론일 것으로 생각한다.

03

파동의 변동폭

전진 운동의 5파동이 종결된 후에는 조정 운동이 그 사이클의 이전 조정보다 훨씬 격심하게 일어나기 때문에 이 파동의 최고 정점이 어느 지점일지 미리 측정하는 것이 바람직하다. 이것을 알아야만 투자자는 방어 전략을 세우고 가장 유익한 조건하에서 이제까지의 이득을 현금으로 전환할 수 있다. 그리고 조정 국면이 온전히 끝난 시점에서 자신 있게 주식의 재매입에 임할 수 있다.

이 기고문 전편에서 완결된 파동의 길이는 한 단계 상위의 조정 파동 간의 거리를 지속적으로 왕래한다는 취지로 이야기했다. 즉 이 파동이 진행되는 동안 궤도 설정 Channeling 의 방법으로 각 파동 간의 이동 간격을 측정하면, 4파동이 끝났을 때 어디에서 5파동의 최고점이 형성될지 그 대략적인 위치를 상정할 수 있는 것이다. * 〈도표 5〉

〈도표 6〉

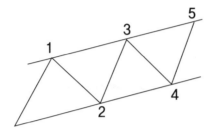

는 원문에 실려있지 않다.

　〈도표 6〉은 1, 3, 5파동의 변화폭이 거의 일정한 통상적인 하나의 파동 또는 사이클을 표시한 그림이다. 궤도 설정 방법에 따라 궁극적인 파동의 경로를 예측하려면 1파동과 2파동이 끝나기를 기다려야 한다. 일단 2파동이 끝나면, 1파동의 시작점에서 2파동의 종결점으로 직선을 그으면, 진행 궤도의 아래 한계가 되는 '기본선'을 확정할 수 있다. 이것이 〈도표 7〉의 아래 직선이다.

〈도표 7〉

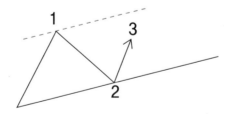

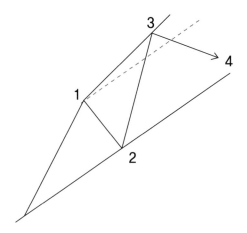

보통 1파동과 평행으로 진행되는 3파동은 점선으로 그어진 잠정적 궤도의 상위선 부근에서 끝나게 된다.

이 잠정적인 상위 궤도선은 1파동의 고점을 지나 연장되며 기본선과 평행하다. 시장 여건이 좋으면 3파동이 일시적 강세를 보여 이론상 기대치를 상회하는 경우도 있다. 이 경우의 진행도는 〈도표 8〉이다.

3파동이 끝나면 실제 상위 궤도선이 1파동의 끝에서 3파동의 끝으로 그려진다. 그리고 4파동의 조정 폭을 예측하기 위해, 2파동의 끝을 통과하고 1-3 꼭짓점을 잇는 상위 궤도선과 평행한 잠정적인 선, 점선의 기본선을 긋는다. 〈도표 9〉에 4파동의 이론상의 예측점과 실제 종결점이 그려져 있다.

두 번째 반동, 즉 4파동이 끝나면, 마지막 가장 중요한 궤도 설정에 들어갈 수 있다. 궤도의 기본선은 두 반동 국면의 종결점을 연

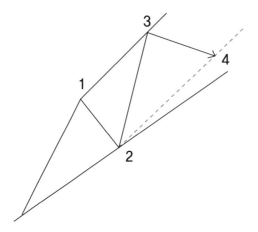

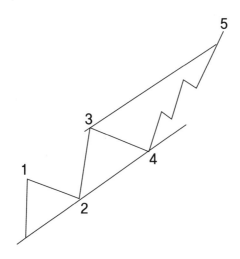

결함으로써 성립되고, 3파동을 지나며 기본선과 평행하는 상위선
이 설정된다. 3파동이 예외적으로 강력한 경우가 아니면 이 단계에

서 1파동은 전적으로 무시된다. 이렇게 기본선과 상위 궤도선이 그어보면 〈도표 10〉에서 예시한 것처럼 5파동의 대략적인 종결점을 예측할 수 있다.

이 궤도 설정은 물론, 완결된 운동을 구성하는 다양한 단계의 파동 패턴에 종속되는 것일 뿐이다. 1, 3, 5파동이 각기 그보다 작은 5개의 파동으로 이루어져 있음을 사전에 확인해야 한다. 이론상으로, 5파동은 앞서 기술한 방법에 따라 설정된 상위 궤도선의 교차점 부근에서 끝나게 된다. 그러나 5파동이 예상 밖의 강세로 전개되는 경우도 가끔 있다. 이 같은 '초과 진행 Trow-over'이 나타나는 패턴은 다음 기고문에서 논의하기로 한다.

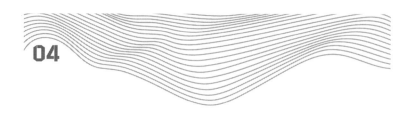

파동의 사이클

이제까지 설명한 것은 한 주기의 완결된 가격 변동 움직임이 5회의 파동으로 구성되어 있으며, 이 전체가 다음 상위 단계의 한 파동에 해당한다는 점이었다. 따라서 여러 국면의 파동 단계를 분류해 보면 언제나 현시점 시장의 상대적 위치와 이후 이행될 경제적 변화까지도 추정이 가능하다.

미국 주식가격에 대한 믿을만한 기록으로 가장 오래된 것은 1854년까지 거슬러 올라가 〈뉴욕 타임스〉 연감 발행처에서 출판된 '에익스 휴튼' 색인이다. 따라서 파동 원리에 의거, 장기 변동을 예측하는 것은 1857년 끝난 불경기 시장 이후 자료의 분석에 의지할 수밖에 없다. 이 기준에 따르면, 1857년 시작되어 1928년 11월 28일 끝난 대파동이 최대 규모의 사이클 중 하나의 파동에 해당된다고

〈파동 단계표〉

파동 단계	기호와 파동 순서	지속 기간
그랜드 슈퍼 사이클	gsc I (?)	1857~1928
슈퍼 사이클	sc I	1857~1864
	sc II	1864~1877
	sc III	1877~1881
	sc IV	1881~1896
	sc V	1896~1928
사이클	c I	1896~1899
	c II	1899~1907
	c III	1907~1909
	c IV	1909~1921
	c V	1921~1928
프라이머리	((I))	1921,6~1923,3
	((II))	1923,3~1924,3
	((III))	1924,5~1925,11
	((IV))	1925,11~1926,3
	((V))	1926,3~1928, 11
인터미디에이트	(I)~(V)	
마이너	I~V	
마이뉴트	1~5	
미뉴엣	A~E	
서브미뉴엣	a~e	이 부분 가격 운동은 다음 장에서 설명함.

간주할 수 있다. 이 장기적인 운동 주기가 그랜드 슈퍼 사이클에 있어서 1파동이었는지 아니면 3, 5파동이었는지는 1857년 이전의 상황을 파악해야만 판단할 수 있는 문제다. 이 역사적 파동 운동을 이를 구성하는 하위 5차 파동들로 세분하고 이 하위 파동들을

다시 세분해 나가면, 시장이 이행되는 다양한 단계의 실재 사례들을 검토할 수 있을 것이다. 다양한 단계의 시장 운동의 혼동을 피하기 위해 다음에서 제시한 순서에 따라 고안된 독자적인 파동의 이름과 기호를 사용하는 것이 좋을 듯하다143페이지 표 참조.

이 파동들 중에서 가장 장기간 지속된 것은 무려 70년 동안 진행되었고 그 안에 '장기 호황Bull'과 '장기 불황Bear'이 내포되어 있다. 하지만 이 기간 중에도 모든 투자자가 실제로 응용할 만한 중요한 인터미디에이트 또는 프라이머리 파동이 들어있고, 이들을 구성하는 시간별, 일간, 주간 변동의 리듬이 연속되어 나타나는 것이다.

1928년 11월 28일 다우존스 산업지수가 295.62에 이르렀을 때 가격 운동은 그랜드 슈퍼 사이클의 1혹은 3, 5 파동의 1슈퍼 사이클을 매듭지었다. 이 말은 사이클의 5프라이머리, 그의 5인터미디에이트, 그의 5마이너, 그의 5마이뉴트, 그의 5미뉴엣에 이르기까지 모든 주기를 마쳤다는 뜻이다. 이러한 이유에서, 실제 주가의 최고점은 1929년 9월 3일의 386.10으로 기록되었음에도 불구하고, 1928년 11월 28일을 이론에 따른 '정상적 최고점'으로 잡는다. 이 부분이 대다수 독자들에게 혼동을 줄지 모르지만, 이처럼 '실제 최고점irregular top'이 정상적 최고점보다 높게 나타나는 불규칙 사례에 대해서는 차후 논의할 것이다.

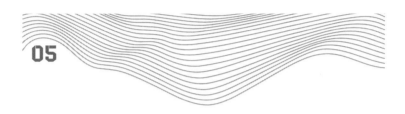

파동의 변동 범위와 기간

모든 가격의 변동 움직임에서, 그 변동 범위와 경과 기간은 그 이전에 진행된 같은 단계 혹은 그보다 높은 단계 운동에서 보여준 변동의 폭과 기간에 영향을 받는다. 1896년에 시작되어 1929년 9월 3일 386.10의 정점에 이르기까지 36년간 진행된 파동은 매우 다이내믹한 변동을 내포하고 있어 이 변동의 조정 사이클도 그만큼 격심한 하락세를 보였다.

질서 정연한 하락

29년 종반부터 3년에 불과한 기간 동안 주식 가격은 피크 수준에서 약 10.5%로 폭락했다. 이처럼 하강 속도가 빠르게 진행되었음에도, 이 침체 사이클의 하향 과정은 파동의 정의에 정확히 들어맞는 순환적 패턴을 보이고 있다. 그뿐만 아니라, 이미 설정된 궤도를 벗어나지 않는 진행을 보여주었다. 따라서 우리는 언제쯤 침체 시장이 끝나고 새로운 호황기가 시작될지 미리 예견할 수 있었다. 이전 사이클이 거대한 규모로 진행되었기 때문에 이 호황 국면도 수년간 지속되는 대규모의 운동일 것으로 예상되었다. 이 같은 운동과정에서 주식을 장기 전망 하에서 매집할 경우 5파동의 종료점이 근접할 때까지 보유해야하며, 그 시점부터는 극히 조심스럽게 시장 변동에 대응해야 한다.

지금까지는 파동 원리의 기본적인 이론을 다루었다. 이제 이 이론이 실제 시장에서 응용되는 사례를 보기로 한다. 〈도표 11〉은 1932년 7월 8일부터 1937년 3월 10일까지 하나의 5차례 파동 전 기간 동안 월별 주가 최고점과 최저점을 표시한 좌표다. 일련의 미뉴엣, 마이뉴트, 마이너, 인터미디에이트 등 저위 파동들은 이 표의 세부에 해당되는 월간, 주간, 일간, 시간 변동으로 흡수되어서 이 표에 나타난 5차 프라이머리 파동의 형태로 집약되는 것이다. 이 표에서 ((I)) ((II)) ((III)) 파동은 A-B-C 패턴에서 보이는 것처럼 명확히 각각 3번의 다른 국면으로 구별된다. 이 각각의 변동 범위와 경과 기간은 오른쪽 표에 기재되어 있다.

앞서 말한 대로, 파동 ((IV))가 끝나고 파동 ((V))가 진행되면 시장 동향에 더욱 세심한 주목이 필요하다. 진행 경로의 궤도도 보다 면밀히 관찰해야 한다. ((II))와 ((IV))의 최저점을 잇는 기본선과 ((III))을 지나는 평행의 상위 궤도선을 이 시점에서 확정한다. 오른쪽 표와 그래프에서 이를 확인해 볼 수 있다.

1932~1937 프라이머리 운동의 각 단계
1932년 7월 8일의 40.56에서 ((I)) 파동 시작. 1937년 3월10일 195.59로 ((V)) 종료(다우존스 산업지수 기준)

파동	시작 주가와 시점	종료 주가와 시점
((I))	40.56 / 1932. 7. 8	81.39 / 1932. 9. 8
((II))	81.39 / 1932. 9. 8	49.68 / 1933. 2. 27
A	81.39 / 1932. 9. 8	55.04 / 1932. 12. 3
B	55.04 / 1932. 12. 3	65.28 / 1933. 1. 11
C	65.28 / 1933. 1. 11	49.68 / 1933. 2. 27
((III))	49.68 / 1933. 2. 27	110.53 / 1933. 7. 18
((IV))	110.53 / 1933. 7. 18	84.58 / 1934. 7. 26
A	110.53 / 1933. 7. 18	82.20 / 1933. 10. 21
B	82.20 / 1933. 10. 21	111.93 / 1934. 2. 5
C	111.93 / 1934. 2. 5	84.58 / 1934. 7. 26
((V))	84.58 / 1934. 7. 26	195.59 / 1937. 3. 10

〈도표 11〉

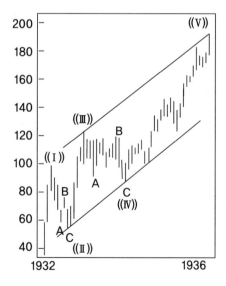

침체의 징후?

1936년 11월 루스벨트 대통령이 압도적으로 재선된 직후 외부적인 여건이 매우 좋아 불경기가 닥치리라고는 상상하기 힘들 정도였다. 하지만 파동 원리에 의하면, 당시 상승 경기는 이미 최종 국면에 접어들어 있었다. 즉, 1932년 시작된 장기 운동은 1936년 11월 12일 185.52에 도달했으며, 이전 53개월 동안 지속된 여러 단계의 수많은 5차 파동들을 거친 끝에 프라이머리 파동의 최종 단계에 진입해 있었다. 그때 가격 수준이 궤도의 상위 선에 얼마나 근접해 육박하고 있었는지 주목하라. 하지만 전체 주기 패턴이 끝나기까지는 그 후에도 4개월이 더 걸렸다.

이 주기의 결말에 도달했음을 확인하는 마지막 소규모 파동들은 1937년 3월 17일 수요일까지 일주 동안 진행되었다. 이 마지막 주일에 풍성한 거래량을 보이며 산업지수와 철도지수가 상당한 회복세를 보이며 상승했다. 그래서 가장 널리 인정받던 시장 동향 분석가 중에는 "시장의 주된 추세가 상향임을 재확인시켰다."라고 한 사람도 있었다.

이때 산업 지수는 195.59에 이르러 궤도의 상위 선에 도달했다. 이 지수의 수치는 1929년 11월 대폭락 시점의 195.35나, 1931년 2월의 상승세의 끝 196.96과 비교된다. 대통령이 철강과 구리의 가격이 지나치게 높다는 경고를 한 것은 4월 이후의 일로 이때는 침체 조정 국면이 이미 진행되고 있었다.

06

파동의 의미 분석

1932~1937의 프라이머리 상승 파동에서, 1파동과 3파동은 급속도로 전개되었다. 진행 속도가 빠르면 자연히 단기간에 끝난다. 그러나 5파동은 매우 완만하게 순서에 따라 진행되어 이 파동에 경과한 기간이 앞선 4회 파동을 합한 기간보다 길었다. 1936년 11월에 이르면 호황 장세가 극에 이르렀으나 전체 주기를 끝내기까지 4개월이 더 소요되었음은 이미 언급한 바 있다. 비록 5차 프라이머리 자체는 최종 단계에 달했으나 하위 부속 파동들이 아직 진행 중이었기 때문이었다.

〈도표 12〉는 주요 단계의 5파동이 다음 하위의 5차례 파동, 또는 그 아래 5차 파동의 전개로 인해 연장되는 모습을 보여준다. 따라서 하나의 인터미디에이트급의 파동은 그 5차 상승국면에서 아

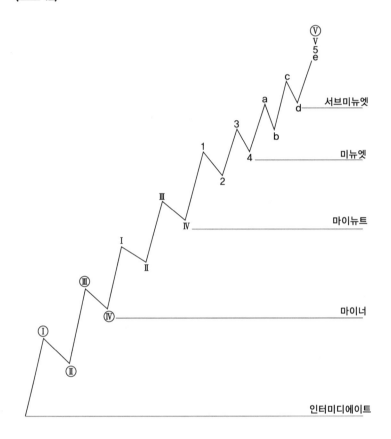

래 마이너, 마이뉴트, 미뉴엣, 서브미뉴엣 단계의 5파동을 모두 끝
낸 연후에야 종결된다. 하지만 주목할 것은 5파동이 하위로 진행될
수록 조정의 폭이 점차 작아지고 짧아진다는 사실이다. 이렇게 해
서 하나의 5차 파동이 끝나면 이 단계의 전체 운동이 같거나 유사
한 단계의 역방향 운동으로 조정된다.

　대규모의 파동 주기의 5파동 마무리 단계에서 저단계 파동을 일일이 확인하는데 혼동을 일으키는 경우가 생기는데, 이는 '돌파 Throw-over' 현상에서 기인한다. 이 초과 현상이란 상승 국면에서 예측 궤도를 뚫고 치솟거나, 하강 국면에서 기본선 아래로 추락하는 것이다. 이 초과 전진 또는 후퇴 시 거래량은 증가하는 경향이 있으며, 특히 프라이머리의 5파동처럼 대규모 운동의 경우는 그 경향이 더욱 뚜렷하다. 어떤 단계에서건 5파동이 궤도선에 도달하지 못하고 반전, 지속적인 하락의 징후를 보이면, 약세 시장의 경고이다. 약세의 정도는 파동의 단계에 따라 달라진다. 가끔은 이 약세가 5파동을 다시 시작하는 근거로 작용할 때도 있다. 초과 현상은 또한 운동의 차트를 만드는 단위 스케일로 인해 나타나기도 한다. 상향 운동일 경우는 일반 정수 좌표에서, 하향 국면에서는 로그 좌표에서 일어나는 경우가 많다.

5파동은 그 자체로 완결되지 않고 계속 뻗어나가기도 한다. 즉 이완 분산되는 경우다. 5파동이 일련의 예상된 단계의 진행을 하지 못하고 아래 단계의 5차례 운동으로 나뉘어져 지속 된다는 말이다. 주기 운동의 시장 예측의 관점에서, 이 스트레칭은 전체 사이클의 연장이 아니라 5파동 자체가 소규모 파동으로 대체되는 것으로 해석한다. 이 분산은 비정상적으로 시장의 상향 추세가 강할 때, 또는 하강국면에서 비정상적으로 시장의 약세가 현저할 때 일어난다. 분산의 예는 72년간의 전진 사이클의 정점에 이른 1921~28년의 진행에서 볼 수 있다.

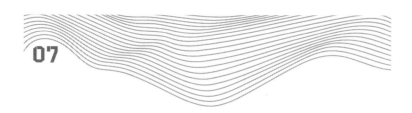

조정파동

조정 운동의 리듬은 파동 원리 중에서 가장 파악하기 어려운 부분이다. 시장의 현재 위치를 설정하고 앞으로의 전개를 예측하려면 조정 과정의 세부 사항을 주도면밀하게 검토해야 하는 경우가 많다. 그러나 일단 이 주제를 깨우치고 나면 막대한 소득이 있을 것이다. 모든 조정 운동은 세 번의 파동으로 구성되어 있다. 하지만 세부적 변화와 그 폭은 상당히 다르기 때문에 전체적인 형태도 달리 나타난다. 다양한 요인들, 즉 기간, 변동속도, 이전 운동의 스케일, 거래량, 새로운 소식 등이 조정의 패턴을 형성한다. 저자의 시장 연구와 경험에 의하면, 4종류의 조정 형태 또는 패턴이 있는 것으로 보인다. 이 네 가지는 지그재그형, 평평한 형태의 플랫형, 불규칙형과 삼각형 형태로 각각 이름붙일 수 있다. 이중 삼각형과 그 다

〈도표 13〉

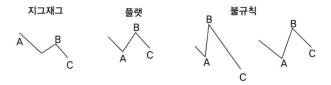

〈도표 14〉

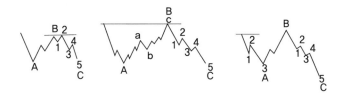

〈도표 15〉

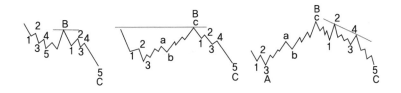

양한 세부변화에 대해서는 다음 장에서 보다 자세히 논의될 필요가 있다. 이밖에 세가지 형태는 〈도표 13〉에서 〈도표 15〉까지로 표시된다.

비교적 단기간에 진행되는 소규모 조정은 〈도표 13〉으로 요약된다. 이보다 대규모 조정은 〈도표 14〉에 예시되었고, 〈도표 15〉는 프라이머리 또는 인터미디에이트 파동의 하향 조정 국면에 나타나는 시장 변화를 보여준 것이다. 어떤 경우에는 이 조정 운동이 수년간 지속되어 그 과정 속에 '호황'국면으로 오인 할 만한 상승 운동이 나타나기도 한다. 불규칙적인 조정파동에 이런 사례가 특히 빈번하다.

도표에서 우리는 지그재그, 플랫, 불규칙형에 3차례, 즉 A-B-C 파동이 어떻게 달리 나타나는지 명확하게 볼 수 있다. 지그재그형은 앞서 2장 〈도표 4〉에서 간단히 논의된 바 있다. 이 형은 그 1, 3파동 A와 C이 5개의 작은 파동들로 구성되고, 2파동은 3차례의 반전 파동으로 구성되어 있다는 점에서 다른 형태와 구별된다. 시장이 빠른 속도로 진행할 때는 가끔 첫째 파동이 그저 한 방향 연속처럼 보일 수가 있어 가격 부침을 확실히 보려면 보다 짧은 기간, 즉 시간별 변동표를 살펴보아야 한다.

플랫형이나 불규칙형의 1, 2파동은 지그재그형과는 달리 모두 3차의 아래 단계 파동으로 구성된다. 그러나 2파동, 즉 B파동을 형성하는 3차례 저단계 파동 중 첫째와 셋째 파동 a와 c는 각각 5회의 저저단계 상승 국면의 파동을 보인다. 플랫형에서는 이 3차례 파동의 운행 거리가 거의 같다.

불규칙적 조정은 그 둘째, 즉 B파동이 이전 프라이머리 주기에서 형성된 정상적 최고점보다 높은 위치까지 상승한다는 점에서 다른 조정 형태와 구별된다. 이에 따라 불규칙형의 3파동, 즉 C파동에서의 반전도 1파동 때보다 훨씬 강력한 하락세로 나타난다. 그래서 이 경우 C파동은 A파동의 저점보다 낮은 지점까지 내려가는데, 간혹 C파동이 극히 축약된 형태로 나타나는 경우도 없지는 않다. 또한, 프라이머리나 인터미디에이트와 같은 주요한 파동의 불규칙형 조정 국면에서는 C파동이 각각 5차 파동의 변화를 내포한 3차례 파동으로 출현하는 예도 있다. 이는 〈도표 15〉의 불규칙형에 예시되어 있다.

조정이 진행되는 형태를 분석, 파악하게 되면, 조정의 정도와 다음 운동의 폭을 예측할 수 있는 근거를 갖게 된다. 궤도 설정3장 참조이 운동의 예측 범위를 파악하는 데 도움이 된다. 이 조정 패턴을 특정한 시장에 적용하는 방법은 차후 검토된다.

08

조정의 형태

삼각 형태의 조정들은 시장 방향에 대한 망설임이 장기화되고 있음을 보여주는 형태다. 현재의 주된 가격의 진행 방향이 경제의 흐름에 견주어 너무 빨리 너무 큰 폭으로 나아가면서 이미 오른 가격이 배후의 추진력이 축적될 때까지 시간 벌기를 하고 있는 것이다. 그래서 삼각형 진행이 9개월 동안 진행된 예도 있으며 불과 7시간 만에 정상 패턴으로 돌아간 경우도 있다. 삼각형에는 수평형과 대각형 두 종류가 있다. 이 각각의 형태는 〈도표 16〉~〈도표 18〉로 나타난다.

수평형의 삼각형은 상승, 하강, 대칭형과 매우 드물게 나타나는 역대칭형 등 네 가지로 다시 나뉜다. 역대칭형에서 삼각형의 꼭짓점은 삼각 조정의 출발 시점이 되며, 다른 형태에서는 조정 국면의 최종점이 삼각형의 꼭짓점이 된다. 물론 이 경우 삼각 모양이 완성되지 못하고 끝나는 경우가 많다.

모든 삼각형 패턴은 5개의 파동 또는 매듭이 포함되어 있고, 그 각각은 3개 이하의 아래 단계 파동을 품고 있다. 이 정의에서 벗어나는 모양은 파동 원리에 부합되지 않는 것이다. 모든 삼각형 진행도 일정한 방향 주기 운동 중 일부분이며, 그렇지 않을 경우는 그야말로 우연히 나타난 형태로 본다.

즉, 삼각형 내의 총체적 변화 과정은 주 운동의 한차례 파동으로 간주된다. 수평 삼각형 모양은 2파동 또는 4파동에서 일어난다. 2파동에서 삼각 형태가 나오면, 주 운동이 3차례 파동으로 끝남을 시사한다. 수평 파동의 종료 시점에서, 시장은 삼각 진행으로 지체되었던 원래 운동 추세로 되돌아가며, 이 방향은 삼각형 내 2파동 방향과 일치한다. 이 삼각 패턴에서의 '이탈break-out'은 2파동 방향으로 매우 빠르게 진행되며, 이 과정이 주 운동의 최종 파동에 해당되는 것으로 그 뒤를 이어 다시 주된 방향에서 반전된 조정이 나타난다. 이탈의 변동폭은 대체로 삼각형 내의 가장 큰 폭과 비슷한 정도이다. 〈도표 18〉은 수평 삼각형에서 이탈을 보여준다.

대각삼각형에는 상향 패턴과 하향 패턴이 있다. 이 형태는 주운동의 3 또는 5파동에서 발현된다. 일반적으로 5파동에 나타나 이전 4차 파동에 후속되는 경우가 많다. 이 삼각 진행이 끝나면 전체 주 운동도 마무리된다. 대각삼각형 패턴에서 2파동은 주 운동과 반대 방향이며, 삼각형 종결 시점에서 역전될 방향을 알려준다. 이 삼각 진행의 5파동이 종료되었을 때, 신속한 역전이 일어나 가격은

〈도표 16〉

수평형 삼각형

오름새
상단 플랫
하단 상승

내림새
상단 하강
하단 플랫

대칭
상단 하강
하단 상승

역대칭
상단 상승
하단 하강

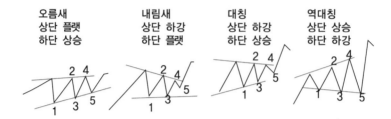

〈도표 17〉

대각 삼각형

상승   하강

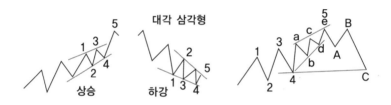

〈도표 18〉

수평형 삼각형 이탈

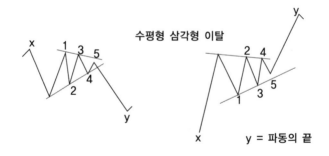

y = 파동의 끝

삼각형이 시작되는 시점 수준으로 돌아가는 것이 보통이다〈도표 17〉

의 셋째 그림 참조.

　어느 차트에서나 삼각형 패턴이 확실히 드러나는 것은 아니다.

주간 변동표에서는 분명히 나타나는데 일간 표에서는 안 보이는 경우도 있다. 그리고 예컨대 〈뉴욕 타임스〉 지수표에서만 보이고 타 지수에서는 나타나지 않는 사례도 있다. 예를 들어, 1937년 10월 부터 1938년 2월까지 폭넓게 진행된 주요한 운동은 〈스탠더드 스 태티스틱스〉 주간 변동에서만 삼각형을 보였는데, 이 삼각형의 2파 동이 하향세로 나타나고, 5파동이 2월 23일 끝나자 급격한 3월 추 락 사태로 이어졌다.

연장파동

비록 자주 나타나지는 않지만 파동 원리로 계측이 가능한 가장 중요한 시장 현상 중 하나가 '연장Extension'이다. 이 연장이 일어날 때, 파동의 길이와 폭은 보통 때보다 훨씬 커진다. 연장 국면은 1파동이나 3파동에도 일어나나 5파동에서 발생하는 것이 일반적이다. 연장 움직임은 정상적인 5차 파동으로 구성되며, 그 뒤를 이어 3차 파동의 회귀 조정이 일어나고, 다시 3차에 걸친 반전 상승 운동이 뒤따른다. 정상의 5회 파동 중에서 5차 파동 형태가 가장 대규모이며 역동적인 면모를 보여, 사실상 연장의 연장으로 해석될 수 있다.

1파동과 3파동이 짧고 정상적이며 예상 궤도를 벗어나지 않은 채 진행되면, 5파동의 변조가 매우 심하리라는 경고다. 그리고 연장의 첫 번째 조정 변동이 궤도선의 정점 부근에서 종결되어도 시장의 심한 요동을 알리는 신호가 된다. 주요 파동 단계의 연장들은 원래 예측된 궤도의 수배에 달하는 폭으로 진행되기도 한다.

궤도 설정은 이 경우에도 연장의 진행 범위를 가늠하는 데 유용하다. 〈도표 19〉와 〈도표 20〉에서 'b-d'의 선은 기본선에 해당하며, 'c-e'의 점선은 연장 첫 단계의 정상적인 예측 궤도선이다.

연장의 정상적인 5차례 파동이 끝났다고 해서 전체 주기 운동이 완료되었다는 것은 결코 아니다. 대신 이 시점은 호황 사이클이 수명을 다해가며 앞으로 단 2회 좀 더 폭넓은 파동1회는 하강, 2회째는 상승이 더해지면, 상승세의 힘이 완전히 소진된다는 명확한 예고로 받아들여진다.

연장의 서두 5차례의 파동이 종료되면, 심각한 조정 국면에 돌입한다. 이 조정은 3차의 파동으로 구성되지만 삼각형 진행으로 나타날 수도 있다. 이 조정이 불규칙적인 사이클 조정의 A파동에 해당되는 셈이다. A파동은 일반적으로 시장 가격을 궤도선 이하, 연장 출발 시점 수준까지 끌어내린다. 하지만 상당 기간의 소폭 등락 움직임을 보여, 이 조정 하락의 폭이 그다지 심하지 않게 유지되는 경우도 있다. 〈도표 20〉의 'X'로 표시된 점선은 5차 연장파동 이후 조정 A파동 종료 시점의 가격 수준을 예상한 선이다.

일단 A파동이 끝나고 나면, 주 운동 또는 원래의 주기 운동이 3차례 폭넓은 단계로 진행되어 시장의 주가는 전례 없이 높은 수준으로 치솟는다. 다시 말하면, 〈도표 19〉와 〈도표 20〉에서 'e'점이 정상적 고점에 해당되고, A파동 이후의 추가 진행에서 더 높은 위

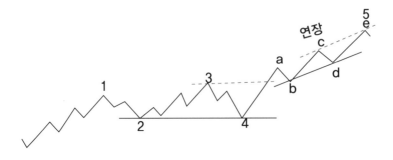

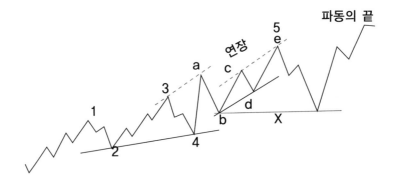

치까지 주가는 상승하게 된다. 이 새로운 고점, 즉 '비정상 최고점 Irregular Top'이 이 호황시장의 최후 정점에 해당된다. 이 3차 상승 국면을 불규칙 주기 조정의 B파동이라 한다.

B파동이 끝나면, 곧 이어서 불규칙 주기 조정의 C파동이 시작된다. 이 C파동 국면이 매우 규모가 큰 불황 시장을 이끈다. C파동은 부속된 5차례 급격한 파동을 거쳐, 앞선 호황 장세의 프라이

머리 4파동 종결 지점 부근까지 주가를 폭락시킨다. 그 한 사례가 1928년 변화 많은 연장 현상, 1928년 11월부터 12월까지 하향 파동 A, 1929년 상향 파동 B, 1932년 7월까지 대폭락 파동 C로 이어지는 연장 조정이었다.

침체 시장에서도 연장 현상이 나타난다. 그에 따라, 위 사례에 이어 1937년 10월 19일까지 연장의 5차례 파동이 전개되고, 주가 지수는 115.83에 이르렀다. 이 시기의 예로 보면, 5차 파동 후 A-B-C 패턴 대신 한차례 큰 폭의 삼각형 조정이 4개월에 걸쳐 일어났으며, 1938년 3월 31일 97.46으로 조정 국면이 종료되었다. 이 삼각 패턴 중 2파동은 하향 추세와 같은 방향이었다.

1937년 봄에는 현물 시장, 특히 전해질 구리의 가격에 엄청난 규모의 연장 현상이 발생했다.

개별 주식의 예를 들면, 인터내셔널 하비스터의 주식은 1937년 1월 주가는 111~112선에서 정상적 최고점에 달했고, 빠지고 채우는 등락 현상으로 A파동의 폭이 크지 않아 4월 109선을 유지했다. 그러다 B파동 국면에서 새로운 주기의 정점 120에 이른 것이 그해 8월 전체 시장은 3월에 피크를 보았다이었으며, 11월까지는 C파동이 주가 53으로 폭락했다.

10

파동의 적용 사례

    1932~1937년 호황 기간이 끝나자 3단계의 주기 조정이 기다리고 있었다〈도표 11〉 참조. 그 1단계는 원칙대로 5회의 대규모 파동으로 전개되었다. 이 첫 단계 조정이 1937년 다우존스 산업지수 195.59에서 1938년 3월 31일 97.46까지의 하락 국면이었다. 다음의 〈도표 21〉은 이 기간 동안 시장의 주간 정수 단위 변동표이다. 어떤 부분에서 매우 격렬한 등락을 보이고 있지만, 순환 원리에 입각한 예측이 여전히 적용되는 시장 상황이다. 일간 혹은 시간별 차트에서 나타나는 미세한 변화는 주간 표에서는 완전히 드러나지 않는다. 이런 이유로 첫째 사이클 국면을 구성하는 5차례 대형 파동이 세부적인 사항들을 열거해 보면 다음과 같다.

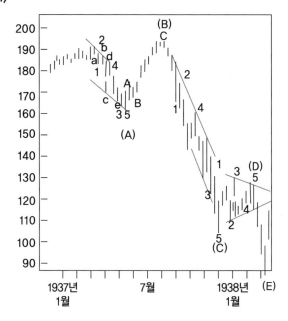

〈도표 21〉

사이클 (A)파동 – 1937년 3월 10일 지수 195.59에서 1937년 6월 17일 지수
163.31

사이클 (B)파동 – 1937년 6월 17일 지수 163.31부터 1937년 8월 14일 지수
190.38

사이클 (C)파동 – 1937년 8월 14일 지수 190.38부터 1937년 10월 19일 지수
115.83

사이클 (D)파동 – 1937년 10월 19일 지수 115.83부터 1938년 2월 23일 지수
132.86

사이클 (E)파동 – 1938년 2월 23일 지수 132.86부터 1938년 3월 31일 지수
97.46

사이클 (A)파동은 다음과 같은 5차의 마이너 파동으로 구성된다.

1. 3월 10일 195.59에서 3월 22일 179.28까지
2. 3월 22일 179.28에서 3월 31일 187.99까지
3. 3월 31일 187.99에서 5월 8일 166.20까지
4. 5월 18일 166.20에서 6월 5일 175.66까지
5. 6월 5일 175.66에서 6월 17일 163.31까지

사이클 (A)의 3파동은 5차례 소규모 진동들로 구성되어 있다. 그리고 사이클 (B)의 파동은 다음과 같은 3차례 파동 끝에 비정상 형태의 최고점을 형성한다.

A – 6월 17일 163.31에서 6월 24일 170.46까지
B – 6월 24일 170.46에서 6월 29일 166.11까지
C – 6월 29일 166.11에서 8월 4일 187.31까지

이 직후 불규칙형 최고점은 8월 14일 나타나, 심각한 주기적 하락이 후속될 것을 예고한다.

사이클 (C)파동은 5개의 큰 규모 파동으로 구성되었으며, 그중 5파동에서 연장이 전개된다. 이 연장 현상이 없었다면, 사이클 조정 국면 1단계의 정상적 진행이 135~140선 부근에서 종료되었을 것으로 짐작된다. 파동 (C)의 분석은 다음과 같다.

1 – 8월 14일 190.38에서 8월 27일 175.09까지

2 – 8월 27일 175.09에서 8월 31일 179.10까지

3 – 8월 31일 179.10에서 9월 13일 154.94까지

4 – 9월 13일 154.94에서 9월 30일 157.12까지

5 – 9월 30일 157.12에서 10월 19일 115.83까지

사이클의 파동 (C)에는 하향 기조의 3차례 파동이 속해 있으며, 이 각 파동은 5차의 진동으로 구성되어 있다. 이 중 1, 3, 5 마이너 파동들은 각각 5차례 진행 매듭을 갖고 있다. 4파동은 상당히 규모가 큰 상향 조정 국면으로, 흔한 A-B-C 형태로 진행되었다. 5파동의 5번째 파동에서 발생한 연장은 주가 하락폭만큼의 즉각적인 반전 회복세로 나타나며, 그 다음의 하락은 주기 상 최저점까지 주가를 떨어뜨리게 된다. 이 2의 하락 이후 정상적인 장기 주가 부침이 일어나 삼각형 꼴의 모습을 보이다가 마지막 폭락세로 조정국면의 1단계를 매듭 짓는다. 이후 5차례 대형 파동을 거치면서 하락의 폭을 대부분 만회하고, 1938년 3월부터 8월까지의 호황 국면에 진입한다.

사이클 파동 (D)는 (C)파동의 연장 현상에서 설명한 대로, 거대한 삼각 형태를 보인다.

삼각 파동 1 - 3차례의 진동 (A, B, C)

A – 10월 19일 115.83부터 10월 21일 137.82

B − 10월 21일 137.82부터 10월 25일 124.56
C − 10월 25일 124.56부터 10월 29일 141.22

삼각 파동2 − 10월 29일 141.22부터 11월 23일 112.54
삼각 파동3 − 11월 23일 112.54부터 1월 12일 134.95
삼각 파동4 − 1월 12일 134.95부터 2월 4일 117.13
삼각 파동4 − 2월 4일 117.23부터 2월 23일 132.86

이 삼각형 내의 어떤 파동도 3개 이상의 진동을 내포하고 있지 않았다. 삼각형의 5파동이 끝난 후 시장은 조정 국면의 하향 진행으로 되돌아갔다.

사이클 파동 (E)는 다음에 열거한 5차의 하위 파동으로 세분된다.

1 − 2월 23일 132.86에서 3월 12일 121.77
2 − 3월 12일 121.77에서 3월 15일 127.44
3 − 3월 15일 127.44에서 3월 23일 112.78
4 − 3월 23일 112.78에서 3월 25일 114.37
5 − 3월 25일 114.37에서 3월 31일 97.46

이로써 1932~37년의 호황 장세에서 나타난 첫 번째 대규모의 조정 국면은 끝이 나고, 시장은 2의 상향 사이클을 거쳐 2의 하향 조정에 이르게 되는데, 이 최후 조정으로 1932~37년간 올랐던 155.03 포인트의 63.3%를 소진시킨 폭락이 야기되었다.

11

파동을 적용할 때의 유의점

파동 원리를 가격 운동의 예측 수단으로 사용할 때는, 매 사이클 내에 계속적으로 작은 사이클들이 내포되어 있다는 점, 그리고 그 각각의 주기 또는 소 주기들은 배후의 거대한 운동의 흐름에 입각해서 검토되고 자리매김 된다는 점을 유념해야 한다. 상승 장세에 있어서도 그 하부 사이클 또는 조정 변동이 상당한 크기로 진행되면 '침체 시장'에 들어간 것으로 오인되는 경우가 종종 있다. 1938년 3월 31일부터 1938년 11월 12일까지 하부 사이클에 해당되면서도 매우 강한 조정파동이 일어났다. 이 사이클은 그 1파동 변화가 상당히 큰 5차 파동의 '호황 패턴'을 갖고 있어서 많은 사람이 진정한 호황기로 인식했으며, 지금까지 그렇게 여기는 이도 있다. 폭넓게 말하면, 침체 경기 사이클에서 상향 파동이나 조정이 장기화되는 경우 그 진행이 3 단계 패턴을 보이며, 호경기 사이클에서 장기적 하향 국면도 같은 3단계 패턴으로 진행된다.

파동의 속성

장기적인 주기 운동을 구성하는 파동의 속성은 초심자들에게는 전혀 무관한 것처럼 보이는 수많은 요인에 영향을 받는다. 그러나 어느 완결된 주기 운동을 세밀히 관찰해 보면, 주가 변동의 폭과 진행의 목표 지점은 사소한 외적 여건 변화에 큰 영향을 받지 않고 고정되어 있거나 미리 예정되어 있다는 결정론적인 이론이 성립되는 듯하다. 그리고 아래 단계 개별적인 파동 국면에 경과한 시간은 상당한 편차로 달리 나타난다 하더라도 전체 사이클에 소요된 시간은 일정한 것 같다. 사이클에 경과하는 시간은 가격 변동의 속도와 비율에 따라 달라진다고 볼 수도 있고, 시간이 짧으면 변동의 속도가 급격해진다는 해석도 가능할 것이다. 따라서 하나의 국면에서 시장 변동이 격렬하고 급하면 그 다음 같은 진행 방향 운동 국면에서는 속도가 현저히 감소하는 경향을 보인다. 다음의 사례를 보자. 1932~37년 사이의 상승 사이클에서 첫 프라이머리 파동은 9주간 40포인트, 즉 40% 주가를 상승시켜 주당 4.4포인트가 오른 것으로 집계되었다. 그 후 2의 상승 국면은 20주간 60포인트, 즉 120% 상승으로 주간 평균 3포인트로 나타났고, 3의 마지막 상승 국면은 138주 동안 110포인트, 130% 상승으로 나타남으로써 주간 0.8포인트 오르는데 그쳤다. 그리고 장기 운동의 최종 시점에서 가격의 상승 또는 하락이 고속으로 진행되면, 뒤이은 역방향 조정 운동도 비슷한 속도로 진행되는 예가 많다. 1938년 3월 하락 속도와 이듬해 4월의 반전 상승 속도를 비교해 보라.

어떤 단계에서는 가격 변동에 있어서 거래량이 중대한 영향을 미치는 듯하다. 그리고 한편으로 가격 사이클의 기조를 유지하고 통제하기 위해 거래량이 증가되거나 위축되는 현상도 나타난다. 시간적 사이클과 거래량 사이클을 견주어 보면 가격 변동 '나선형' 곡선상의 현 위치를 명확히 설정하는 데 큰 도움이 되는 경우가 많다. 한 사이클의 3파동에서 거래량이 증가하는 경향을 보이며, 이어 나타나는 5파동에서도 거래량 증가 경향이 유지된다. 그러나 거래량의 사이클이 바닥에 이르면, 고가 주식이나 한산한 저거래 주식들의 가격이 엉뚱한 변화를 보여, 지수 상 소규모 파동 추세를 왜곡시킴으로써 일시적인 혼돈을 야기하는 경우도 있다. 전반적으로 거래량의 파동은 가격 변동 국면의 변동폭과 경과 시간을 결정하는데 유용할 뿐 아니라, 후속 운동의 시간, 방향, 더 나아가 속도까지 예측할 수 있는 유용한 자료다. 1938년의 예와 같이 급속한 등락 현상을 보이는 시기에는 특히 그러하다. 그러므로 전반적인 가격 운동의 각 국면마다 거래량과 시간의 변동 사이클의 상관관계를 짚어보면 최선의 예측 결과를 얻을 수 있을 것이다. 가격 패턴이나 어떤 종목, 범위의 거래 물량 등을 막론하고 모두 파동 원리에 따라 주기적으로 순환되기 때문이다.

주식시장의 파동을 연구하는 사람들이 적절한 시각을 유지하기 위해서는, 개별 주식 수효가 많은 주가 평균지수를 적어도 두 가지, 또는 그 이상의 변동 차트를 검토해야 한다. 그리고 주간 변동, 일간 변동은 물론 시간 변동까지 차트로 사용하고 이 기간에 해당하는 거래량 변화의 차트도 필요하다. 시장의 개괄적인 추세를 적절히 평가하는 데는 주간 변동 차트로 충분하나, 월간 변동표도 많은 투자자에게 인기 있는 자료가 될 것이다. 소규모 변동을 면밀히 관찰할 수 있는 주간 변동폭의 차트는 주기적인 진행 상황을 정확히 해석하는데 필수적이다. 그리고 가격 추세가 중요한 반전을 이루는 정확한 시점을 확인하는데도 일간 변동 차트가 꼭 필요하다.

결정적인 시점

시간 변동 차트에 나타난 미세한 변화들은 파동 해석을 시도하는데 가치 있고 다양한 데이터가 된다. 하지만 그보다 중요한 것은 시간 변동표가 일간 변동 등에서 명확히 드러나지 않을 정도로 시장이 신속히 움직일 때 중요한 판단 자료가 된다는 점이다. 1937년 10월의 소규모 삼각형 진행은 시간 변동표에서만 포착이 되었는데, 이는 직후 하향운동이 곧이어 가속화되고 연장될 것을 나타내는 예고하는 징후였고 이 가속된 하향 운동이 10월 18~19일의 패닉 장세로 이어진다. 다른 결정적인 시점에서도 시간 변동의 연구가 그 시점을 포착하는데 매우 중요하다는 사실을 입증한다. 즉, 마지막 불규칙적인 최고점이 출현하기 전 '정상적 정점'을 포착해 최고의 소득을 올릴 수 있는 전략적 매도의 타이밍을 잡는데도 시간 변동 차트가 유용하다. 1938년 3월에는 개장 첫날의 시간 변동의 출발이 소규모 5차례 파동으로 나타나, 장세의 중요한 반전이 이루어졌음을 확인할 수 있었다.

12

시장 전체 주기와 개별 주식의
주기의 상이함에 대해

이전 기고문에서 파동 원리에 대한 이론과 폭넓은 시장 운동에 응용하는 방법에 대해서 논의했다. 다루는 시장의 범위가 넓어질수록 그 파동의 모습은 더욱 뚜렷해진다. 다우존스나 〈뉴욕 타임스〉, 〈스탠더드 스테티스틱스〉 등 포괄적인 주식 가격 지수들은 시장 전체의 주기상의 위치를 정확히 반영한다. 따라서 지수에 포함된 다양한 종목의 리스트를 만들어 지수의 변화 추세에 발맞추어 매도하고 매입하면, 거래 주식들의 가치가 전체 시장에 동조하여 변동할 것임으로 확실한 수익을 볼 수 있다. 그러나 안전하면서도 최대한의 수익을 올리고자 하는 투자자들에게는 개별 주식에 대한 분석이 없이 한 그룹의 종목을 일제히 팔고 사는 것만으로는 충분치 않다. 개별 주식을 각각 검토해 보면 상당수 회사의 주가가 시

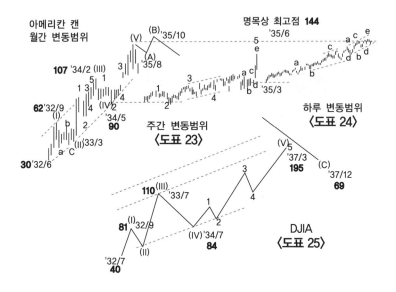

〈도표 22〉

장 전체의 주기와는 크게 다른 주기로 움직이고 있음을 보게 된다. 그중 두드러진 예가 1935년 봄 '어메리칸 캔'사의 주식 변동이었다.

〈도표 22〉는 아메리칸 캔 사의 주가를 파동 원리에 의해 분석한 차트이다. 이 표에는 상승 운동이 시작된 1932년 6월부터 '정상적 정점'이 형성된 1935년 6월까지의 월별 가격 등락의 범위가 표시되어 있다. 그리고 그 시점부터 주기적 조정이 끝나는 1937년 12월까지 주가 움직임이 '추세선'으로 〈도표25〉에 그려져 있다. 월별 기록은 주별, 일별 세부 진행을 압축해 큰 사이클을 구성하는 5개의 큰 프라이머리 파동들로 구분되어 있다. 이 같은 상대적으로 큰 구간을 표시한 차트는 시장에 대한 좀 더 폭넓은 시각을 제공한다.

1934년 5월 프라이머리의 5파동이 시작된 중요한 시점, 다른 말로 하면 프라이머리 4파동의 조정이 끝났을 때는 시장의 움직임을 보다 꼼꼼히 검토할 필요가 생긴다. 이때는 5파동의 주별 가격을 기록한 〈도표 23〉를 활용하면 된다. 그리고 프라이머리 파동이 4인터미디에이트까지 진전된 다음에는 〈도표 24〉에 표시된 일별 가격폭을 살피는 것이 중요해진다. 5인터미디에이트 파동은 1935년 3월에 시작해 그에 속하는 마이너 5차 파동이 6월에 마무리되었다. 여기에서 아메리칸 캔 주식 가격이 주 상승운동의 정상적 정점인 144 수준에 오른다.

최고점에 오른 직후 아메리칸 캔의 호황 사이클이 끝나 1935년 8월 주가는 136~137까지 조정파동(A)를 겪으며, 10월 149~150 선에서 조정파동(B)로 불규칙 최고점에 오른다. 이 시점부터 장기 조정파동(C)가 5차의 인터미디에이트 운동으로 진행되어 37년 12월 주가는 69로 종결되었다.

아메리칸 캔 주식이 정상적 정점에 오른 시점, 투자자들은 이 주식의 변동 주기가 일반 시장과 현격한 차이가 있음을 인지한다. 다우존스 산업지수의 프라이머리 파동에 나타난 대체적인 시장 추세를 〈도표 25〉에서 비교해 보자. 1935년 3월 아메리칸 캔 주식은 호황 사이클의 최종 국면, 즉 5프라이머리의 5인터미디에이트에 도달했는데 반해, 일반 시장은 프라이머리 5파동에 겨우 진입해 5번의 상향 인터미디에이트를 남겨 두고 있었다. 1935년 6월에 이르면, 아메리칸 캔의 장기 투자자들은 주식 가격이 더 오를 가능성은 매우 희박하다는 사실을 알아챘을 것이다. 그보다는 일반 시장이 최소한의 위험부담으로 훨씬 높은 수익을 보장할 것으로 판단할 수 있었던 것이다. 이 예상대로 그 시점부터 전체 시장은 거의 80포인트, 즉 65%나 상승하는 호황을 맞게 되었다.

PART

3

자연의 법칙

Nature's Law

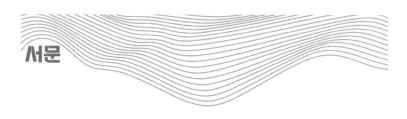

서문

자연의 리듬

우주 만물은 일정한 법칙에 따라 움직인다. 이 법칙이 없다면 세상은 혼란스러울 것이다. 혼란만 있으면 아무 것도 존재할 수 없다. 이 법칙은 예술과 과학의 모든 분야에 적용된다. 항해술이나 화학, 항공학, 건축학, 전파 송출, 수술, 음악 등에서도 이 법칙이 작용한다. 살아있는 물체나 생명이 없는 물질도 이 법칙을 따른다. 자연 자체가 이 법칙으로 움직이기 때문이다.

콜럼버스는 세상이 둥글다고 믿었다. 그래서 유럽대륙에서 서쪽으로 가면 신대륙에 도착할 것이라고 예언했다. 선원들은 그의 예측을 비웃었지만, 그 예측은 실현되었다. 핼리는 1682년 혜성의 궤도를 계산했고, 그 혜성이 다시 돌아올 것이라고 단언했다. 1759년 그의 예측은 적중했다. 마르코니는 전파를 연구하다가 소리가 전선이 없이도 전달된다는 사실을 발견했다. 덕분에 오늘날 우리는 집에서 음악이나 라디오 프로그램을 들을 수 있다. 이들과 다른 수많은 연구자들은 자연의 법칙을 습득한 것이다. 이 법칙이 성립하면 예측이 쉽다. 이 법칙을 수학적으로 계산할 수 있기 때문이다.

우리가 어떤 특정한 현상 배후에 있는 원인을 이해하지는 못하더라도, 관찰을 통해 이 현상이 반복된다는 사실은 알 수 있다. 사람들은 수천 년 동안 태양이 일정한 시간에 다시 뜬다는 사실을 알고 있었다. 하지만 왜 그런 결과가 나타나는지는 알지 못했다. 인디언들은 달이 바뀔 때마다 한 달의 길이를 맞췄다. 하지만 그들은 아직도 이 하늘의 변화가 왜 한 달 기간으로 나타나는지 밝혀내지 못했다. 세계 곳곳에서 사람들은 봄이 되면 얼마쯤 지나 여름이 올 것을 예상하고 작물을 심는다. 그렇지만 이 끊임없이 반복되는 계절 변화의 원인을 아는 사람이 얼마나 될까? 다만 사람들은 특정한 현상이 주기적으로 변한다는 것을 알아차린 것뿐이다.

인간은 해나 달과 같이 자연 속의 한 주체다. 그래서 인간의 행동도 수리적으로 분석할 수 있다. 인간의 활동은 독창적이지만, 리듬 측면에서 보면 복잡한 문제들에 대처하는 방법일 뿐이다. 인간의 행동이 주기적으로 순환한다는 근거로, 그 행동의 변화를 계량화하면 미래를 예측할 수 있다.

인간의 활동과 관련된 많은 연구들이 있었다. 그 결과에 따르면, 사회적 경제적 과정에서 인간 활동은 어떤 법칙에 따라 발현된다. 더 구체적으로, 일정한 횟수와 패턴을 가진 파동이나 박동으로 반복된다. 이 파동이나 자극들은 서로 호응하면서 시간에 따라 선후

관계를 가진다. 이 현상을 명료하고 구체적으로 설명하려면, 신빙성 있는 자료가 충분한 분야를 택해야 한다. 그런 의미에서 증권시장은 최적의 분야다.

나는 두 가지 이유에서 증권시장을 특별히 주목해 왔다. 첫째, 증권시장은 시장 예측을 위한 분석 글들은 많지만 성과가 거의 없는 분야다. 경제학자, 통계학자, 과학기술자, 사업가, 금융인 등 다양한 분야의 연구자들이 뉴욕증권거래소의 주식 가격동향을 예측해왔다. 심지어 시장 예측을 전문으로 하는 직업도 생겼다. 하지만 1929년에 호황이 최악의 약세 시장으로 바뀌면서 모든 투자자들이 난감해졌다. 시장조사에 수십만 달러를 쓴 투자기관들도 놀랐고, 주가폭락이 계속되면서 수백만 달러의 손실을 보았다.

증권시장을 인간의 사회 경제적 활동에 보편적으로 나타나는 파동의 추진력을 보여주는 하나의 본보기로 선택한 두 번째 이유는 성공적인 시장 예측이 가져다주는 보상 효과가 매우 크기 때문이다. 한 번의 시장 예측에 성공하면 우연히 맞춘 것이었다고 할지라도 그 금전적 대가는 가히 엄청나다. 예를 들어, 1932년 7월부터 1937년 3월까지 주식시장의 대표적인 30개 회사들의 주식가격은 평균 373% 상승했다. 이 5년 동안 일부 개별주식의 상승률은 더 컸다. 또한, 전반적인 상승 장세는 일정한 비율로 지속적으로 상승한 것이 아니라, 상승 하강국면이 반복되거나 몇 달간에 걸친 지그재그식 변동이 수없이 진행됐다. 이런 작은 변동 추이가 더 큰 이득을 안겨줬다.

하지만 주식시장의 변동에 대한 많은 관심에도 불구하고, 성공적인 예측은 우연의 결과였다. 시장동향 예측을 시도해온 사람들은 시장이 심리적 변동 현상이라는 것을 인식하지 못했다. 시장에는 오르고 내리는 변동 속에 질서가 있었다. 다시 말하면, 가격 변동이 주기적 순환의 리듬이나 질서 있는 순열로 나타났다.

주식시장도 자연계의 다른 것들처럼 그 나름의 법칙이 있었다. 시장에 법칙이 없다면, 가격이 움직이는 구심점이 없고, 시장도 존재하지 않았을 것이다. 그러나 매일 매일 이성과 질서는 찾아볼 수 없고, 비조직적이고 혼돈스럽게 오르락내리락하는 가격 변동만 난무했을 것이다. 그러나 이는 실상이 아니다. 나는 면밀한 연구를 통해 주가 변동의 리듬이나 조화로운 움직임을 포착해 증명하고자 한다. 이 같은 시장배후의 법칙은 적절한 조명하에서 관측되고, 이 접근방식에 따라 분석될 때만 발견될 수 있다. 간단히 말하면, 주식시장은 인간의 창조물이고, 인간의 특유한 기질을 반영한다. 다음 페이지부터는 파동 원리에 따라 오르고 내리는 주식시장의 변동 기록을 통해 인간이 특정하게 반응하는 법칙이나 리듬을 공개하고자 한다.

파동의 법칙은 모든 인간의 활동 속에서 기능하는 현상이다. 이를 정확하게 기록할 수 있는 기계적 구조가 있느냐에 따라 파동의 정도가 달라진다. 아래와 같은 조건이 갖춰지면, 파동의 패턴은 완성되고 숙련된 시각으로 포착할 수 있다.

A. 소유 구조가 다수에게 분산된 기업들에 의해서, 광범한 영업 활동이 전개되는 상황

B. 매매자와 구입자가 각각의 대표를 통해 신속히 접촉할 수 있는 공개된 주식시장의 존재
C. 신뢰할 수 있는 주식 거래 기록과 출판물
D. 회사들의 제반 사항에 대한 충분한 통계적 자료의 존재
E. 대규모 파동에서 미세한 파동까지 낱낱이 드러내는 매일 매일의 주식 가격 고점과 저점 변동 차트

주식의 일간 가격 변동폭의 기록은 1928년 처음 도입되었고 시간별 기록은 1932년부터 시행되었다. 소규모 파동이나 미세한 파동을 관찰하려면 이런 기록들이 필요하다. 변화가 빠른 시장의 경우는 더욱 그렇다.

파동 원리는 다른 평균지수를 비교해 정확성을 확인할 필요가 없다. 주식이건, 그룹 또는 개개인의 활동이든지 개별적인 그 자체의 파동에 따라 설명된다. 파동의 행태는 이미 상당히 규명되었으나 이를 실제 예측에 적용하는 것은 아직 초보 단계다.

* 이 서문은 《파동 이론》의 〈01 자연의 리듬〉과 동일하다.

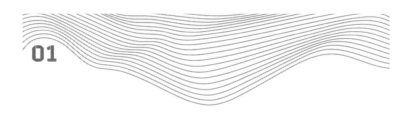

기자 대피라미드

오래전 나는 '사이클'이란 말의 명확한 뜻을 터득하려고 애쓴 적이 있었다. 그런데 아무도 명쾌하게 이를 정의한 사람은 찾지 못했다. 그 호기심의 연장선에서 나는 그래프들을 연구하기 시작했고, 1938년 《파동 원리》에서 공개한 대로 그래프상의 오르락내리락하는 운동에 리듬이 있음을 발견했다. 나중에야, 5천년 전쯤에 건축된 기자 대피라미드를 설계한 사람들이 알고 있었던 자연의 법칙이 내 발견의 근저였음을 알아냈다.

이집트 등지에 몇몇의 피라미드가 있지만, 그중에서도 기자의 피라미드가 최초의 것이며, 상징적인 기호를 드러내는 유일한 것이다. 뒤이어 건축된 파리미드는 왕과 그 가족의 시신을 안치하는 무덤의 효용밖에는 없다. 기원전 820년경, 터키의 국왕은 기자 피라미드에 왕들의 시신을 묻었으니 금덩어리가 무더기로 함께 묻혀 있을 것으로 오판했었다. 그 오래전에도 기자에 숨겨진 상징이 알려지지 않았음을 입증하는 것이다. 기자 피라미드가 건축된 시기는 기록 이전의 시대였을 뿐만 아니라, 상형문자도 없었다. 상형문자는 그 후 축조된 피라미드에서만 발견된다.

지금까지 기자의 상징들의 뜻을 알아내려고 엄청난 돈이 소요되었고, 지난 50년 동안은 특히 그랬다. 이 연구자들이 밝혀낸 내용은 이 시대의 지식체계로 이해되는 범위에서는 놀랄 만큼 정확한 것이다. 알아낸 지식의 대부분은 비교적 근래의 것으로, 기자 피라미드에 나타난 과학적 상징들이 초자연적인 내용을 담고 있거나 현 인류의 문명에 견줄 만한 혹은 그 이상의 수준을 갖춘 이전 문명의 소산임을 시사한다. 서반구 어딘가, 특히 멕시코에서 아르헨티나 중남미 어디에 고도의 문명이 존재했었다는 가설도 가능할 것 같다. 성경에는 거인들에 관해서 언급되어 있고, 최근에는 몸무게가 4~5백 파운드, 200킬로그램 정도일 것으로 추정되는 거인의 뼈도 발견되었다.

그러나 이제까지 내가 알아낸 바로는, 이집트 학자들이 기자 피라미드에서 간과한 것이 있다. 그 속에 포함되어 있는 중요한 상징, 즉 피라미드의 밑변에 대한 높이의 비율이 61.8%로 그 높이를 인치로 표시하면 5,813이라는 사실이다 이 5. 8. 13의 숫자는 아래 수열의 설명에 유의할 것. 이집트의 길이 측정 단위는 오늘날과 마찬가지로 '인치'였다.

측면에서 본 외곽선은 3개이며, 피라미드 내부에는 5개의 면이 있다. 지상에 4, 그리고 바닥 면이 하나다. 꼭대기에서는 8개의 면이 나타나고, 그래서 전체 면과 선은 13이다.

13세기의 이태리 수학자 피보나치는 이집트를 방문하고 돌아와 다음과 같은 숫자의 합으로 이어진 수열을 공개했다. 1 2 3 5 13 21 34 55 89 144……이다. 두 이웃한 수를 합한 것이 그다음 차례의 수가 된다. 예를 들어 5+8=13이 된다. 그리고 어떤 숫자든 그 다음 숫자의 61.8%이다 처음 숫자들의 비율은 이와 약간 차이가 난다. 그러므로, 피라미드의 높이의 기단에 대한 비율은 이 수열을 지배하는 비율을 드러내는 것이다.

해바라기 씨들은 곡선과 곡선이 만나는 위치에 있다. 그 교차점의 최대 수는 144개이다. 이 수는 동시에 주식시장의 한 사이클 속에 들어있는 마이너 파동들의 숫자이기도 하다. 이러한 일련의 숫자들은 인체, 화초, 생산량, 동물, 음악은 물론 주식시장을 포함한 인간 활동의 영역에서도 나타난다.

BC 5세기의 그리스 철학자 피타고라스는 이집트를 방문하고 2장에 소개된 그림과 법칙을 발표했다.

자연의 법칙

자연의 법칙은 적어도 5천년 전부터 알려져 왔다. 이집트는 늦어도 BC 1,500년경에 전성기를 이룬 가장 오래된 고대국가이다. 이집트의 피라미드들이 언제 건축되었는지는 명확히 밝혀지지 않았으나 기자 피라미드는 적어도 5천년 전으로 추정된다. 자지만 어떤 학자들은 노아가 방주를 만들었던 대홍수 이전이라는 증거를 내놓기도 하고 어떤 학자들은 적어도 3만 년 전일 것이라고 주장하기도 한다.

1945년 12월 3일자 라이프 지에는 '대 피라미드의 건설'이라는 매우 흥미 있는 기사가 실렸다. 벨 게디스는 건축이 진행되는 과정의 모형도를 그려 게재했다. 이에 따르면, 건축에 사용된 자재의 총 무게는 무려 3,277,000톤에 달했다. 이에 비하면 세계 최대 빌딩이라

〈도표 1〉

우주의 비밀

〈도표 2〉

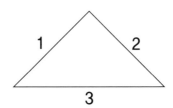

〈도표 3〉

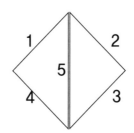

〈도표 4〉

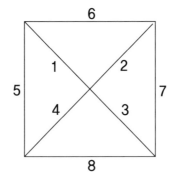

는 엠파이어 스테이트 빌딩 자재의 무게는 305,000톤에 불과하다.

피라미드의 설계자들과 건축가들이 보여준 경탄할 만한 독창성과 기술, 여기에 소모된 시간과 노동력을 생각하면, 이 영구히 존속될 상징으로 후세에 전하고자 한 메시지가 얼마나 중요한 것인지 짐작하고 남음이 있다. 그 시기는 역사 이전, 상형문자도 없던 시기였고, 그래서 그 상징이야말로 유일한 기록의 수단이었다.

수세기 동안 피라미드는 철저히 조사되었다. 최근 수십 년간은 연구가 더욱 왕성해졌다. 하지만 내가 관찰한 바로는 이집트학 연구자들이 아마도 가장 중요한 상징을 지나쳐 버렸다. 그 상징은 곧 기자 피라미드의 외곽선이다.

피타고라스는 BC 5세기 그리스의 유명한 철학자였다. 오래된 백과사전들에는 그의 업적들이 자세히 기록되어 있다. 브리태니커 백과사전에는 아마도 그가 남긴 유일한 기록인 하나의 도면과 암호문이 소개되어 있다. 이 기록은 그가 이집트에 오래 체류하다 돌아온 후 작성한 것이다. 이 도면과 암호 제목이 〈도표 1〉이다. 피타고라스의 도면은 곧 피라미드를 표시한 것이 틀림없다.

피라미드를 네 방면에서 보면, 3개의 선이 나타난다. 〈도표 2〉처럼 완벽한 삼각형이다. 피라미드를 좌우 구석에서 보면 〈도표 3〉과 같이 5개의 선이 보인다. 피라미드는 5개의 면이 있다.

지상의 4면과 바닥 면이 그것이다. 위에서 내려다보면 〈도표 4〉처럼 8개의 선이 나타난다.

피보나치는 13세기 이탈리아의 수학자였다. 생존 당시에는 피사의 레오나르도로 더 잘 알려져 있었다. 그는 이집트와 그리스를 방문하고 돌아와, 우리들에게 '합산의 수열Summation of Series'로 알려진 일련의 숫자를 공개했다. 이 일련의 숫자는 1 2 3 5 8 13 21 34 55 89 144 ……로 끝없이 이어진다.

이웃하는 두 숫자의 합은 다음 차례 큰 숫자와 같다. 예를 들어 5+8=13과 같이 이어진다. 어느 숫자든지 다음 숫자로 나누면 0.618이 된다. 8/13=0.618과 같다. 그리고 어느 숫자든지 한자리 낮은 숫자로 나누면 1.618이 된다. 이보다 적은 숫자들에서 그 비율이 정확히 일치하지 않지만, 실제로 이 비율을 적용하는 데 무리가 없을 만큼 근접해 있다. 편의상 앞으로 그 비율을 전자는 0.62, 후자를 1.62로 표시하겠다.

합산 수열의 첫 5개의 숫자가 피라미드의 전체 그림에 보이는 1, 2, 3, 5, 8임을 주목하라.

미국 출신의 미술가 제이 햄비지Jay Hambidge 교수는 이집트, 그리스와 이태리를 둘러보고 몇 권의 매우 중요하고 흥미 있는 책들을 집필했다. 예일대학 출판부의 허락을 얻어 그의 책《동적 대칭의 실용적 적용Practical Applications of Dynamic Symmetry》의 27~28페이지를 게재한다.

식물학자들은 해바라기의 화반을 꽃 이파리들이 배열 법칙을 보여주는 일반적인 예로 든다. 그 꽃판은 거의 2차원의 평면적인 도형에 나타나는 현상을 보여준다. 씨들은 해바라기 꽃판에 4변형 모양의 씨방으로 배열되어 있다. 이 씨방은 곡선이 서로 교차하는, 즉 나선형의 디자인 형태를 취하고 있다. 이 디자인은 구식 회중시계에 금조각한 문양과 비슷하다. 이 곡선의 형태는 해바라기 꽃씨 배치의 흥미 있는 특성이다.

첫째, 여기에서 말한 곡선들은 유한곡선이다. 실상 이 곡선은 고동 조개껍데기의 나선 형태와 똑같다. 이 모양은 일정한 규칙, 즉 수학적 속성을 담고 있다. 이 수리적 모양과 배열은 생물의 일정한 성장 패턴에서 비롯된 불가피한 결과이다.

둘째, 이 나선형 곡선의 숫자를 세어보면 직경 5~6인치의 해바라기 꽃 판에 89개의 나선이 있다. 한 방향으로 돌아가는 나선이 55개이고, 반대 방향으로 도는 나선이 34개이다. 말하자면 정상 크기의 해바라기 꽃 머리에는 55개 커브가 34개 커브에 엇갈려 배치되어 있다. 55+34=89가 된다. 이 줄기 꼭대기의 꽃 아래에는 사이즈가 이보다 작은 꽃들이 있다. 그 꽃 판의 엇갈리는 곡선의 수는 보통 21+34=55개이다. 줄기 더 아래쪽에는 뒤늦게 핀 꽃이 있기도 한다. 이 3열의 꽃에는 13+21=34개의 곡선이 있다.

영국 옥스포드에서 신품종 해바라기가 재배되었는데 비정상적으로 큰 이 꽃 판에 엇갈려 도는 곡선의 수가 기존 34+55에서 89+144로 늘었다. 이 매력적인 연구 분야의 최고 권위자인 아서 처치Arthur H. Church 교수는 옥스포드에서 배양에 성공한 거대한 해바라기는 곡선과 그에 엇갈린 곡선이 89+144라고 말한다.

해바라기 꽃 판의 복잡하게 배치된 씨 주위에는 작은 관모양의 꽃들이 있는데, 씨와 마찬가지로 커브-교차 곡선의 숫자를 나타내며 보통의 경우 5+8이다.

해바라기 줄기의 밑에서 위로 올라가면서 이파리 숫자를 세어보면, 어떤 특정한 숫자를 지나야 처음 카운트 한 잎의 위에 또 다른 잎이 겹치는 형태로 나게 됨을 발견한다. 이 특정한 수와 줄기를 돌아간 횟수는 일정하다. 이 숫자들도 앞서 본 씨들과 작은 통꽃의 수에 나타난 수열상의 숫자에 해당된다.

우리가 언급한 숫자들은 합산 수열이라고 부르는 일련의 숫자들에 포함된다. 합산 수열이라고 부르는 이유는 이 시리즈의 앞선 숫자들, 여기서는 앞선 2개의 숫자의 합이 다음 숫자가 되는 때문이다. 이 수열은 1, 2, 3, 5, 8, 13, 21, 34, 55, 89, 144 등이다.

이 수열에서 연이은 두 숫자를 택해, 가령 55를 34로 나누듯, 하나를 다른 하나의 숫자로 나누면 비율이 나온다. 그리고 이 비율은 수열상에서 일정하다. 다시 말해서, 두 수 중 낮은 숫자로 큰 숫자를 나누면 그 비율은 1.618……로 진행하는 무한 소수이다. 그 나누는 순서를 바꿔 34를 55로 나누면 그 값은 0.618이 된다. 이 두 수치의 차이가 정확히 1임을 알아차렸을 것이다.

파동의 개수	상승 시장	하락 시장	계(전체 사이클)
메이저	5	3	8
인터미디에이트	21	13	34
마이너	89	55	144

그리고 이 두 가지 계산을 해보면 그 값이 조금씩 다름을 발견할 것이다. 이것은 이 수열을 정수로 표시할 때 수치의 정확성이 훼손되었기 때문이다. 소수점 이하의 아주 미세한 오차가 분명히 있다. 하지만 이 오차란 식물의 성장을 관찰할 때처럼 숫자로 세는

경우는 나타나지 않기 때문에 편의상 정수로 표기해도 무방할 것이다.

여기에 나타난 비율, 1.618 또는 0.618이 고대 그리스인들이 굉장히 좋아하는 비율이었다는 사실은 그저 우연의 일치로 보기가 이상할 정도다. 이상한 것은 이 비율이 식물의 모양과 연결되어 있다는 의심조차 그리스인들은 갖지 못했었기 때문이다. 그들은 1.618을 '극한 Extreme' 비율이라 칭하고, 0.618을 '평균 Mean' 비율이라고 불렀다.

중세에는 1.618을 '신성 비율 Devine Section', 근래에는 '황금 분할 또는 황금비 Golden Section'라고 지칭한다.

내 경험으로는 144라는 수치가 실제 자연 현상에 적용되는 가장 큰 이 수열상의 숫자이다. 주식시장의 한 완전한 사이클은 그 안에 내포된 마이너 파동의 숫자가 144개이다. 왼쪽 표와 4장의 〈도표 7〉에 표시된 바와 같다.

여기 나오는 숫자는 모두 피보나치수이며, 수열상에 3이상의 숫자가 모두 들어있다. 파동의 길이는 다를지 모르나 개수는 항상 같다. 아래 나오는 피보나치수열상의 숫자를 주목해 보자.

• 인체는 3과 5의 숫자의 구성에 따른다. 몸체에서 머리, 두 팔, 두 다리의 5개의 지체가 나온다. 각 팔과 다리는 3부분으로 나누어져 있다. 다리와 팔은 끝에 5개의 발가락과 손가락이 달려있다. 엄지발가락 외에 발가락과 손가락은 3부분으로 나누어져 있다. 우리에게는 다섯 가지의 감각이 있다.

- 원숭이도 사람과 마찬가지다. 다만 발이 손 같고, 엄지발가락이 엄지손가락과 같다는 점을 제외한다면. 그밖에 대부분 동물도 몸에서 머리와 네 다리의 5개로 갈라진다. 새도 머리와 두 발, 두 날개 5개가 있다.
- 음악에서 가장 좋은 예가 피아노 건반이다. 한 음역 '옥타브'는 8을 뜻한다. 하나의 옥타브는 8개의 백색 건반과 5개의 흑색 건반, 모두 13개 건반으로 되어있다.
- 화학 원소를 보면 대략 89개의 원소가 있다.
- 색에는 3개의 기본색, 즉 3원색이 있고 이를 섞으면 모든 다른 색이 만들어진다.

잡다한 관찰들

- 신대륙은 3부분, 즉 북아메리카와 주아메리카, 남아메리카 대륙으로 나뉜다.
- 미대륙에는 21개 국가가 있으며 모두 범아메리카 동맹에 속한다. 북미대륙에는 미국, 캐나다, 멕시코 3개 국가가 있다. 있고, 파나마 운하가 뚫리기 전에는 5개 국가가 있었다.
- 미국은 원래 13개주로 시작되었으며, 지금은 55개의 주와 속령이 있다. 즉 48개의 주, 콜롬비아 특별구, 필리핀, 파나마 운하 지역, 푸에르토리코, 알라스카, 하와이, 버진아일랜드 등 55개로 나뉜다.
- 독립 선언서에는 56개의 서명이 있다. 원래 서명자가 55명이고 하나는 나중 더해졌다.

- 연방정부의 핵심부처의 수는 3, 군의 예포는 최대 21번 울리며, 투표권은 21세부터, 권리 장전은 3 항목이고, 국기의 색깔은 모두 3가지다.
- 1848년 7월 4일 착공된 워싱턴 DC의 워싱턴 기념비

총공사비, $1,300,000.	13
첨탑의 높이, 500 피트	5
비석의 높이, 55 피트	55
첨탑의 기단, 55 스퀘어피트	55
탑 정상둘레 34 피트	34
기반의 계단수	8
창문 (사방에 2개씩)	8

비석은 피라미드 형태로 밑면이 34 스퀘어피트, 높이 55피트이다 비율은 0.618.

- 1차 대전의 추축국은 3개국이었으며, 독일은 파죽지세로 13개 국가를 점령한 후 14번째 러시아 정복에서 저지되었다. 무솔리니는 21년간 권좌에 있었다.
- 1852년 페리 제독은 일본을 예방하고 '천자'에게 고립정책을 버릴 것을 권고했다. 55년 후인 1907년 일본은 미국과 심각한 대립 상태에 들어가고, 그로부터 34년 후, 페리 방문 후 89년 만인 1941년 진주만을 공격했다.

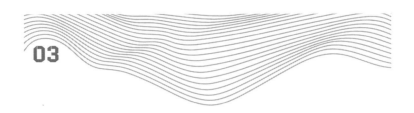

03

인간의 활동

'인간 활동'이라는 표현은 주식 가격, 채권 가격, 특허, 금의 가격, 인구 증가, 귀향 이농 등 인구 이동, 현물 가격, 정부 지출액, 생산고, 생명 보험, 전력 생산량, 가솔린 소비량, 화재 손실액, 증권거래소 중개권, 유행병 감염자수, 부동산 등 전반적인 사회 통계 지표들을 포함한다. 가장 주된 관심 대상은 증권, 채권 등의 가격이다. 이는 일반인도 어느 정도는 이해하고 있어야 할 분야다. 재난에 대비하는 데 도움이 되기 때문이다. 영구적인 개발 또는 건설, 즉 건물을 짓는다거나 보존 프로젝트, 도로, 교량, 공장, 주택 등의 신축 개축 등은 경제 사이클의 침체 국면에서 시행하는 것이 좋다. 경비가 적게 들고 노동력을 확보하기가 용이하기 때문이다. 경제의 변동은 지구가 도는 것과 마찬가지로 어김없이 진행된다.

04

인간 활동의 특성

모든 인간의 활동은 세 가지 구별되는 속성을 지닌다. 패턴과 시간, 비율의 세 가지다. 그리고 이 모든 관점에서 피보나치수열의 숫자가 관측된다. 먼저 활동상에 나타나는 파동을 해석할 수 있다면, 그 해석을 주식의 가격, 증권의 가격, 곡물, 면화, 커피 등 앞장에서 열거한 모든 운동에 적용할 수 있을 것이다.

이 세 가지 속성 중 가장 중요한 것은 패턴이다. 하나의 패턴은 끊임없이 형성되는 과정 중에 있다. 연구자들은 대체로 어떤 형태의 패턴이 전개될 것인지 예견할 수 있다. 물론 항상 예측 가능한 것은 아니다. 이 예측의 실마리는 이전에 발생한 패턴이 제공해 준다. 8장의 '교대' 항목을 참고하라.

주식시장의 한 사이클의 도형이 〈도표 5, 6, 7〉에 나타나 있다.

〈도표 5〉

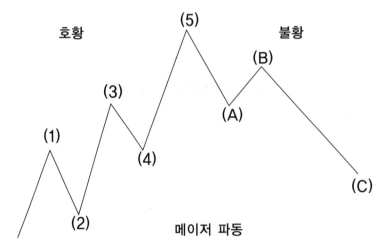

메이저 파동

〈도표 6〉

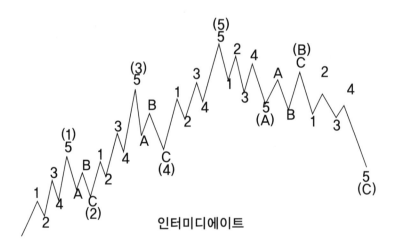

인터미디에이트

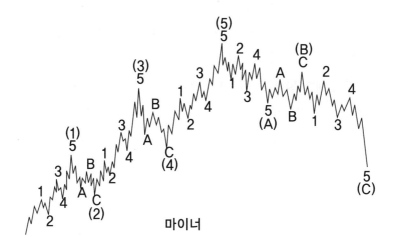

마이너

이 사이클은 일차적으로 '상승 시장과 '하강 시장'으로 나뉜다. 〈도표 5〉는 상승 시장을 5개의 메이저 파동으로 구분하고, 하강 시장을 3개의 메이저 파동으로 구분했다. 〈도표 6〉의 상승시장에서 (1), (3), (5)의 메이저 파동들은 각각 5개의 인터미디에이트 파동들로 세분된다. 〈도표 7〉은 인터미디에이트 파동의 1, 3, 5를 각각 5개의 마이너 파동들로 구분했다.

　〈도표 5〉의 하강 국면은 (A), (B), (C)의 메이저 파동으로 구분된다. 〈도표 6〉에서 (A), (C)의 하강운동은 5개의 인터미디에이트 파동으로 다시 나뉘고 상향의 (B)파동은 3개의 인터미디에이트 파동으로 나뉜다. 〈도표 7〉에서, 인터미디에이트 파동은 같은 방법으로 마이너 파동들로 구분된다.

다른 말로 하면, 하강 시장은 상승 시장의 뒤바뀐 역의 진행이다. 상승 시장에 5개의 상향 메이저 파동이 있는데 비해, 하락 시장은 3개의 하향세 메이저 파동 국면이 있다는 점만 다르다. 이 상승, 하강 시장의 조정 국면의 전개는 배우기가 좀더 어렵다.

여기 공개한 발견은 독창적인 것이어서, 새로운 용어를 만들 필요가 있다. 패턴들을 보다 분명히 설명하고, 이에 해당되는 형태를 표시하기 위해서, 다양한 '급'에 적합한 도형들이 제시된다. 여기서 '급 Degree'이란 상대적 중요성을 의미한다. 예를 들어, '메이저급'이란 〈도표 5〉에 보이는 파동이고, '인터미디에이트급'은 〈도표 6〉에 나타낸 파동이다. 〈도표 7〉에 나타낸 파동은 '마이너급'이다. 파동의 수에 대해서는 2장을 보라.

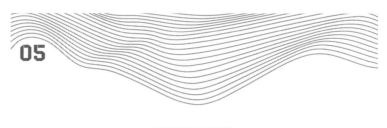

05

조정파동

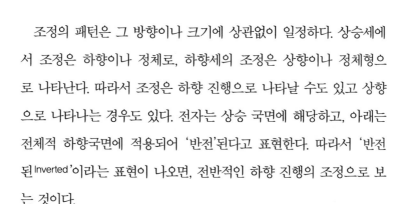

조정의 패턴은 그 방향이나 크기에 상관없이 일정하다. 상승세에서 조정은 하향이나 정체로, 하향세의 조정은 상향이나 정체형으로 나타난다. 따라서 조정은 하향 진행으로 나타날 수도 있고 상향으로 나타나는 경우도 있다. 전자는 상승 국면에 해당하고, 아래는 전체적 하향국면에 적용되어 '반전'된다고 표현한다. 따라서 '반전된Inverted'이라는 표현이 나오면, 전반적인 하향 진행의 조정으로 보는 것이다.

〈도표 5, 6, 7〉에서는 메이저, 인터미디에이트, 마이너 등 3급의 파동이 있는데, 조정도 같은 3급이 있는 것이 당연하다.

조정의 형태는 지그재그, 플랫, 삼각형의 세 가지가 있다.

지그재그형

〈도표 8, 9, 10〉은 상향세 중의 조정 형태다.

〈도표 11, 12, 13〉은 반전 형태다. 하향 국면의 조정에 해당

〈도표 8〉

마이너

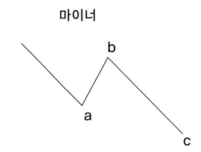

〈도표 9〉

인터미디에이트

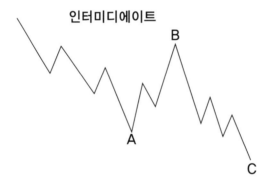

〈도표 10〉

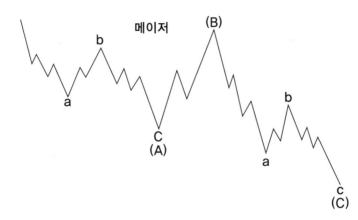

메이저

〈도표 11〉

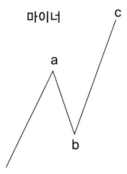

마이너

〈도표 12〉

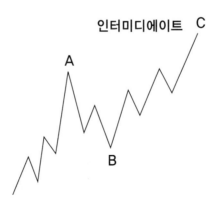

인터미디에이트

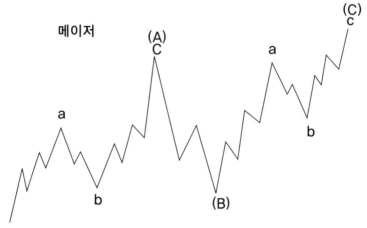

〈도표 13〉

플랫, 평평한 형태들

다음의 그림들은 마이너, 인터미디에이트, 메이저급의 플랫Flat 조정을 그린 것이다. 〈도표 14, 15, 16〉은 보통의 진행, 〈도표 17, 18, 19〉는 하향에서의 반전 형태다. 이 모양에 플랫이라는 이름을 붙인 것은 일반적인 모습이 평평하기 때문으로 가끔은 위아래로 약간 기운 형태도 나타난다.

실제로, 이 형태들은 '3-3-5' 진행으로 부를 수 있다. 전에 쓴 책에서는 3개의 파동, 즉 A-B-C 패턴으로 설명했는데, 이에 비해, 보통의 상향세 파동은 첫째부터 5차 파동까지를 '5-3-5-3-5'로 표시할 수 있을 것이다.

유사하게 인간을 숫자 패턴으로 표시하면 '5-3-5-3'이다. 몸에서 5개의 지체가 나오고, 팔다리는 각각 3매듭으로 갈라지며, 팔과 다리의 끝은 5개의 손가락, 발가락이 있고, 이 각각은 매듭이 3개인 것이다.

반전 패턴의 플랫 조정 중 C파동이 길게 연장되건 아니건, 형태에 관계없이 조정이 진행 중인 것으로 해석한다. 하지만 언제 C파동의 연장이 일어날지는 8장 '교대'를 자세히 읽으면 알 수 있다.

〈도표 14〉

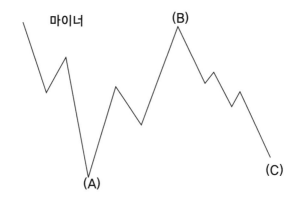

〈도표 15〉

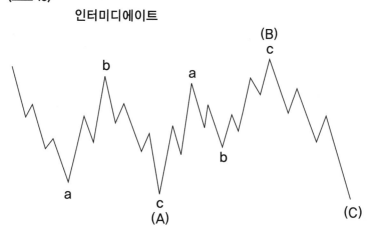

〈도표 16〉

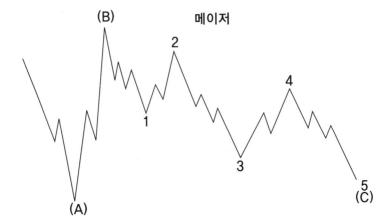

메이저

(B)

(A)

2

1

3

4

5
(C)

〈도표 17〉

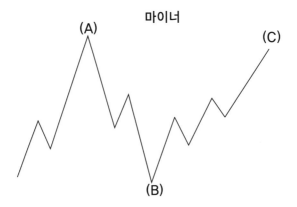

마이너

(A)

(C)

(B)

〈도표 18〉

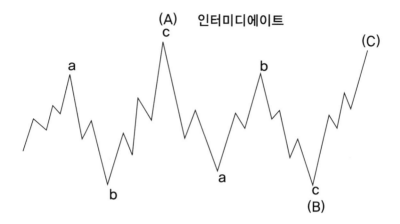

〈도표 19〉

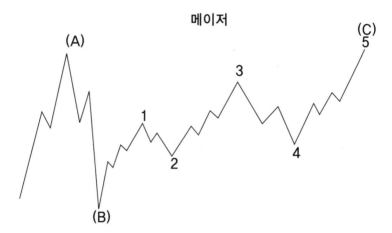

〈도표 20〉

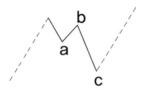

〈도표 21〉

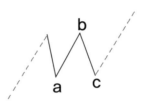

〈도표 22〉

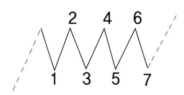

〈도표 23〉

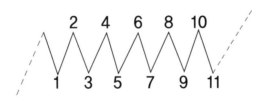

복잡한 조정 패턴들

소규모의 한 단계 조정은 〈도표 20〉 〈도표 21〉에서처럼 3개의 파동으로 구성된다.

이중의 연속 조정은 〈도표 22〉에서처럼 7개의 파동 단락이 있다. 3중의 연속 조정은 〈도표 23〉처럼 11개의 조정 단락이 있을 것이다.

다른 말로 하자면, 전반적인 상향 주기의 정체형 조정은 항상 하향 진행으로 끝난다. 이 점은 조정이 하나 또는 세 개의 파동으로 끝나건, 7개나 11개의 파동으로 구성되건 다르지 않다. 이 몇 가지 패턴을 이름 붙이자면, 3단의 조정파동은 '싱글 쓰리 Single Three' 또는 단일 3파동, 7개의 파동은 '더블 쓰리 Double Three' 또는 이중 3파동, 11개의 파동은 '트리플 쓰리 Triple Three' 또는 삼중 3파동으로로 지칭할 수 있다.

하향 국면에서 조정도 비슷한 형태로 〈도표 24, 25, 26〉와 같이 그려진다.

간혹 이 세 가지 형태가 상향 또는 정체형, 하향 혹은 정체형으로 뒤섞여 나타나는 경우도 있는데 이는 〈도표 27〉과 〈도표 28〉 혼합된 더블 쓰리 와 〈도표 29〉 〈도표 30〉 상향의 더블 쓰리 로 그려진다.

〈도표 24〉

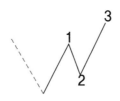

〈도표 25〉

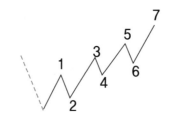

〈도표 26〉

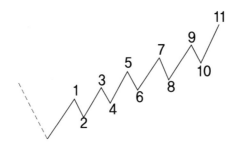

〈도표 27〉

〈도표 28〉

〈도표 29〉

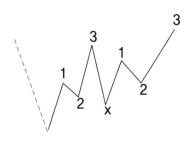

〈도표 30〉

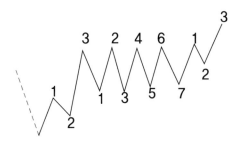

삼각형

삼각형은 5개의 파동으로 구성되어 있다. 이 경우 파동보다는 다리Leg 라고 표현하는 것이 나을 듯하다. 큰 형태의 삼각형에서는 각 다리는 〈도표 31〉과 〈도표 32〉에서와 같이 3개의 파동으로 구분된다.

중간 크기의 형태에서는, 4, 5의 다리가 〈도표 33〉에서와 같이 각 한 개씩의 파동으로 나타나는 경우도 있다. 아주 소형의 삼각조정은 다리들이 단 하나의 파동으로 되어있는 경우가 흔하다. 삼각형 구성에서의 주된 관심은 외곽선이다. 즉 고점들을 이은 상위

〈도표 31〉

상승 조정국면

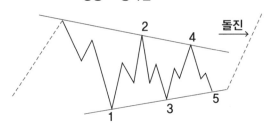

〈도표 32〉

하강 조정국면

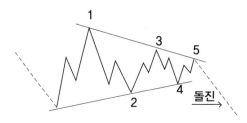

〈도표 33〉

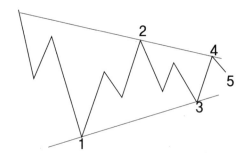

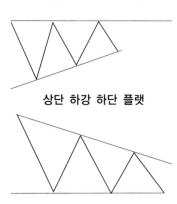

상단 플랫 하단 상승

상단 하강 하단 플랫

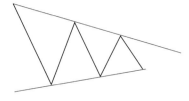

대칭: 상단 하강 하단 상승

선과 저점들을 이은 하위선의 진행 방향이다. 5의 파동이 시작될 때까지는 삼각형이 형성될지 확신하기는 어렵다.

삼각형 진행은 〈도표 34〉와 같은 세 가지 형태가 있다.

5번째의 다리는 삼각형의 외곽선의 내에서 종료되기도 하고, 그 밖에서 끝나기도 한다. 〈도표 35〉는 밖에서 끝나는 경우, 〈도표 36〉은 안에서 종결된 경우다.

삼각형이 매우 작은 경우를 제외하고는 3차례의 파동으로 구성된다. 삼각형 크기는 천차만별이어서 겨우 7시간 걸린 경우도 있고,

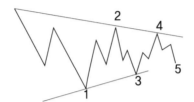

〈도표 35〉

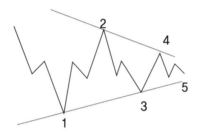

〈도표 36〉

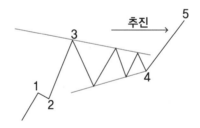

〈도표 37〉

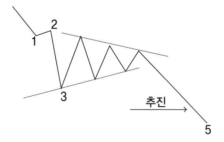

〈도표 38〉

1928년부터 1942년까지 13년간 최대규모의 삼가형도 있다. 후자의 케이스는 다른 장에서 다룰 것이다.

삼각형의 5파동에 후속되는 운동을 '추진 Thrust'이라고 부른다. 이 추진은 삼각형의 2, 4파동 방향으로 5차 파동으로 진행된다.

삼각형은 자주 나타나는 형태는 아니지만, 〈도표 37〉과 〈도표 38〉에서와 같이 항상 상향, 하향을 막론하고 어떤 단계의 4파동에서만 나타난다.

앞에 말한바 대로, 삼각형에 이은 파동은 추진형으로, 1,3파동과 유사한 5차의 파동으로 전개된다. 〈도표 37〉와 같이 3파동보다 더 높이 치솟고, 혹은 〈도표 38〉과 같이 3파동의 아래로 추락한다.

연장파동

연장은 3개의 전진 파동, 즉 1, 3, 5의 어느 부분에서나 나타날 수 있다. 그런 〈도표 39, 40, 41〉의 상향 진행에서나, 〈도표 42, 43. 44〉의 반전 진행에서나 한 주기 내에서는 한 번만 출현한다.

어느 경우에나 연장이 나타난 전체 주기의 파동은 연장파동 하나를 5개로 계산, 모두 9차례의 파동으로 구분될 수 있다. 드문 경우 〈도표 45, 46〉처럼 하나의 연장 운동이 같은 크기의 파동 9개로 구성되기도 한다.

연장은 반드시 현 사이클 내의 전진 진행에서만 나온다. 조정파동에서는 나타나지 않는다는 뜻이다.

〈도표 39〉

〈도표 40〉

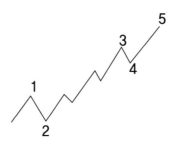

〈도표 41〉

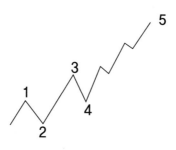

〈도표 42〉

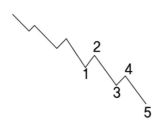

〈도표 43〉

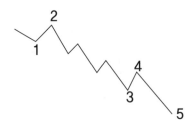

〈도표 44〉

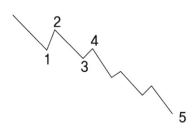

〈도표 45〉

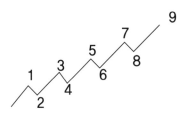

〈도표 46〉

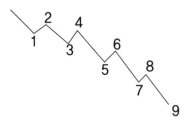

연장의 연장

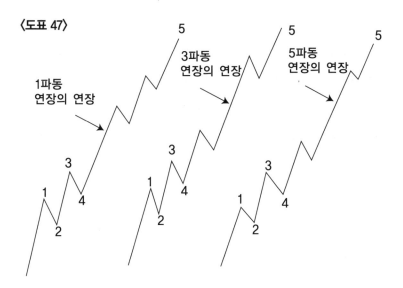

〈도표 47〉

1파동
연장의 연장

3파동
연장의 연장

5파동
연장의 연장

5파동의 연장과 2차 회귀

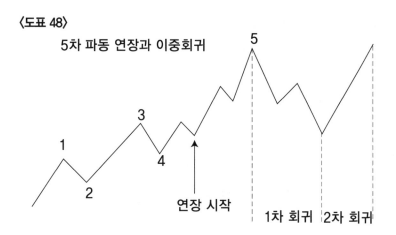

〈도표 48〉

5차 파동 연장과 이중회귀

연장 시작

1차 회귀 2차 회귀

연장들은 2차에 걸쳐서 반복 회귀한다. 즉 연장에 대한 조정으로 한차례는 연장 이전 지점까지 되돌아가고 또 다른 한 차례는 연장 끝 지점까지 회귀하는 것이다. 연장이 1 또는 3파동에서 발생할 때는 이 현상을 고려할 필요가 없고 5파동의 연장에만 해당된다. 왜냐하면, 1파동에서 연장이 있으면, 이어 진행되는 2파동과 3파동으로 2차례 회귀가 자동적으로 진행되기 때문이다. 그리고 3파동에서 나타나는 경우도 4, 5파동을 거치면서 회귀된다. 5파동에서의 연장과 이어지는 회귀는 〈도표 48〉에 예시되었다.

소규모 파동의 연장일 때는 회귀가 즉각적으로 뒤따른다. 그러나 인터미디에이트나 메이저급의 파동에서는 전체 파동주기가 완료될 때까지는 회귀가 진행되지 않는 경우도 있다. 연장이 급속히 진행되었을 때는 후속되는 회귀도 급속도로 전개된다.

파동 순서 매기기의 오류

한 파동 주기 중 전진 파동인 1, 3, 5파동이 똑같은 경우는 거의 없다. 그중 하나가 다른 것들보다 유난히 긴 예가 많다. 중요한 점은 3파동이 이 두 파동보다 가장 작은 경우는 없다는 것이다. 예를 들어 〈도표 49〉에서와 같이 1파동 또는 5파동보다 작을 때는, 정확한 파동 카운트는 〈도표 50〉와 같이 설정되어야 한다.

4파동의 진행구간이 1파동과 겹치도록 되어 있다면 파동 순서가 잘못 설정된 것이다. 여기서 겹친다는 의미는 4파동의 끝이 1파동의 최고 가격 수준보다 낮다는 뜻이다. 반전 하락세 파동의 예는 〈도표 51〉과 〈도표 52〉이다.

〈도표 49〉

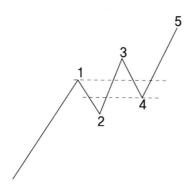

〈도표 50〉

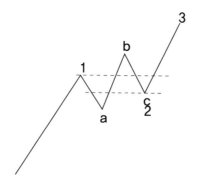

　여러 파동국면이 섞인 복합적인 파동은 아주 조심스럽게 관찰해
야 한다. '복합적'인 파동은 5장에서 예시한대로 '더블 쓰리' 또는
'트리플 쓰리'로 진전되는 경우가 더러 있다.

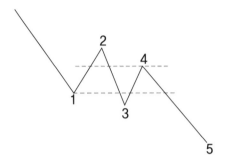

〈도표 51〉

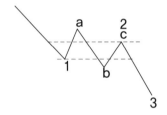

〈도표 52〉

조정의 확장

첫 번째 상향 운동이 3개의 파동인지 5개인지 알기 위해서는 일일 변동 차트의 변화를 그래프로 그리는 것이 중요하다. 주별 변동폭으로는 알기 힘들 수도 있다. 예를 들어 〈도표 53〉과 〈도표 54〉에서 반전의 플랫 형태가 일일 표와 주별 표에서 모두 나타난다. 이 주별 변동 차트에서 첫 번째 상향 파동의 구성이 정확히 드러나지 않아, 일간 변동 차트에서는 5개의 파동이 나타날 것으로 잘못 짐작하는 경우도 있다. 그러나 반전형 플랫 진행은 7개의 파동으로

〈도표 53〉

일일 변동

〈도표 54〉

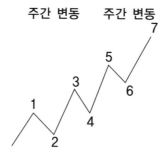

주간 변동   주간 변동

구성되어 있음을 보여준다. 반전 플랫이 파동 C에서 나타나 〈도표 53〉처럼 A, B, (1, 2, 3, 4, 5) C의 7개이다.

지그재그형에서도 비슷한 행태가 일어날 수 있다. 지그재그형에서는 하나의 파동이 늘어나는 것이 아니라 〈도표 56〉과 〈도표 57〉에서와 같이 확대되거나 두 번 반복하는 형태로 나타난다. 그러나 지그재그가 한 번이건 두 번 반복되건 그 조정의 방향은 달라지지 않는다.

〈도표 55〉

일일 변동−단일

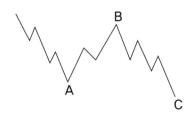

〈도표 56〉

주간 변동−반복

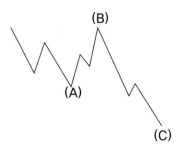

〈도표 57〉

일일 변동−반복

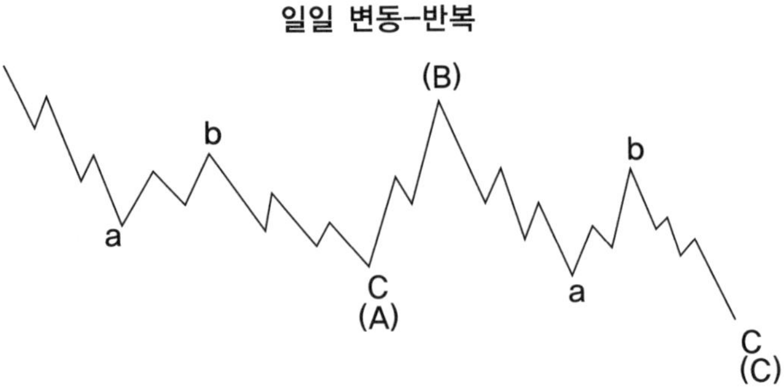

〈도표 58〉

상향추세

〈도표 59〉

하향추세

측면 운동

이미 살펴본 바와 같이, 모든 조정 운동은 규모에 상관없이 3차 례의 파동으로 구성되어 있다. 옆으로 움직이는 정체 운동도 똑같은 패턴으로 진행된다. 그리고 하향으로 진행되지 않는다하더라도 성격상 조정 운동에 해당된다. 〈도표 58〉은 상향 운동에 이은 두가지 형태의 측면 운동을 보여준다. 〈도표 59〉는 주된 진행추세가 하향이다.

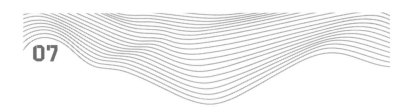

비정상 정점들

    5파동의 정점보다 더 높이 치솟는 운동을 비정상 최고점^{도표 60}
의 B 이라고 한다. 이에 비해 정상적 5파동의 피크를 정상적 정점이
라고 한다. 〈도표 61〉에 나타난 상향 5차례의 파동이 메이저급이
라고 가정해 보자. 이 5차 파동의 정점은 정상적 정점이다. '5' 점
에서 출발한 첫 번째 하향진행 파동은 3차의 단락이 있으며, 'A'로
표시되었다. 두 번째 운동은 상향이며, 5의 최고점을 초과하여 상
승한다. 이 운동은 'B'로 표시된다. 이 파동도 A와 마찬가지로 3차
의 파동으로 진행된다. 다음 운동은 하향 5차례의 파동이며 'C'로
표시된다.

    파동 A, B와 C는 함께 하나의 조정 국면을 형성한다. 파동 B의
정점이 앞선 파동 5보다 높이 올라가도 전체로는 원래 주가 수준보

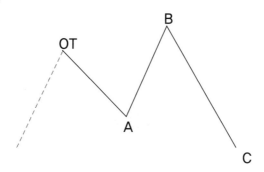

〈도표 60〉

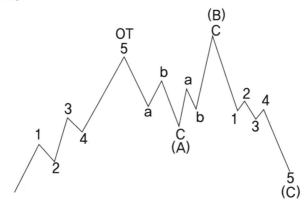

〈도표 61〉

다 훨씬 낮은 지점까지 하락하는 것이다. 이 같은 현상은 1928년
11월에서 1932년 7월 사이에 나타난 바 있다. 이 같은 진행 속성
을 완벽히 이해하는 것이 중요하다.

만약 파동 A가 단순한 지그재그로 진행되면, B파동은 반전 플
랫형으로 진행된다. 이 경우는 교대의 규칙이 일어날 징후이다. '교
대'는 다음 장에서 논의된다.

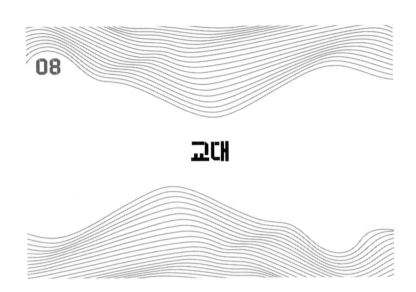

08

교대

교대 Alternation 사전적인 의미로 '두 가지 사물의 행동이나 일련의 행동이 번갈아 일어나는 것'을 뜻한다. 교대는 자연의 법칙중 하나다. 예를 들어, 식물의 잎이나 가지는 보통 줄기의 한편에 처음 나오고, 다음에는 반대쪽에 나와 위치를 번갈아 출현한다. 인체의 구성도 5-3-5-3의 같은 법칙에 따른다. 자연에서 이 같은 예는 무수히 찾을 수 있지만, 지금은 인간 활동을 논의 중이기에 생략한다.

'상승 시장 Bull Market'과 '하강 시장 Bear Market'은 교대로 일어난다. 불 마켓은 5개의 파동으로 진행되고, 베어 마켓은 3개의 파동으로 진행된다. 5와 3이 교대되는 것이다. 같은 법칙이 전 규모에서 적용된다.

상향 운동을 구성하는 5개의 파동 중 1, 3, 5는 상향이고 2, 4는

〈도표 62〉

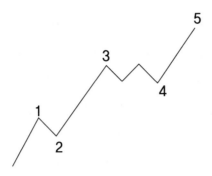

〈도표 63〉

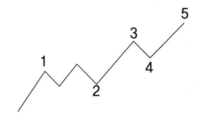

하향 또는 정체형이다. 홀수와 짝수가 다른 성격으로 교대된다.

2, 4파동은 조정 운동이다. 이 두 파동은 패턴이 대조적으로 진행된다. 만약 2파동이 단순하면, 4파동은 복잡하다. 그 반대일 경우도 있다. 저급의 '단순'한 조정은 단 하나의 파동으로 이루어지나, '복잡'한 경우는 하향 또는 측면으로 3차례 파동으로 전개된다. 〈도표 62〉와 〈도표 63〉은 이를 보여준다.

대규모 운동, 거대한 한 주기의 불 마켓이나 베어 마켓의 진행에서 그 반대 방향 조정도 그만큼 커진다. 마지막 하향조정까지는 지루할 정도로 오래 걸린다. 정방향 운동이 끝나면 먼저 어느 정도 크기의 하향 조정, A라고 지칭한 조정이 진행된다. 이를 뒤이어 상향세가 펼쳐지며, 이를 B로 표시했다. 세 번째 마지막 하향운동은 파동 C이다. 파동 A는 지그재그로 진행되기도 한다. 이 경우 파동 B는 반전된 플랫이다. 반면, 파동 A가 플랫이면 B는 반전된 지그재그형이다. 어느 경우에나 파동 C는 하향 5개의 파동으로 진행되며 대체로 격심한 하향세로 이전 불 마켓의 출발점에 근접하게 추락하기도 한다. 이와 같이 파동 A와 B는 교대된다.

13년간의 삼각형 진행은 또 다른 교대의 예를 보여준다. 1928년 11월부터 1938년 3월 31일까지는 플랫형이다. 1938년 3월 31일부터 1939년 10월까지는 반전된 지그재그형이고, 1939년 10월부터 1942년 5월까지 다시 플랫으로 나아간다.

비정상 정점은 7장에서 설명한 대로 파동 B의 정점이 이전 불 마켓의 정점을 뛰어넘는 경우 지칭하는 것이다. 이 현상 조차 교대된다. 1916년의 정점은 비정상, 1919년의 정점은 정상, 1929년의 정점은 비정상, 1937년의 정점은 정상이었다.

1906년까지는 철도지수가 상향세를 주도했다. 1906년부터 1940년까지는 즉 피보나치 숫자인 34년 동안 산업지수가 상승을 주도한다. 1940년부터는 다시 철도지수가 상승을 주도해 오고 있다.

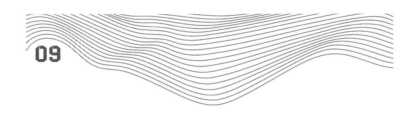

그래프 그리는 법

차트를 그릴 때, 반 로그 눈금과 아라비아숫자 눈금 중 하나만을 사용하는 것은 잘못된 것으로, 각 축척의 가치와 효용을 살리지 못한 것이다. 특별히 로그자가 필요한 경우가 아니면 평시에는 주로 일반 축척을 쓰는 것이 좋다.

5차례의 상향 파동에서 파동 2와 파동 4의 끝 지점을 연결해 '기본선'이 그려지고, 파동 3의 끝으로 '평행선'이 그려진다. 이를 예시한 것이 〈도표 64〉이다.

일반 자를 사용할 때, 파동 5는 대략 평행선상에서 끝나는 것이 보통이다. 그러나 만약 파동 5가 평행선을 훨씬 벗어나는 경우, 그리고 이 축척의 범위에서 5파동의 구성이 끝나지 않을 때는 세미 로그 좌표에 전체 그래프를 다시 그리는 게 좋다. 그래프에서 5파

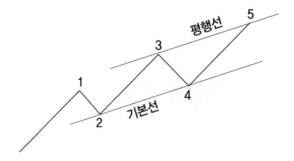

〈도표 64〉

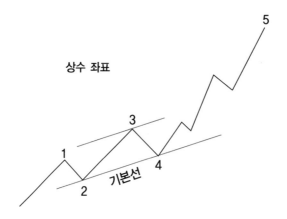

〈도표 65〉

동은 평행선에 이르거나 이 선을 초과하지 않는 범위에서 변화가 일어난다. 같은 수치 변화가 각기 다른 좌표에서 표시되는지 〈도표 65〉와 〈도표 66〉로 비교된다.

세미 로그 좌표가 필요할 때는 가격에 인플레이션이 일어난 경

〈도표 66〉

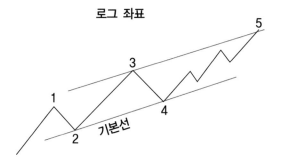

로그 좌표

〈도표 67〉

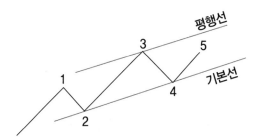

우다. 세미 로그자를 쓸 때 인플레이션이 나타나지 않는다면, 5파
동은 〈도표 67〉에서와 같이 상당한 차이로 평행선에 못 미치는 모
습을 보인다.

10

사례들

　앞에서 자연의 법칙에 대해 설명한 것은 이제부터 제시되는 그
래프들을 보다 쉽게 이해하고자 한 시도였다.

　〈도표 68〉은 1859년부터 1932년까지 에익스-휴튼-버지스 지표
를 세미 로그 좌표상에 표시한 것이다. 이 지표는 현재 우리가 사
용할 수 있는 가장 큰 규모의 주가 변동 그래프다. 1857년과 1928
년 사이 5차의 파동을 주목하라. 그리고 파동 2와 파동 4의 끝을
연결한 기본선과 파동 3의 꼭짓점을 지나는 평행선을 주목한다. 5
파동의 끝이 1928년 11월 평행선에 접하고 있다.

　이 전체 과정은 인플레이션 현상을 보이며, 따라서 세미 로그 그
래프가 필수적이다. 그러나 7차례의 불 마켓을 개별적으로 그릴 때
는 반드시 일반 좌표를 사용해야 한다.

〈도표 68〉

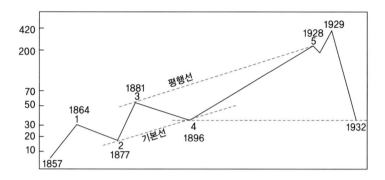

〈도표 69〉

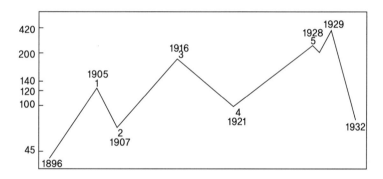

　이 도표에서, 1932년까지 하락세가 1896년의 5파동 출발점까지 도달함을 주목하라. 1929년부터 1932년까지 대폭락이 멈춘 지점은 바로 1896년의 최저점이었으며, 다른 말로 바꾸면, 정상 조정에 해당되는 것임을 인수 있다. 과거 주식 등락의 역사를 알지 못하기 때문에 사람들은 '대공황'이라는 잘못된 표현을 하고 있다. 이 시기뿐 아니라 다른 시기의 가격 변동에서도 지난 역사를 아는 것

〈도표 70〉

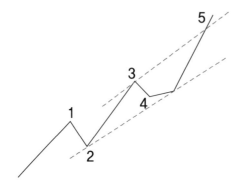

이 그 무엇보다 중요하다.

〈도표 69〉는 〈도표 68〉의 5파동을 세미 로그 좌표로 보다 상세히 그린 그래프다. 이 파동은 한 단계 하급의 파동 5개로 구분된다.

〈도표 70〉은 1921년부터 1928년까지 다우존스 산업지수를 세미 로그 축척으로 나타냈다. 2파동과 4파동을 이은 기본선과 3파동상의 평행선이 나타나 있고, 5파동이 이 평행선과 교차됨을 알수 있다.

1857년부터 1928년 11월까지 운동은 〈도표 68〉에서 나타나듯 5개의 파동으로 구성되었다. 이중 1896년부터의 5파동이 〈도표 69〉와 같이 5개의 파동으로 세분된다. 이 운동 중 1921년부터 시작된 5파동은 다시 5개의 파동으로 세분되며, 그 그래프는 〈도표 70〉이다. 한 마디로 하자면, 1857년부터의 전체 운동주기가 세 차례 세분되었다.

〈도표 71〉에서 다우존스 산업지수가 일반 축척으로 표시되었는

데, 여기에서도 다시, 1파동과 3파동의 폭은 5파동의 62%정도다.

1857년부터 1928년 사이에 7차례의 불 마켓과 6번의 베어 마켓이 나타났다. 그 합은 피보나치의 수인 13이다. 1857년~1928년의 모든 불 마켓은 변동의 정도가 정상적이다. 1921년부터 28년까지 한 차례의 불 마켓이 아니라, 3차례의 불 마켓과 2차례의 베어 마켓이 있음을 주목해야 한다. 이중 2차례의 베어 마켓은 정상보다 작은 규모였다.

주기 운동 상에 시간적 요인은 매우 중요하다. 이 경과 시간이 패턴을 확인시켜줄 뿐 아니라 이 패턴에 따라 시간상의 진행이 이루어지기 때문이다. 예를 들어 1928년부터 1942년 하강 조정은 피보나치 수인 13년간 진행되었다. 1937년에서 1942년까지 그 5차 파동은 역시 피보나치수인 5년간의 진행이다. 이 두 시기가 동시에 끝난다. 1928년에서 1942년까지 전체 운동은 하나의 패턴, 즉 삼각형 모양으로 진행됐다. 삼각형 내 각 파동은 선행 파동의 62% 폭이었다. 뒤의 〈도표 71〉에서 보듯 모든 요인들, 즉 패턴과 시간, 비율의 세 가지 요인이 완벽하게 피보나치수열에 따라서 진행된 것이다.

앞장에서 자연의 법칙을 설명한 바 있다. 그 피보나치수는 세 방법으로 적용된다. 파동의 횟수, 시간 경과 일수. 주수. 년월수과 피보나치수의 비율 62%이다.

11

13년간의 삼각형

1928년 11월의 정상적 최고점은 299였고, 1932년의 최저점은 40으로 상승 거리는 259포인트였다. 1932년부터 1937년간은 40에서 195로 순증가 155포인트이다. 하강 범위에 대한 회복 거리의 비율은 60%이다.

1928년 11월의 정상적 정점에서 1932년 7월까지는 13년 주기로 파동 [1]이다. 1932년 7월부터 1937년 3월간은 〈도표 71〉과 같이 삼각형의 파동 [2]이다. 1937년 3월부터 1938년 3월은 삼각형의 파동 [3]이다.

이 지표는 1937년 3월 패턴, 비율과 시간의 3요소와는 다른 이유로 195포인트까지 상승했다. 1921년부터 1928년까지의 상승은 1896년에 시작된 5파동의 연장이었다. 6장에서 보인대로 연장은

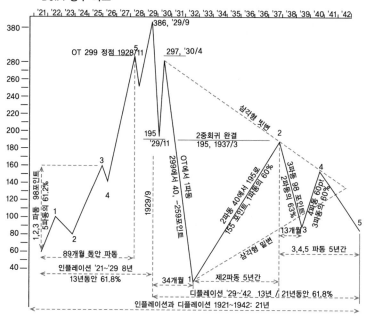

〈도표 71〉

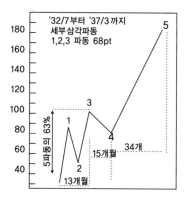

〈도표 72〉

두 차례에 걸쳐 회귀된다. 1929년 9월부터 11월까지 195로 하락한 것은 첫 번째 회귀의 일부였다. 그 후 1932년부터 1937년까지 40포인트에서 195로 상승함으로써 2의 회귀가 마무리되었다. 〈도표 71〉에서 1929년 11월의 195와 1937년 3월의 회귀점이 정확히 일치함을 주목해야 한다.

1932년부터 1937년까지 155포인트나 상승한 폭이 불 마켓에서 일어나는 전형적인 예가 아님을 강조하고 싶다. 이처럼 변동폭이 넓은 것은 위에 거론한 세 가지 강력한 요인에서 기인한 것이다.

ⓐ 1928년 11월 299포인트에서 1932년 7월 40포인트까지 하락폭의 62%를 회복할 필요성

ⓑ 1921~28년 동안 연장에 대한 2차의 회귀를 끝내려는 운동 요인

ⓒ 6개월 또는 5년의 시간적 요인

ⓓ 전반적 형태

사실상, 이 운동은 운동 자체의 4가지 조건, 피보나치수에 의거한 파동의 패턴과 폭, 2차의 회귀와 시간적 범위의 조건들을 모두 만족시키는 진행이었다.

1921~28년 동안 변동폭의 비율은 파동 (1)과 파동 (3)의 폭이 98포인트로 5파동 폭 160포인트의 정확히 62%였다. 〈도표 71〉과 〈도표 72〉에 나타난 기본 수평선들을 주목해 보자.

- 1921인플레이션의 시작에서 1942인플레이션의 끝 : 21년

- 1921~1929 : 8년[13년의 62%]

- 1921. 7~1928. 11 : 89개월

- 1929. 7~1932. 7 : 34개월

- 1932. 7~1933. 7 : 13개월

- 1933. 7~1934. 7 : 13개월

- 1934. 7~1937. 3 : 34개월

- 1932. 7~1937. 3 : 5년

- 1937. 3~1938. 3 : 13개월

- 1937. 3~1942. 4 : 5년

- 1929~1942 : 13년[21년의 62%]

　　삼각형들의 형태와 설명은 5장에서 이미 상술했다. 1928년 11월, 정상적 정점에서 1942년 4월까지는 대칭형이다. 그리고 정상적인 모형과는 달리 플랫형과 지그재그형의 두 패턴으로 구성되어 있다. 먼저 플랫형이 나오고, 그 다음이 지그재그, 그리고 다시 플랫으로 진행되는 형태다. 이 형태는 다음과 같은 여러 이유 때문에 필연적으로 출현한 것이다. 먼저, 거대한 파동의 규모, 패턴이 교대되는 원리가 지켜지고, 1921년부터 1928년간의 가속된 연장에 대한 2차의 회귀가 이루어지려면, 1937년에 지수가 195포인트까지 올라야 했기 때문이다. 또한, 1921년에서 21년째인 1942년까지 패턴을 완성시키고 그 변동 비율을 62%에서 유지하며, 1896년부터 시작된 5파동에 대하여 전체 회귀를 완성시키려는 운동 요인이 있었다. 이 각각이 파동 원리에 비추어 그 진행 형태를 결정하는 중요한 조건

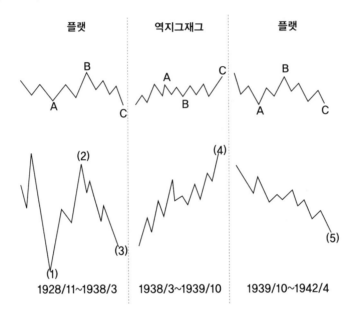

〈도표 73〉

들이었다.

1928년부터 1942년의 13년간 삼각형 진행은 다음의 3단계 패턴으로 구성되어 있다.

- 1928년 11월부터 1938년 3월 : 플랫 삼각형의 (1) (2) (3) 파동들
- 1938년 3월부터 1939년 10월 : 반전의 지그재그 삼각형 파동(4)
- 1939년 10월부터 1942년 4월 : 플랫 삼각형 파동(5)

플랫, 지그재그, 플랫의 패턴 교대를 주목하자. 유사한 사례는 얼마든지 들 수 있다. 플랫과 반전 지그재그에 대해서는 5장에 설명

〈도표 74〉

DJIA 상수 좌표
월간 변동 13년 삼각 변동

했다. 그리고 이 형태와 그에 호응하는 삼각형 모양은 〈도표 73〉의 그림에 예시했다.

〈도표 74〉는 1928년 11월부터 1942년 4월까지 다우존스 산업지수를 일반 축척으로 나타낸 그래프다. 각각의 수직선은 한 달간의 폭을 나타낸다.

1928년부터 1932년까지 삼각형 파동 (1)은 (A), (B), (C)의 세 차례 파동으로 이뤄진다. 파동 (A)는 1928년 11월에서 12월까지 3차례 파동으로 구성되는데, 그 속도가 빨라 일별 변동 차트에서만 발견된다. 파동 (B)는 반전 플랫의 모양으로 비정상 고점을 형성한다. 파동 (C)는 1929년 9월부터 1932년 7월까지 차트의 순서 참조 5차례 파동으로 34개월에 걸쳐 전개된다.

1932년부터 1937년까지 삼각형은 5차의 파동으로 구성된 전형적인 상승 시장 패턴이다. 그러나 그 규모가 대단히 크기 때문에 최상급 파동의 조정국면을 포함한 반전형 플랫으로 간주 할 수도 있다. 파동 (2)는 5년간 지속되었다.

삼각형 파동 (3)은 1937년부터 1938년까지 13개월간 계속된 일련의 하향 5차 파동이다. 따라서 삼각 파동 (1) (2) (3)은 28년 11월부터 38년 3월까지 플랫을 형성하는 것이다.

삼각형 파동 (4) 1938~1939간의 반전 플랫이다.

1939년부터 1942년 4월까지 삼각형 파동 (5)는 플랫이며, 위축된 형태로 오래 지속된다. 이처럼 극히 오래 파동 단계가 계속된 것은 1928년부터의 13년 주기와 1921년 7월부터의 21년 피보나치 주기를 맞추기 위한 시간적 필요 때문이다.

5장에서 언급한 바와 같이 삼각형의 5파동은 삼각형 모형내에서 끝날 수도 있고 이 범위를 벗어나기도 한다. 이 시기의 경우는 그 범위를 벗어나 전개된다. 그럼에도 불구하고, (A) (B) (C)로 표시된 세 파동의 완벽한 플랫형태를 견지한다. 파동 (B)는 파동 (A)의 62%이고, 파동 (C)의 62%이다. 즉 (A)의 (C)는 길이가 같다.

12

인플레이션

　'인플레이션'이라는 용어는 사전적 의미로 '자연적 한계를 초월한 연장'을 뜻한다. 하나의 불 마켓은 '자연적 범위'를 벗어나지 않는다. 그러나 일련의 불 마켓이 하나 위에 또 하나 식으로 연속되는 것은 '자연적 한계'를 벗어나는 사례일 것이다. 하나의 불 마켓 위에 또 하나의 불 마켓이 겹쳐지는 않는다. 만약 그러한 현상이 나타난다면, 그것은 중간의 베어 마켓 조정이 정상보다 극히 낮은 수준으로 진행되었기 때문일 것이다.

　1920년대 인플레이션이 출현했는데 이때도 중간의 베어 마켓이 비정상적으로 약하게 진행된 때문이었다. 이 기간 동안에는 3차례의 불 마켓과 2차례의 미약한 베어 마켓이 있었다. 따라서 인플레이션에 대한 경고는 정상 파동 1, 정상 이하의 파동 2, 정상 파동

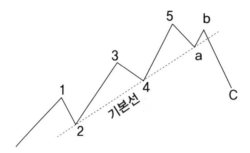

〈도표 75〉

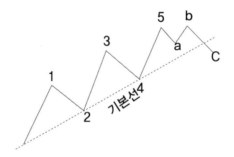

〈도표 76〉

3, 정상 이하의 파동 4, 일반 좌표상에서 상위평행선을 뚫고 올라
가는 파동 5의 순서다 9장의 〈도표 65〉 참조.

　〈도표 75〉는 정상적인 불 마켓 주기와 기본선의 훨씬 아래까지
내려가는 정상적인 베어 마켓 조정파동 a, b와 c을 그린 것이다. 〈도
표 76〉은 기본선에서 약간 내려가는 저수준 베어 마켓 조정을 그
린 것이다.

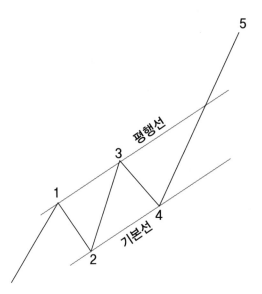

〈도표 77〉

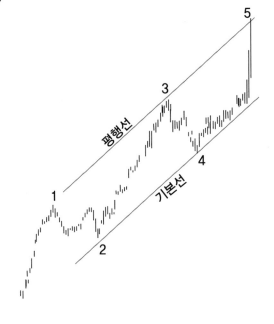

〈도표 78〉

〈도표 77〉은 1921년부터 1928년 11월까지 다우존스 산업지수를 일반 축척으로 표시한 것이다. 이 그림에서 파동 5는 평행선을 뚫고 훨씬 고점까지 치솟고 있다. 이 경우 1921년의 전체 변동을 로그 단위의 그래프로 바꾸어 보아야 한다. 〈도표 78〉이 똑같은 변동을 로그 좌표로 표시한 그래프다. 여기에서 5파동은 평행선에 접하지만 그 위로 올라가지는 않는다.

이 경우 인플레이션이 어느 시점에서 어디까지 상승해 끝날지 예측하는 방법에는 세 가지가 있다. 첫째는 앞에 설명한 로그 측정이고, 둘째는 〈도표 71〉에 나타난 증가폭의 비율, 그리고 같은 도표에 설명된 경과 시간의 측정 방법이다.

금의 가격

금값의 변동을 그래프로 그려보면, 일반 좌표와 로그 좌표를 별도로 사용하는 것이 얼마나 중요한지 잘 알 수 있다. 〈도표 79〉의 그래프는 1250년부터 1939년까지 무려 7세기에 걸친 한 차례 불마켓을 표시한 것이다. 이 그래프에서 파동 (2)는 단순하고 파동 (4)는 무척 복잡하다. 이 파동 (4)의 (A), (B), (C)의 하위 파동을 주목해야 한다.

일반 좌표상에 그려진 〈도표 79〉에서 최종 가격선이 평행선을 초과하므로, 세미 로그 좌표의 그래프를 그려야 할 필요가 있다. 그 그래프가 〈도표 80〉이다. 로그 스케일에서 평행선은 어떤 인간 활동의 인플레이션도 초과하지 않는 인플레이션의 최종 종착점이 된다. 5차례 파동의 상향 진행이 일반 축척 그래프에서 평행선 내

〈도표 79〉

온스당 순금 가격 상수 좌표 〈런던 이코노미스트〉 '35년

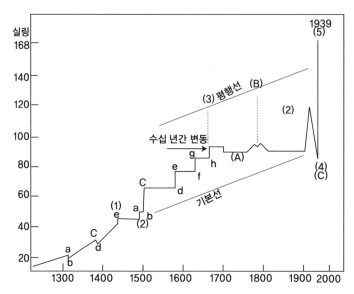

〈도표 80〉

로그 좌표

에서 완료되면 인플레이션은 일어나지 않는다.

〈도표 79〉에서 파동 (1)이 점진적인 상향세로 전개되었다는 것은, 그 시기 금 시장 가격이 자유 거래에 의해 형성되었고, 어떤 권력 기관에 통제를 받지 않았음을 시사한다. 그러나 그 이후 상승 패턴이 돌연히 나타나고, 조정 국면이 하향이 아닌 측면으로 진행된 것은 가격이 아마도 정치적인 기관의 통제 하에 있었음을 보여준다. 조정 현상은 〈도표 79〉의 (4)파동에서와 같이 가격 정체 진행으로 나타나기도 하고, 하향세로 나타나기도 한다. 그리고 측면 진행과 하향세가 혼재되어 나타날 때도 있다.

이제까지 서술한 법칙에 따르면, 〈도표 80〉에서처럼 로그 좌표상의 평행선에 접한 지점에서 패턴이 일단 종결되면, 가격 수준이 다시 한번 하락, 기본선 이하로 내리고 다음까지는 가격 상승이 발생하지 않는다. 그러므로 현재 금값의 168실링 수준은 대략 2300년쯤 기본선으로 떨어진 후까지 유지될 가능성이 높다. 즉 〈도표 80〉에서 그래프의 끝과 점선이 만나는 시점이 2300년경일 것이다.

특허권

　'인간 활동'이라는 표현은 3장에서 언급했듯이 주식시장뿐 아니라 생산활동, 생명 보험 가입, 이농이나 이주 등 모든 분야에 해당되는 말이다.

　그리고 가끔은 특이한 분야에서도 파동 원리에 따른 활동의 패턴이 발견되기도 한다. 특허 신청 건수 같은 통계는 인간 활동에 포함되지만, 인간의 감정적 반응이 배제되는 사례에 속한다. 〈도표 81〉은 1850년부터 1942년까지의 특허 신청 기록을 그래프로 표시한 것이다. 여기에도 5차례의 파동이 나타난다. 그리고 5파동이 1900년에서 1029년까지 연장되었다. 같은 기간 동안 다우존스 산업지수도 거의 같은 패턴을 보인다. 〈도표 82〉를 보라. 그리고 1929년과 1942년 사이에 특허 그래프에서 조정 현상이 A-B-C

〈도표 81〉

특허

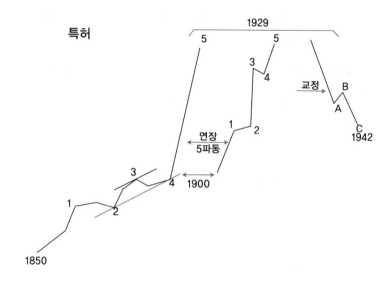

〈도표 82〉

주식

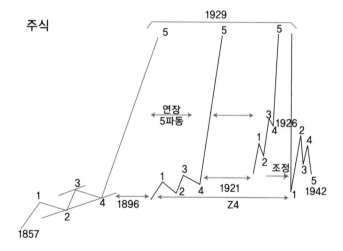

패턴으로 진행됨을 볼 수 있다. 같은 기간 동안 주식도 동일한 패턴이다. 1929년부터 1942년까지의 조정이 A-B-C 패턴이 아닌 삼각형으로 나타난다는 것만 다를 뿐이다.

과거에는 농업이 주된 산업이었다. 농부들이 부업으로 가게를 열거나 제조업 공장을 여는 경우가 가끔 있었을 뿐이다. 제조업은 낱개로 이따금씩 일하는 방식으로 집이 곧 공장이었다. 개인의 주도로 시작된 산업을 재정적으로 뒷받침하는 기업, 회사가 생겨난다. 미국의 풍부한 자원, 기후, 뛰어난 천재들의 출현과 민주적 사회가 이를 가속시키는 요인이 되었다. 천재들의 발명과 기계의 도입은 점차로 경제 활동 전반을 변화시켰다. 그리고 루이지애나 구입, 캘리포니아 정복, 텍사스와 오리건의 획득과 함께 캐나다, 멕시코 국경지대까지 프런티어의 거주가 전개되면서 미국의 국토는 획기적으로 확장되었다.

그러나 예나 지금이나 천재야말로 경제적 진보의 가장 주된 자산이다. 이것이 1850년~1942년간의 특허 신청 그래프가 잘 보여주고 있다. 그 패턴이 주식시장의 패턴과 일치하는 것은 그런 이유일 것이다. 가장 중요한 측면에서 미국은 다른 국가와 근본적으로 다르다. 우리의 선조가 전 세계 곳곳에서 모였고 자국의 학정이나 정치체제에 환멸을 느껴 떠나온 이들이 미국에서 자유를 누리며, 자신들의 천재적 능력을 발휘할 수 있었다.

15

기술적인 특징

한가지 활동이 다른 분야 운동의 추세에 대한 신뢰성 있는 지표가 되는 예는 거의 없다. 〈도표 83〉은 런던의 산업 주가지수, 다우존스 산업지수, 미국의 산업 생산고 등 세 가지 다른 지표들의 그래프이다. 세 가지 모두 1928년부터 1943년까지를 표시했고, 미국의 산업 생산은 클리블랜드 트러스트사의 통계를 인용했다.

중간의 다우존스 산업지수 그래프는 1928년 11월정상적 최고점부터 1942년 4월까지 5차례 파동의 삼각형 모양을 보인다. 2, 3, 4 파동의 변동 폭은 직전 파동 폭에 대한 비율이 약 61.8%이다. 그 진행의 외곽 진행 범위, 시간적 요소, 각 파동의 구성과 변동 폭의 일정한 비율에 비추어 삼각형 진행임이 입증된다. 1921년부터 1929년까지 8년간 진행된 급속한 인플레이션으로 인해 1932년까

〈도표 83〉

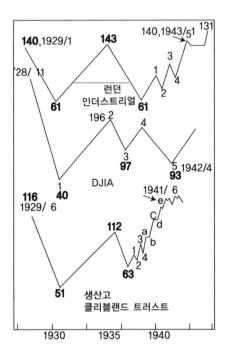

지 32개월 동안 급속한 하락이 이어졌다. 이 같은 변화로 가격의 진동폭이 차츰 줄어드는 대칭 삼각형 모양을 보이게 된다.

이 삼각형이 진행되는 13년간 연이어 큰 사건들이 있었지만, 이에 무관하게 일정한 모습을 보인 것이다. 이 기간 동안 정권이 공화당에서 루스벨트의 뉴딜 정부로 바뀌고, 달러화의 평가 절하, 정부 채권의 금연동제 폐지, 대통령 2차 연임 제한의 철폐, 1939년에 시작된 2차 세계대전, 1938년부터 5차 파동으로 1941년 6월까지 대폭 상승한 생산량 지표 등등의 굵직한 변화가 있었으나 주가 진행은 주기 패턴에서 벗어나지 않았다.

첫 번째 그래프로 나타난 런던증시의 산업지수는 뉴욕과 전혀 달랐다. 이 지수는 1929년 1월에 140의 최고점에 도달했고, 1936년 12월에 다시 143으로 고점에 올랐다. 1932년과 1940년의 저점은 똑같이 61이었다. 그로부터 1943년 1월까지 지수는 131까지 회복했다. 1939년 1월 26일부터 6월 28일의 기간 중 지수는 삼각형 모양을 보였다.

런던 주식시장은 1720년, 1825년, 1899년 각각 최고의 정점에 올랐는데 그 기간이 피보나치수인 89년과 대략 일치한다. 영국의 주식시장이 고속 상승을 보인다고 해서 뉴욕 시장이 이를 뒤따르는 예는 거의 없다.

맨 아래 도표의 생산량 지수는 1929년 6월 116으로, 그리고 1936년 112로 각각 최고점에 올랐다. 그리고 1938년에 63으로 최저점에 이른다. 이 시점에서 5차례의 주기 파동이 시작되어 1941년 6월 이 패턴을 끝낸다. 이 시점은 다우존스가 삼각형의 보합세 진행을 마치고 상승세로 접어드는 1942년 4월보다 훨씬 전이다.

1857년과 1928년 사이에 미국은 남북전쟁, 스페인 내전과 1차 세계대전 등 세 차례 전쟁을 겪었다. 그럼에도 불구하고 주식시장은 이미 표로 제시한 바와 같이 완벽한 패턴의 슈퍼 사이클 주기를 진행시켰다.

주식과 현물 시장이 동시에 고속 상승하는 경우는 전혀 없다. 따라서 현물 가격이 성층권으로 급등한다고 해서 주식도 올라가리라는 보장은 없는 것이다. 현물 시장의 인플레이션은 1864년과 1919년, 피보나치수인 55년 간격으로 일어났다.

외부 사건의 뉴스가 주식시장에 거의 영향을 미치지 않는다는 점은 다음 장에서 살펴보기로 한다. 어느 파이낸셜 기자는 다음과 같이 보도하고 있다.

유가 증권의 가격이 살레르노의 승전 소식이 들릴 때 오르고, 8월 시실리에서 들려온 비슷한 승전보에는 하락했다는 사실은 8월의 가격 반응이 전쟁의 요인보다는 시장의 기술적인 면에 더욱 좌우되었다고 결론지을 수 있다.

언젠가 런던에서 심각한 '공습'이 있었다. 그런데 런던 시장은 오르고 뉴욕 시장은 내렸다. 두 곳에서 모두 공습이 주가에 영향을 미쳤다고 기자들은 보도했지만, 사실 당시 런던은 상승세, 뉴욕은 하강 국면에 있었을 뿐이다. 공습에 무관하게 시장 자체의 진행 패턴을 유지한 것이다. 7월 25일 무솔리니의 실각에도 두 시장의 반응은 전과 같았다.

이러한 사례 분석을 통해 우리는 시장 내의 기술적 요인이 항상 시장 동향을 지배한다는 점을 증명할 수 있다.

16

다우존스 철도지수

철도지수의 부침을 조사해 보면, 흥미롭고 유익할 뿐만 아니라 주식 전반에 대한 새로운 정보를 얻게 된다. 운수 산업은 미국 경제에 있어서 가장 중요한 요소이다. 루이지애나 매입과 멕시코, 캐나다와의 국경확정, 텍사스와 캘리포니아의 편입으로 국경 내의 거리가 엄청나게 멀어졌기 때문이다.

〈도표 84〉의 아래쪽 그래프는 1906년부터 1944년 1월까지의 산업지수에 대한 철도지수의 비율을 나타낸 것이다. 철도지수가 산업지수에 비해 34년 동안 지속적으로 약세화하고 있음을 이 표는 보여주고 있다. 이 같은 현상은, 일반 주식에 비해 회사채의 비율이 과도하게 높다는 사실, 파나마 운하가 1914년 개통되어 철도 수송량이 줄었다는 점, 그리고 자동차와 비행기 등 다른 운송수단

〈도표 84〉

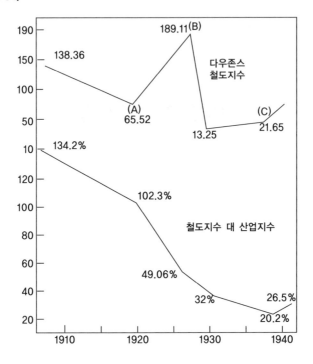

이 발전했다는 사실 등에서 기인한다. 이 세 가지 요인으로 철도회사의 채권가격이 약화되어 1940년에는 철도 수송량으로 3분의 1에 해당하는 회사들이 법정관리 하에 놓이고, 나머지 3분의 1도 거의 파산지경에 이를 정도였다.

그런데 2차대전으로 일시나마 파나마 운하의 경쟁이 없어지고 여객과 화물 수송이 증가했다. 1940년, 특히 진주만 피습 이후로 비정상적으로 일시에 수입이 올라 채권 회수가 이뤄지고 고정 경비를 줄일 수 있었다. 철도 산업이 기사회생의 계기를 맞은 것이다. 〈도표 85〉의 수익 증가 그래프를 보라.

〈도표 85〉　　　　　　　　〈도표 86〉

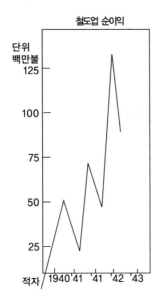

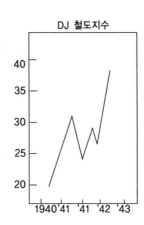

철도지수는 1940년 산업지수에 대한 최저비율을 보인 후 그때부터 1943년 7월까지 〈도표 86〉의 모습으로 급상승했다. 산업지수는 이보다 2년 후인 1942년 4월 13년 주기의 삼각형 진행이 끝나고 바닥을 벗어난다.

1906년에서 1940년까지 36년간 피보나치수 철도지수는 산업지수에 앞서 하향세로 반전하며 산업지수보다 나중에 상향으로 반전한다. 그러나 1940년 이후는 이 패턴이 역전되어 철도지수가 먼저 상승세를 타며 산업지수보다 늦게 하향세로 접어든다. 아마도 이 추세는 상당 기간 동안 지속될 것이다.

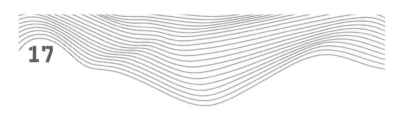

뉴스의 가치

월스트리트에는 '뉴스가 시장에 맞춘다'는 격언이 있다. 이 말의 뜻은 '뉴스가 시장을 만드는' 대신 시장이 잠복되어 있는 힘들을 예견하고 그 중요성을 판단하며, 그러한 힘들이 나중에야 뉴스로 드러난다는 것이다. 뉴스는 이미 상당기간 작용해온 어떤 힘들을 뒤늦게 인식한데 불과하며, 그라추세를 알지 못했던 사람들에게만 놀라운 소식이 된다.

시장의 동향을 유발하는 힘들은 자연과 인간 행위에 기원을 두고 있으며, 다양한 방법으로 측정될 수 있다. 힘은 갈릴레오, 뉴튼, 또는 다른 과학자들에 의해 입증되었듯이 파동의 형태로 바뀐다. 이 힘들은 파동의 구조와 크기를 비교함으로써 계산되고 상당히 정확하게 그 변화를 예측할 수 있다.

어느 한 가지 뉴스를 두고, 그 뉴스가 주식시장에 미칠 영향을 해석하려고 시도하는 것은 무모하고 쓸데없는 일이다. 그리고 이점은 경험 있고 성공적인 투자자라면 모두 인식하고 있다. 어떤 뉴스나 일련의 사태 진행도 지속적인 시장 추세를 유발하는 근본 원인으로 간주될 수는 없다. 실제로는 장기적으로 보면 유사한 사건들이 시장에서는 전혀 다른 결과를 초래한다. 시장 자체의 추세 조건이 각기 달랐기 때문이다.

나의 이런 주장은 다우존스 산업지수의 지난 45년간 기록을 잠깐 들춰보면 입증될 수 있다. 그 기간 동안 무수한 역사적, 충격적 사건들이 일어났다. 왕들이 암살되고, 전쟁들이 발발하고, 전쟁소문이 끊임없고, 붐도 있고 공황도 있었다. 많은 파산이 일어나고, 새로운 시대, 뉴딜이 발표되고 은행들의 신용 추락이 있었다. 그러나 모든 불 마켓은 같은 패턴으로 진행되고 모든 베어 마켓도 유사한 속성을 드러내며 전개되었다. 그 속성이야말로 어떤 뉴스에 대한 시장의 반응을 통제하고 측정할 뿐만 아니라, 시장 추세의 전반에서 그에 영향 받는 부분의 비율과 영향의 폭을 조율하고 통제하는 것이다. 이러한 시장 운동의 특성들을 평가하고 판단함으로써, 뉴스와는 무관하게 미래에 전개될 시장의 변동을 예측하는데 이를 활용하는 것이다.

가령 지진과 같은 전혀 예기치 못한 사태가 벌어질 때도 있다. 그럼에도 불구하고 아무리 충격이 심한 사태라도 시장 변동에서는 그냥 지나치는 일로 평가절하되며 그 사건 이전에 이미 전개되고 있던 추세를 계속한다고 결론지어도 무방하다.

이러한 관점에서, 경험이 많은 주식 거래자일수록 '좋은 뉴스가 있을 때 팔고 나쁜 뉴스가 있을 때 사기'를 주저하지 않는다는 사실은 나의 주장을 확실히 뒷받침하는 방증이다. 좋은 뉴스건 나쁜 뉴스건 지금 시장의 추세에 역행하는 경우는 더욱 그러하다. 이 태도는, 시장이 어떤 뉴스에 직접적으로 반응하고 유사한 뉴스에 대해 다른 시점에서도 똑같이 반응할 것이라는 일반 대중의 기대와는 역행하는 것이다.

뉴스가 시장 추세를 변동시키는 원인이라고 여기는 사람들은 지금 전개되고 있는 뉴스가 얼마나 영향력이 있을지 헤아리기보다는 경마장에서 도박을 하는 편이 오히려 나을 것이다. 뉴저지 웨스트우드의 X. W 뢰플러 씨는 중요한 사건이 일어난 시점의 다우존스 평균지수를 시간순으로 정리한 그래프를 출간했다. 이 표를 조사해 보면 같은 종류의 뉴스에 시장이 상승하기도 하고 하락하기도 한다는 점을 여실히 확인할 수 있다. 그러므로 '숲을 명확히 바라보는' 유일한 방법은 사방에 둘러싸고 있는 나무들 위에서 내려다보는 것뿐이다.

전쟁은 전 세계적으로 강력한 힘을 촉발시켜 다른 여러 가지 경제 여건들을 지배하고 주식시장의 진행을 한 방향으로 가속시키리라 여겨졌다. 여러 차례에 걸쳐 전쟁을 예고하는 사건들이 신문의 첫 페이지를 장식했다. 1937년의 8월과 9월, 1938년의 3월, 8월, 9월, 그리고 1939년 3~4월에 걸쳐 시장은 격렬한 변동을 일으켰고, 이 시점들은 전쟁 관련 소식과 일치한다. 그런데, 1939년 9월 1일 정작 전쟁이 선포되자 시장은 엄청난 거래량을 보이며 급격히 치솟았다. 이 기이한 시장의 반응은 이 시점에서 시장 주기상의 기술적인 위치가 그랬다는 것밖에는 달리 설명할 도리가 없다.

1937, 38년과 39년 초 시장은 주요한 상승국면을 끝내는 시점에 있었고, 전쟁을 유발한 사건들이 일어날 때 하강 추세로 돌아가고 있었다. 그 결과로 일련의 '전쟁 공포' 사건들은 침체 경기의 분위기에 편승해 단지 하강 추세를 가속화하는 계기로 작용했다. 이와 반면에, 1939년 전쟁이 시작됐을 때 시장은 전혀 다른 여건 하에 있었다. 차트를 보면, 1939년 4월 중순부터 이어진 상승운동에 대한 조정국면으로 1939년 7월 하순부터 하향추세가 진행되었다. 이 하향 국면이 9월 1일 전쟁 선포 1주일 전에 완전히 마무리되어 짧은 동안에 8월말 바닥에서 10포인트가 오르는 고속 상승을 보인 것이다.

전쟁이 선포된 그날, 시장은 낮 동안 8월의 최하점 약간 아래까지 급격히 떨어졌다가 놀랄 만한 속도로 치솟기 시작했다. 8월의 바닥에서 주식을 선택적으로 매입했거나 그 이전 전쟁 공포의 소식이 빈번하던 하락 국면에서 주식을 샀던 사람들은 그후 시장의 요동 속에서 주식을 샀던 사람들보다 훨씬 큰 수익을 얻었다. 이처럼 뒷북치는 사람들은 가장 높은 가격에 사서 상당한 손해를 보고 팔면서 후회하기 십상이다. 철강과 같은 군수 관련 품목은 전쟁 발발 전 2주가 못된 시점에서 최고 시세를 보였다. 그 후 이들 주식은 줄곧 전쟁 관련주 전반의 침체 전망에 허덕였다. 그것은 1939년 가을을 기점으로 반전된 폭넓은 하향 주기 때문이었다. 이와는 대조적으로 제1차 세계대전[1914~1918]의 영향은 1913년 중반 시작된 가격 사이클에 따라 상승 기조를 이끌었다.

1940년 6월 프랑스가 함락되었을 때, 대다수가 전쟁이 금방 끝나고, 결국 히틀러가 영국을 짓밟으리라고 짐작했다. 그러나 그해 5월 다우존스 산업지수가 110.61에 이르렀을 때 파동국면은 최악의 상태를 벗어났고, 상당한 주가 회복이 임박했음을 보여주었다. 이때가 바로 주식을 매입할 시점이었다. 6월 상순에 유럽으로부터 대단히 충격적인 소식들이 전해지는 와중에서도 평균지수는 110.41선으로 버텨 극히 미세한 하락을 보이는데 그쳤다.

1940년 11월 선거 시즌에 방위비와 영국 원조비로 엄청난 액수의 정부 지출이 있을 것이라는 충격적인 뉴스가 보도되었다. 많은 경제학자들과 관측통들은 전반적인 경기 과열을 진단하고 주식을 매입했다. 그러나 당시 파동국면은 향후 인플레이션이 주가 상승에 큰 도움이 되지 못하며, 6월 이후 상향 국면이 끝났기 때문에 주가는 예상보다 훨씬 낮게 내려갈 것을 시사했다. 실제로 그 후 시장은 거의 50포인트나 주가를 잃었다.

새로운 뉴스가 시장에 영향을 미친다는 생각은 널리 퍼져 있고 뉴스 동향을 주식 거래에 이용하고자 하는 사람들조차 있다. 그러나 만약 현재의 뉴스가 가격 변동의 동인이라면, 장기적인 주기는 있을 수 없다. 뉴스에 솔깃해 그에 의지해 거래를 해보고 싶은 생각이 들 때면, 먼저 〈도표 71〉의 주가 변동 패턴과 파동의 비율 등을 다시 검토해 보기를 권한다. 그리고 그 21년간 얼마나 많은 사건과 의견들이 명멸했는지 회고해 볼 일이다.

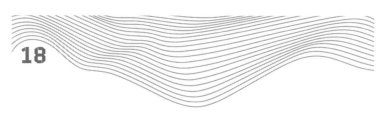

18

차트 그리기

차트 연구자들은 내가 꼭 알아야 할 필요가 있다고 생각하는 다음의 구체적인 사항들을 유념하면, 도움이 될 것이다. 〈도표 87〉은 표본이 되는 차트들이다.

저급 파동의 변화들을 정확하게 관찰하려면, 일별 가격 변동 폭 차트를 활용해야 한다. 일 일간 최고가와 최저가의 기록은 1928년 다우존스에 의해 시작되었다.

가격 동향을 눈여겨 보기 위한 목적의 차트는 산업지수 1포인트에 수직선 상에 1/4인치, 철도지수와 설비지수는 1포인트에 1/2인치의 간격을 취하는 것이 적당하다. 이만큼 간격을 두어야 해석하기가 쉬워진다. 산업지수에서 1/4인치는 다시 5개의 눈금으로 세분되어, 일간 혹은 시간별로 정확한 위치를 표시하는데 오차를 최소로 줄일 수 있다.

또 한 가지 중요한 것은 표본 차트처럼 날짜 사이에 한 칸을 떼는 것이다. 한 칸을 떼지 않고 연이어 일별 변화를 표시하면 가격폭의 선들이 너무 붙어있어 잘 알아보기가 힘들다. 그러나 공휴일이나 일요일 같은 폐장일까지 간격을 뗄 필요는 없다.

시간별 기록들은 모두 동일한 축척과 형태로 표시해야 한다. 즉 좌우로 1/4인치 내에 5시간, 한 회의 시장 변동을 표시한다. 즉 가장 작은 눈금하나가 1시간에 해당하도록 한다. 그러나 토요일 2시간 변동을 표시한 후 빈칸은 남기지 않아야 한다. 또한 일별 개장가격은 표시할 필요가 없다. 매일의 폐장시간에 하루의 최고, 최저가가 나타나면 된다. 이상의 권고 사항들은 〈도표 87〉에 남김없이 표시되었다.

절대로 차트 종이를 절약하기 위해 도표의 선명성을 손상시키면 안 된다. 하나의 운동이 한 장에서 시작해 다음 장으로 연결된다거나 운동의 최고점이 위로 잘려져 나가 다른 종이 밑에서 다시 시작한다면 볼썽사납다.

파동을 해석하는데 적합한 차트지는 '커펠 에써' 회사에서 제작한 것이 있는데 대형 문구점에서도 판다. 이 차트지는 20인치 넓이에 야드 당으로 팔기도 하고, 커트한 종이로는 8.5인치 X 11인치, 10인치 X 15인치의 두 사이즈가 있다. 이 세 가지 모두, 두께가 다른 두 종류가 구비되어 있다.

이 중에서 10인치 X 15인치 사이즈의 차트지를 권한다. 단 차트 한 장에 지수 도표 2가지 이상을 그려 넣으면 좋지 않다. 예를

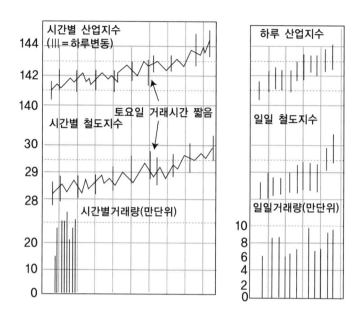

〈도표 87〉

들어 한 장에 산업지수의 일별 변동폭 도표와 일간 거래량 도표를 함께 넣고, 다른 한 장에 철도지수와 설비지수의 일간 변동폭 도표를 그리는 것이 좋다. 또, 다른 한 장에 산업지수의 시간별 기록과 전체 시장의 시간별 거래량을 표시하고, 마지막 차트지에 철도와 설비지수의 시간별 기록표를 표시하면, 모두 4장에 차트 조사에 필요한 도표들을 모두 갖추게 된다.

개별적 주식이나 현물의 변동 차트에도 이 방식을 적용하면 된다. 단지 이 경우에는 차트지를 5개로 세분하는 대신 4개로 구분하는 것이 좋다.

주별 가격 변동 폭의 도표는 장기간, 하나의 대규모 사이클 전체를 커버하기 위해 가능한 한 최대 크기의 차트지를 쓰는 것이 좋다. 그리고 완결된 전체 사이클을 조감하려면 월간 변동 도표도 긴요하다. 특히 평균지수나 종목별 등락을 검토할 때는 더욱 중요한 도표다.

제 6장의 〈도표 53〉과 〈도표 54〉는 주별 변동의 폭과 패턴을 미리 판단하는 데 있어 일별 변동표의 관찰이 얼마나 중요한지 잘 보여준다. 같은 맥락에서, 주별 변동표는 월간 변동폭의 범위와 패턴을 파악하는데 큰 도움이 된다. 그리고 월간 변동표는 사이클들의 변동 범위를 예측하는데 요긴하며, 월별 변동폭은 파동들의 경과 시간을 측정하는데 사용된다.

〈도표 87〉에서, 산업지수의 1포인트가 상하 1/4인치의 간격으로 되어있다. 철도지수와 설비지수는 1/2인치 간격으로 표시했다. 그런데 주별 변동 도표에서는 산업지수는 1/4인치에 2포인트, 철도, 설비지수는 1포인트로 간격을 줄여도 무방하다. 월간 도표에서는 더 비율을 줄여도 괜찮을 것이다.

실제 차트지에서, 교차하는 선들은 연한 초록색으로 그어져 있는데, 차트를 작성할 때, 검정 잉크로 그린 차트 패턴이 선명히 드러나 읽기에 편리하다.

19

투자의 타이밍

시간적 변화는 자연계 현상의 가장 중요한 요소 중 하나다. 우리는 1년을 봄, 여름, 가을, 겨울의 4계절로 나눈다. 그리고 해가 뜨면 활동하고, 밤이 되면 누워서 쉰다.

투자 문제에 있어서도 시간을 재는 것이 가장 중요한 요건이다. 무엇을 살 것인가도 물론 중요하다. 그러나 그보다 중요한 것은 언제 살 것인가 하는 문제다. 투자 시장은 앞으로 어떻게 진행될 것인지 스스로 조금씩 우리에게 드러내 보여준다. 파동들은 그 진행 패턴으로 시장의 다음 변화를 알려준다. 파동의 패턴, 그 시작과 끝은 명백하고 결정적인 분석에 의해 우리에게 파악되어진다.

내가 말하는 자연의 법칙에는 가장 중요한 요소인 시간적 해석이 포함되어 있다. 자연의 법칙은 단순히 시장에서 작동하는 시스템이나 게임 방법이 아니라, 모든 인간 활동의 진보 과정에서 나타나는 현상이다. 따라서 이를 시장 예측에 적용하는 것은 혁명적인 일이다.

어떤 사람이 1932년 1월 1,000달러를 장기 정부 채권에 투자해 1939년 6월 팔았다면, 이 89개월 동안 이자와 가격 상승을 포함 5,000달러의 이득을 얻었을 것이다. 1932년 1월 정부채권의 시장 가격에 대한 배당 이율은 4%였는데 1939년 6월에는 2%에 불과했다. 그런데, 그 돈을 1932년 7월에 주식시장에 넣었다면, 평균지수의 상승률로 계산해, 1937년 3월에 이미 5,000달러에 달했을 것이다. 이 액수에는 그 주식의 수익배당금은 포함되어 있지 않다.

정확한 예측을 하고자 하는 시도로 근래에 통계학의 이론을 사용하는 사례가 엄청나게 늘어났다. 50년 전 신문에 보도된 통계와 요즘 신문을 비교해 보면 격세지감을 느낄 정도다. 수백만 달러에 달하는 돈이 만족할 만한 시장 예측의 방도를 찾기 위해 쓰여졌다. 그러나 이런 모든 연구도, 시장의 변화 방식을 따라가는 것이 아니라 미리 예견되어야 한다는 사실을 인식하지 못하면 아무 쓸모가 없다.

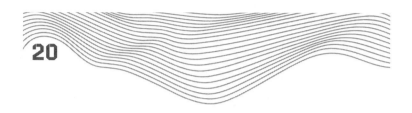

거래 종목의 선택

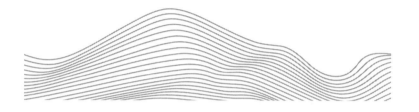

19장에서는 주식 거래의 가장 중요한 요소가 타이밍, 주식을 팔고 사는 시점임을 설명했다. 두 번째로 중요한 사항은 어떤 주식을 거래할 것인가 하는 결정이다. 주식이나 채권이나 거래 대상 종목을 선정할 때는 다음과 같은 기본적 사항들을 명심해야 한다.

가격의 변동과 소득

어느 유가 증권이건 그 가격 변동에서 얻을 수 있는 수익이 그 주식의 배당률이나 이자보다 훨씬 크다. 따라서 거래 종목을 선정하는 가장 큰 고려사항은 가격 변동의 결과로 원금이 얼마나 증식되고 유지되는가 하는 가능성에 초점을 맞춰야 한다.

불 마켓의 최고점들

호황기 시장에서도 〈스탠더드 스태티스틱스〉에 포함된 55개 종목 각 그룹이 각기 다른 시점에 최고가를 기록한다. 이를 비교하면 마치 부채꼴과 같다. 불 마켓이란 통상 약 2년의 기간에 5차례의 프라이머리 파동이 진행되는 국면을 말한다. 이 기간 중에는 몇 가지 업종들이 시장 전체의 강력한 사이클의 방향에 따라 비슷한 패턴으로 등락한다.

베어 마켓

베어 마켓의 진행기간은 대체로 그 직전의 불 마켓보다 길다. 1929년부터 1932년까지의 격렬하면서도 비교적 짧은 하락세 국면에서는 주식 가격에 상관없이 최우량 주식과 채권까지 거의 전종목이 폭락했다. 많은 투자자들은, 모든 베어 마켓이 이처럼 격심한 하락 패턴을 보일 것이라는 잘못된 선입견을 갖게 되었으리라. 그러나 지금까지 연구 결과에 의하면 이 같은 급격한 변동은 앞으로 오랜 기간 동안 나타나지 않을 것으로 보인다.

베어 마켓은 거의 모든 업종에서 일제히 바닥에 이른다는 점이 특징적이다. 이는 불 마켓의 경우와는 반대되는 현상이다. 베어 마켓 기간에는 강력히 추세를 선도하는 업종이나 품목이 크게 두드러지지 않는다는 특성도 보인다. 특히 베어 마켓 중의 조정 상승세에는 더욱 그렇다. 그리고 시장이 약세로 움직일 때는 전반적으로 새롭게 보도되는 뉴스나 외부적인 요인에 보다 민감하게 반응하는 경향이 있다.

주식 거래에 있어 과거의 경험

상당수 투자자는 과거의 불유쾌한 투자 전력 때문에 어떤 종목을 기피하려는 선입견을 갖게 된다. 그런 태도로 계속 투자를 하다 보면 나중에는 기피 대상이 아닌 종목을 찾기 힘들 것이다.

거래가 부진한 주식들

거래가 없는 날이 가끔이라도 나타나는 주식은 거래를 피하는 것이 좋다. 거래가 한산한 주식은 차트를 그릴 수 없어 변동의 파동을 점치기 힘든 때문이다. 거래 부진은 또한 이 주식이 광범한 투자자들에게 분산되어 있지 못하거나 이미 발전 단계를 끝내 가격 진폭이 크지 않는 종목임을 시사한다.

내부 정보들

친구들이 호의적인 뜻으로 들려주는 주식 정보들이라도 대개가 거래 부진 종목이거나 저가 주식인 경우가 태반이다. 그 말에 솔깃하는 것보다는 활발하게 거래되는 주식에 주로 집중하는 편이 낫다.

주식의 나이

어떤 주식의 일생을 보통 세 단계로 나누어볼 수 있다. 첫째 단계는 청년기 또는 실험기이다. 이 기간에 해당되는 주식은 될수록 피하는 것이 좋다. 아직 충분한 가치 검증이 제대로 되어있지 않기 때문이다. 둘째 단계는 창조기이다. 이 범주에 포함되는 주식은 건

강한 발전기에 도달해 충분한 연한이 찼기 때문에 가장 바람직한 거래 대상이 된다. 세 번째, 성숙기는 완전히 발달이 끝난 시기이다. 배당금이 거의 일정해 믿을 만 하고, 가격 변동폭은 좁아졌다. 이런 이유로 보증수표 같은 투자소득을 기대할 수 있는 반면, 가격 차이로 수입을 올리는 투자 종목으로 삼기에는 매력적이지 못하다.

요약하자면, 지수 패턴 분석에 의지해 투자하는데 적합한 종목을 선정하기 위해서는 다음의 권고를 따르는 것이 좋다.

ⓐ 평균지수와 동조해 오르고 내리는 업종을 선택한다.

ⓑ 이 업종의 진행 방향과 흡사한 종목을 그 중에서 선택한다.

ⓒ 언제든지 활발하게 거래되고 중간 정도의 가격대를 보이며 어느 정도 거래 기간이 찬 주도적 품목을 선정한다.

ⓓ 투자 대상을 다변화해야 한다. 즉 5~10개의 종목을 선정해 거의 비슷한 액수씩을 각 종목에 배정한다. 그런데 한 업종에서 둘 이상의 종목을 고르는 것은 좋지 않다 제너럴 모터스, US 러버, US 스틸, 뉴욕 센트럴, 콘솔리데이트 에디슨 등을 선정하면 이 조건에 합당하다.

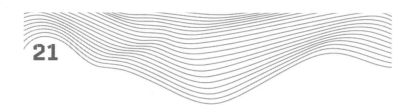

21

피라미드의 상징들

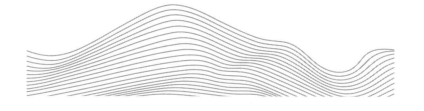

어떻게 발견되었나?

랜던 재단의 허락으로 브라운 랜던Brown Landone의 책《멜기세덱의 예언들》에서 134페이지와 135페이지의 세 단락을 전재한다아래 단락 참조.

피라미드 밑변의 총 둘레는 36,524.22 피라미드 인치로 측정되었다. 이는 태양력 1년의 날수인 365.2422의 100배와 정확히 일치한다.

피라미드의 설계된 높이는 5,813.02인치이다.

이 신비에 쌓인 현자들은 숫자, 시간, 무게와 길이, 길이의 제곱과 세 제곱까지 모든 도량형 체계를 구상해냈다. 이들은 이 모든 것들을 측정하는 정확하고 항구적인 하나의 체계를 완성한 것이다. 그들의 측정 단위는 4각형의 한 변의 길이를 기준으로 만들어 졌고, 그 길이는 둘레가 태양력 1년과 동일한 하나의 원의 길이에서 유래되었기 때문이다. 그리고 그 일년 간은 지구가 태양을 한 바퀴 도는 시간은 영원히 동일한 것이기 때문이다.

기자 피라미드 밑변 둘레의 길이를 확인하고 나서, 학자들은 이 숫자와 결부되는 알려진 사실을 찾아내고자 했고, 이 숫자가 일련의 날짜 수와 소수점이하 마지막 숫자까지 일치함을 발견했다. 다른 말로 하면, 이 두 가지 사실은 서로 연관 관계를 맺고 있음이 분명하며, 그래서 피라미드의 상징이 무엇을 예고하고자 한 것인지 알게 되었다.

나는 인간 활동의 리듬을 발견하고 난 후에야 이 법칙이 대 피라미드에 상징으로 표현되어 있음을 알게 되었다. 이집트학 학자들은 자연과 인간 활동의 순환적 운동의 법칙을 알지 못했기 때문에 그 상징을 인식하지 못했다. 이 상징은 1장과 2장 그리고 8장~14장에 걸쳐 설명되어 있다.

피라미드의 상징을 해석하는 데 내가 공헌한 바는 다음에 열거한 사항들이다.

ⓐ 파동들의 패턴, 단계에 따른 등급과 개수

ⓑ 이 파동의 피보나치수열과의 연관 관계, 그리고 햄브리지가 이 숫자를 미술과 식물학에 응용한 바의 입증, 피타고라스와 그의 암호표시와 파동의 연결

ⓒ 대 피라미드를 모든 각도에서 바라본 도형

ⓓ 피보나치 비율과 피라미드 고도와의 연관성 발견, 그 높이는
5,813인치로 피보나치 세 가지 기본수로 구성되어 있다.

ⓔ 피보나치수를 다방면 인간 활동에 응용

비율 측정 자

제도사들은 '비율 분할 자'라는 도구를 사용한다. 받침대가 이동해 어느 비율이든지 쉽게 잴 수 있게 되어있다. 그런데 이 도구는 비싸고 구하기가 힘들다. 그래서 내가 정확한 수치 계산 없이 운동 간의 거리와 비율을 계산할 수 있고 폭이나 시간 비율이 61.8%임을 확인할 수 있는 간편한 대용 도구를 고안했다. 25센트 체크나 머니오더, 동전이나 우표를 받으면 보내주겠다. 주소는 R. N.엘리어트, 월스트릿 63번지, 뉴욕 시, 뉴욕 주.

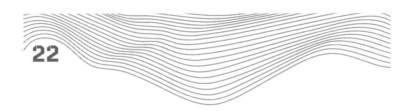

운동의 법칙

　'사이클'의 사전적 정의는 '시간의 일정한 기간', '회전이나 원의 전체', '잎의 나선형 구조', '자체로 반복되는 일련의 움직임' 등이다. 여기에서는 주식시장에서 나타나는 주기적인 리듬을 중점적으로 다루었다. 주식시장이 이 리듬을 두드러지게 보여주는 때문이다. 그러나 바퀴에서 천체의 혹성까지 모든 움직임은 사이클로 순환한다. 그리고 모든 사이클은 같은 형태로 세분되어지며 그 진행을 측정하기 쉽게 구분하는 등급이 있다.

　지구와 같은 혹성은 특정한 고유의 속도로 정해진 궤도를 운항한다. 지구는 고유한 축에 따라 기울어 돌아간다. 그리고 매 24시간은 낮과 밤으로 나뉜다. 지구는 1년에 한 번의 속도로 태양의 주위를 돌아 우리에게 4계절을 가져다준다. 태양계의 작동은 항상

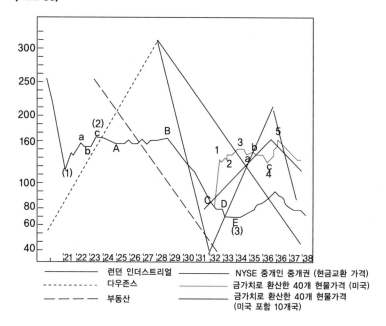

일정해, 과거 현재 미래를 막론하고 특정한 시점에서, 혹성들과 부속 위성들이 상대적으로 어느 위치에 있고 어떻게 움직이는지, 우리는 시간을 거슬러 가며 볼 수 있는 것이다.

어떤 사물들은 그들이 움직이는 패턴을 바꾸는 법이 없다. 예를 들어, 물의 순환은 지속적으로 완벽한 사이클을 나타낸다. 대양의 표면에 햇볕이 내리쪼이면 물은 증발한다. 공기의 기류는 수증기를 움직여 언덕이나 산위 찬 기류를 만나 압축되고, 중력에 의해 다시 땅으로 내린다. 그리고 물줄기를 이루어 바다에 이른다.

국가도 크고 작은 정치적, 문화적, 경제적 사이클을 겪으며 변천한다. 인간 활동의 패턴은 도시로 시골로 이주하는 것이나 평균 연

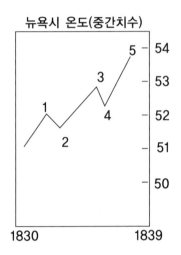

〈도표 89〉

뉴욕시 온도(중간치수)

1830   1839

령이나 출산율 등등의 대중적 움직임에서도 사이클이 관측된다.

〈도표 88〉은 한 분야의 인간 활동은 다른 활동의 패턴에 따라 예측될 수 없음을 보여준다. 그러므로 각각의 인간 활동 국면은 그 자체의 움직이는 파동으로만 분석되어야 하며, 다른 외적인 요인으로 파악될 수는 없다. 1939년에서 1942년 4월까지 산업 생산은 증가하고 있는데 비해 주식 가격은 그와 달리 뒤처져 있어, 많은 사람들이 그 원인을 알고자 했으나 명확히 설명할 수 없었다. 그 대답은 20년대의 8년간 인플레이션으로 인해 13년간의 삼각형 패턴이 진행되고 있었다는 것이다.

〈도표 89〉에 예시한 기온의 그래프는 중요한 사실을 보여준다. 기온은 인간 활동과 무관한 것임에도 불구하고 110년 동안 5차례의 상향 파동으로 진행되는 완벽한 패턴의 주기 파동의 모습을 보

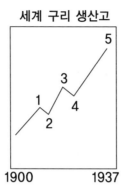

〈도표 90〉

세계 구리 생산고

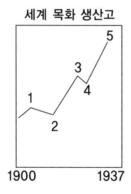

〈도표 91〉

세계 목화 생산고

여주고 있다.

그 활동의 피크와 낭떠러지가 일정한 기간마다 반복해서 나타나는 예는 흔히 발견된다. 심지어 전염병의 감염자 수, 승냥이 모피의 생산량, 텐트 애벌레의 수나 연어 떼의 크기 등에도 시간적 사이클이 있다. 그러나 인간 활동에서는 사이클이 동일한 시간 간격으로 형성되는 것은 아니다. 그들은 피보나치수에 일치하는 파동의 패턴을 따른다.

동적인 대칭Dynamic Symmetry은 자연의 법칙이며 따라서 모든 운동 형태의 기본이다. 지구가 둥글다는 사실이 발견된 후 주기 사이클에 대한 많은 연구가 행해졌다. 이 사이클에 대한 연구는 3가지로 구분된다. 첫째는 사이클의 정점과 최저점 사이의 균일한 시간적 간격이다. 낮과 밤, 일 년의 4계절, 밀물과 썰물, 전염병의 유행, 날씨, 곤충의 번식률 등등이다. 이 사항들에 대해서는 1944년 2월 간행된 《미캐닉스 일러스트레이티드》에 수록된 도널드 쿨리의 논문 '사이클은 미래를 예측한다'를 추천한다. 둘째는 천문학 등의 측면에서 유래된 주기적인 부침 현상이다. 셋째는 수학자 피보나치에 의해 발견된 수열과 일치하는 주기의 패턴과 시간, 비율의 연구이다.

처치 교수가 쓴 《잎차례와 역학 법칙의 관계The Relation of Phyllotaxis to Mechanical Laws》라는 책도 무척 흥미롭다. 식물의 이파리가 어떤 법칙에 따라 배열되는가의 연구다. 제이 햄비지 씨는 다년간 이 분야를 연구해 《동적 대칭의 실용적 적용》이라는 저서를 냈으며, 그중 한 챕터가 〈잎차례 법칙The Law of Phyllotaxis〉이다. 그중 27~28페이지 일부를 2장에 실은 바 있다.

일리노이대학 병리학 교수인 윌리엄 피터슨 박사는 《환자와 기후》라는 흥미롭고 매우 중요한 책을 써냈다. 그 안에 질병의 진행 과정이 그래프로 예시되어 있다. 그 패턴은 주식시장을 포함한 다른 활동의 패턴과 정확히 일치한다.

23

대공황

주식시장에 관한한 일반 대중들이 사용하는 용어가 잘못된 경우가 흔하다. 1929년부터 1932년까지 주식 가격의 대폭락은 〈도표 68〉과 〈도표 82〉에 보인대로 그 이전 주가 상승의 조정이었을 뿐이다. 사전적으로 디프레션은 '일반적 표면의 아래'라는 뜻이다. 그래서 콜로라도의 그랜드캐니언은 디프레션이다. 그 계곡의 바닥이 일반 지표보다 수마일이나 아래로 꺼져 있기 때문이다. 그런데 로키 최고봉에서 태평양까지는 이를테면 '디프레션'이 아니라 '조정'이라고 말할 수 있다. 실은 태평양 연안이 그랜드캐니언의 골짜기보다 훨씬 아래 위치함에도 불구하고 말이다. 사실상 주식시장에 '디프레션'이란 없다. 만약 그 표현이 적합하다면, 로키산맥에서 태평양까지 내리막길도 '디프레션'이라고 부르는 것이 옳을 것이다.

주식에 아무 이해관계가 없는 일반 시민들은 1921년부터 1929년까지 꾸준히 일자리를 유지하며 편안한 생활을 즐겼을 것이다. 그들은 자연히 그 상황을 평상의 여건으로 간주했다. 1929~1932년의 주가 하락이 있고서는 많은 사람이 생계의 수지를 맞추기가 힘들어졌다. 그들에게는 '디프레션'으로 받아들여지는 게 당연하다.

1921년부터 1929년까지 호황기에 주식을 거래하는 사람들은 우리가 지금 '새로운 시대'에 와 있고 '주식이 떨어지는 일이 앞으로는 없을 것'이며 '그저 계속 올라갈 것'이라는 말들을 듣곤 했다. '형편없는 짓이지만 법적으로는 문제가 없다'며 편법의 거래도 흔하게 이루어졌다.

'디프레션'이라는 단어를 잘못 사용한 데는 많은 정치가들에게도 책임이 있다. 1929년~1932년의 불황기에 막 접어들었을 후버대통령 재임기에도 어떤 정치가들은 번영의 시기가 곧 닥친다고 말하기도 했다. 1932년 대통령 선거 캠페인 중에도 민주당 인사들은 '디프레션'을 후버대통령과 공화당 정부 탓이라고 밀어붙였다. 1932년, 1936년, 1940년의 선거 결과는 대부분의 유권자들이 이 뉴딜 주창자들을 믿었음을 보여준다. 그 후 1937년부터 1942년까지 하락기에는 공화당 측에서 뉴딜정책을 편 민주당이 그 주범이라고 공격했다. 민주당이건 공화당이건 이런 정치적인 선동이 얼마나 잘못된 것인지는 10장과 11장에서 도표로 설명한 바 있다.

주식시장에는 '디프레션'이 나타난 적이 없다. 그 앞선 상승에 대한 조정이 있을 뿐이다. 하나의 사이클은 작용과 반작용으로 이루어진다.

마켓 해설 서비스나 언론의 재정문제 해설가들은 지금까지도 새로운 사건들이 주가 등락에 미치는 영향을 토론하고 있다. 이런 의견들은 일간 신문이나 시장 동향지에서 얼마든지 볼 수 있다. 상승하락을 사건들과 짜 맞추기는 쉽다. 그런데 정작 중요한 뉴스가 없는데도 시장이 부침하면 그때는 시장 고유의 '기술적인' 움직임이라고 한다. 이런 내용은 17장에서 언급했다.

가끔 중대한 사건이 발발한다. 그런데 런던 시장은 내리고 뉴욕시장은 오른다거나 그 반대의 경우가 나타나면, 해설가들은 난감해진다. 버나드 바룩 씨는 최근에 '어떤 일이 일어나건 안 일어나건 간에' 호황은 앞으로 몇 년 동안 지속될 것이라고 말했다. 이 말을 음미할 필요가 있다.

중세 '암흑기'에는 지구가 평평하다고 믿었다. 우리는 비슷한 망상을 끈질기게 붙잡고 있는 것이다.

24

개인의 감정 사이클

인간 활동에 있어서 대중 심리적인 사이클은 다른 장에서 이미 설명한 바 있다. 최근 어떤 과학자가 개인의 감정 사이클에 대한 논문을 발표했다. 〈레드북〉 1945년 11월호에 미론 스턴스 Myron Stearns 씨가 쓴 논문이 게재되었다. 그 논문에서 그는 17년간에 걸친 렉스포드 허시 Rexford Hersey 박사의 연구 결과를 보고했다. 매콜 출판사의 허락을 얻어 일부를 인용한다. 어떤 숫자에 밑줄은 내가 그었고 이를 뒤에 설명했다.

허시 박사는 웨스트버지니아대학과 베를린대학을 졸업한 로드 스칼라이다. 허시 박사는 1932년 펜실베이니아대학에서 출간된 《노동자들의 공장과 집에서의 감정 표출 Workers' Emotionalism in Shop and Home》이라는 책에서 자신의 발견을 서술했다. 펜실베이니아 철도회사가 먼 안목에서 연구를 지원했다. 허시 박사는 독일에 초청되어 연구를 계속했고 그들도 미국인들과 똑같이 반응함을 확인했다.

인간 감정의 기복이 주기적으로 반복된다는 사실은 이들을 17년간 관찰 연구해온 허시 박사가 입증했다. 그의 연구는 우리 모두에게 있어 정신적 고조와 정신적 침체가 밀물과 썰물이 교차하는 것과 같은 일정한 주기로 교대해서 나타난다는 점을 보여준다. 그는 수 주간 동안 한 사람씩 점검해 본 결과 모든 사람들이 상당히 동일한 간격과 패턴으로 감정 변화를 겪음을 발견했다. 허시 박사의 차트에 따르면 인간은 매 5주마다 투쟁적이고 비판적인 심리의 상승을 보인다고 한다.

우리는 불운이 연속되는 것을 당연하게 여기지만 시간이 경과하면 지치게 되고 강한 의지가 없다면 낙심하기 마련이다. 이와 반면에 연속되는 좋은 소식들은 당신을 세계의 정상에 오른 것처럼 기분을 고양시킨다. 그런데 과학적 근거에 따르면, 이같은 생각은 틀린 것이다. 만약 당신이 에너지와 열정에 충만해있을 때는 좋은 소식이 그 기분을 더 끌어올릴 것이다. 그러나 기분이 침체된 상태로 블루 먼데이를 가까스로 견디고 있다면, 좋은 소식을 들어도 잠시뿐 그리고는 다시 울적해진다.

인간의 감정은 보통 33일 내지 36일의 일정한 간격으로 고조되고 가라앉는다. 이 감정의 기복은 주식시장의 차트를 닮았다. 혈관의 콜레스테롤은 약 56일을 주기로 오르락내리락하는 듯하다. 갑상선의 호르몬 분비는 전반적인 감정 사이클을 통제하는데 4~5주

사이에 저점에서 고점까지 한 차례 순환한다. 호르몬 분비가 왕성한 경우 사이클은 3주 정도까지 짧아질 수도 있다. 남성과 여성의 사이에 사이클 길이의 차이는 없는 듯하다.

피보나치수열은 여기 나온 3, 5, 34, 55를 모두 포함하고 있다. 사이클 시간은 항상 정확하지는 않다. 그러므로 '33 내지 36'이라고 하면 기본 기간을 34일 정도로 볼 수 있다. 여기서 55일의 수는 '56'의 근사치로 볼 수 있다.

당신의 가족이나 친구들, 회사 직원들, 고용주들, 고객 등이 짜증나게 할 때 이 장을 다시 읽어보는 게 좋을 것이다. 다른 사람들도 당신과 같은 감정의 사이클이 있다. 당신의 사이클이 다른 사이클과 얽히면 문제가 생길 수 있다.

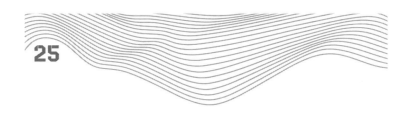

25

피타고라스

피타고라스는 BC 5세기에 생존했던 위대한 학자였고, 인류 역사에 드문 발자취를 남겼다. 나는 독자들이 브리태니커 백과사전에서 그의 업적에 대해 읽어보기를 권한다. 그는 타인들의 발견들에 대해서도 집요하게 연구했고, 지금도 '역사의 요람'이라고 불리는 이집트를 방문했다.

그는 수학 분야의 연구로 널리 알려져 있으나, 내가 보는 바로는 그의 발견 중에서 가장 중요한 부분은 간과되어 왔다. 그는 하나의 삼각형을 그리고 그 밑에 '우주의 비밀'이라는 암호 같은 제목을 써놓았다. 이 내용에 대해서는 이미 2장에서 자세히 설명했다.

1945년, 피타고라스 학회의 회장인 존 매너스 박사는《풀린 생명의 수수께끼》라는 책을 저술했는데, 여기에 피타고라스의 그림이 소개되어 있다. 로스앤젤레스 철학회의 책임자 맨리 홀씨의 허락을 받아 이 그림을 전재한다. *** 원문에는 '옆 페이지를 보라'고 적혔지만 그림을 입수하지 못했다. 아래의 그림 설명을 참고하길 바란다.**

이 그림에는 여러 가지 상징들이 들어 있는데, 특히 두 가지에 초점을 맞춰 보자. 그 하나는 피타고라스가 오른손에 들고 있는 피라미드이고, 또 하나는 그림의 우측 하단에 그려진 3개의 사각형들이다. 이 피라미드는 기자 대피라미드이다. 어떤 학자들은 훨씬 오래전이라고도 하는데 아마 BC 1000년 경에 축조되었을 것 같다. 우리가 '세계의 7대 불가사의'라고 부르는 것 중 하나다. 이 피라미드를 만드는 데 쓰인 계측의 정확성과 거대한 대리석을 들어 올린 위치 등은 정말 놀랄 만하다. 그러나 이것들도 거기에 상징으로 표현된 지식에 비하면 대단한 것이 못된다. 아마 성경 이사야 19:19 에 "그날에 애굽 땅 중앙에는 여호와를 위하여 제단이 있겠고, 그 변경에는 여호와를 위하여 기둥이 있을 것이요."라고 한 구절은 이를 가리킨 것인지도 모른다.

2장에서 피라미드를 다른 방향에서 바라본 도형을 소개했다. 독자의 편의를 위해, 그 한 측면에서 본 모양을 〈도표 92〉에 다시 옮긴다.

피라미드 밑면 한 변의 길이는 9,131인치이다. 4변의 길이를 합하면 36,524.22인치가 된다. 이는 태양력의 한해인 365 1/4일의 숫자를 상징한다. 우리의 양력 1년은 365일로 되어있으나 4년마다 한번씩 하루가 더해진다. 2월 29일. 이를 '윤년'이라 부른다. 그래서 4년의 총 일수는 1,461이 된다.

〈도표 92〉

〈도표 93〉

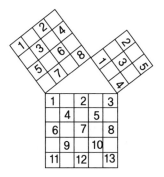

〈도표 94〉

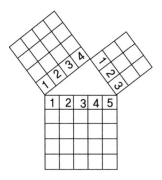

피라미드 밑에서 정점까지는 5,813인치이다. 밑변의 길이가 9,131인치이므로 높이의 변에 대한 비율은 63.6%이다. 피라미드는 5개의 표면과 8개의 선으로 되어있다. 5에다 8을 더하면 13이다. 높이를 보자. 5,813인치에 5, 8, 13이라는 숫자가 나온다. 5는 8의 62.5%이고 8은 13의 61.5%이다. 이 비율이 어떻게 응용되는지는 〈도표 71〉을 보면 알 수 있다.

인간의 활동에서 전진하는 운동은 5개의 파동으로 구성된다. 그 5개 중 3개는 전진이며, 그 가운데 2개의 조정 운동이 끼어있다. 하나의 사이클은 전진하는 파동 5개와 후퇴하는 파동 3개, 모두 8개로 구성된다. 이 사실은 마이너, 인터미디에이트, 메이저 등 모든 등급의 파동에 한결같이 나타난다. 4장을 보라.

피타고라스 그림 우측 하단의 삼각형이 〈도표 93〉이다. 짙은 색 부분을 내가 일련번호로 표시했다. 이 도형 위쪽 오른편의 사각형은 짙은 색깔의 사각형 5개가 있다. 좌상의 사각형 내에는 8개의 짙은 사각형들이 있다. 그리고 아래 사각형에는 13개가 있다. 같은 모형에 달리 번호를 매긴 것이 〈도표 94〉이다.

ⓐ 1, 2, 3이 표기된 삼각형에서 3의 제곱은 9임을 알 수 있다.

ⓑ 1, 2, 3, 4에서 4의 제곱은 16이다.

ⓒ 1, 2, 3, 4, 5에서 5의 제곱은 25이다.

이 이론은 직삼각형에서 빗변의 제곱은 다른 두 변의 제곱의 합과 같다는 것이다. 이 풀이의 발견은 지금도 피타고라스 정리로 잘 알려져 있다.

이제 다시 1부터 144까지 피보나치수열로 돌아가 보자. 이 숫자들은 피타고라스가 언급한 '우주의 비밀'에서 유래한 숫자들이다. 식물학에서 가장 좋은 사례는 2장에서 제이 햄비지가 설명한 해바라기이다. 인간과 동물의 신체에서도 숫자 3과 5가 자주 등장한다. 피타고라스의 그림에는 이상적인 개념을 표시한 여러 상징들이 그려져 있다.

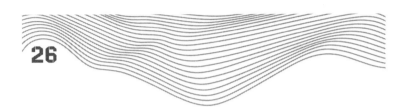

26

기타 보충할 사항들

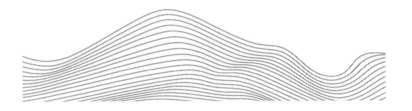

파동들의 수량

상승 국면에서, 5파동의 거래량은 3파동의 거래량을 초과하지

〈도표 95〉

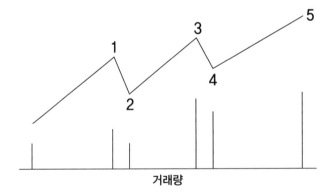

거래량

않으며, 상당히 적은 경우도 가끔 있다. 만약에 상승 파동의 거래량이 계속 증가하면 또 한 차례의 상승 파동이 예견된다. 이러한 상승은 거래량이 증가하지 않고 새로운 고점이 형성될 때까지 계속된다. 〈도표 95〉를 보자. 2파동이 1파동의 거래량보다 적다는 점을 주목해야 한다. 이는 상승 관점에서 좋은 징조다.

원형들

'사이클'이라는 표현은 원형을 뜻하기도 한다. 가끔 원형의 패턴이 차트에 나오는 경우도 있다. 〈도표 96〉의 원은 A, B, C, D의 네 부분으로 나뉜다. 그래프가 이 도표의 C 부분처럼 둥근 모양으로 하강하고, 파동 횟수로 따져 마지막 하강 파동에 해당될 때는 최저점에서 한 두 차례의 a-b-c '3차 파동 운동'이 전개될 가능성이 높다. 그리고 난 후 D부분의 곡선과 같이 급격한 상승이 이어진다. 이 전체 하강 상승 변동의 형태는 도표의 C와 D를 합한 반원의 형태와 유사하다.

〈도표 96〉

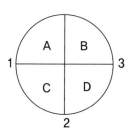

1945년 말경 연이어 파업 사태가 빈발했는데 이것도 〈도표 96〉에서 1, 2, 3의 순서로 왼쪽에서 오른쪽으로 움직이는 진동에 불과하다. 노동자들이 조직화되기 전1906년 이전에는 많은 고용주가, 실은 대다수지만, 피고용인들뿐 아니라 경쟁자, 시민들에게까지 군림하고 무자비하고 매정한 태도를 보였었다. 지금 일부 파업 노동자들의 과격한 행동도 초창기 경영자들의 행태에 비해 그다지 심한 것은 아니다. 국가나 인간 활동이나 개인의 감정도 모두 그 자체의 사이클에 따라 움직인다. 사이클의 등급이나 정도에 따라 어떤 파동은 길고 어떤 파동은 짧을 뿐이다.

A-B의 저변

제 6장 〈도표 53〉의 A-B 바닥은, 5장에서 설명한 바와 같은 '더블 쓰리'나 '트리플 쓰리'로 이루어지는 경우가 가끔 나타난다. 앞에 원형 항목에서 검토한 원 모양의 저변이 형성될 때는 그 경우가 더욱 흔하다.

27

1942~1945년 불 마켓

1928년부터 1942년 4월까지 다우존스의 13년간 삼각형 진행을 나타낸 것이 앞의 〈도표 71〉이다. 5장의 〈도표 31, 32, 37, 38〉에서 예시한 대로 이 삼각형 진행 후 급격한 '추진'이 뒤따른다. 이후의 다우존스 변동이 〈도표 97〉에 나타나 있다. 각각의 수직선은 한 달 기간의 변동 폭을 가리킨다. 메이저 파동 (1)은 짧다. 메이저 (3)파동은 그보다 길고 그중 a, b, c, d, e로 표기한 것이 (3)파동 내 인터미디에이트 5차례 파동들이다. 이 파동 내부 b와 c의 저점을 잇는 기본선을 주목하자. 메이저 (4)파동은 1943년 7월부터 9월까지 a, b, c로 표시된 3차의 인터미디에이트 파동들로 구성되어 있다. 메이저 (5)파동은 1943년 11월부터 1945년 12월 10일까지 진행된다. 이중 A와 B파동에 5개월이 소요되었다. 이 기간의 일별, 주

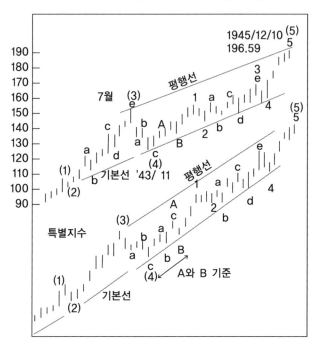

'42/4부터 '45/11까지 다우존스 월간 변동

별 변동을 보면 각각 3개의 파동으로 구성되었음을 볼 수 있다〈도표 53〉 참조.

B지점부터 1까지가 일별 변동표에서 5개의 하급 파동을 보이는 인터미디에이트 1파동에 해당한다. 인터미디에이트 3파동은 a, b, c, d와 연장된 e의 5개 파동으로 구성되었다. 연장 현상은 1, 3, 5의 3차례 전진 파동 중 하나에서만 발생한다〈도표 39〉부터 〈도표 44〉까지 참조. 인터미디에이트 4파동은 2파동과 형태가 같다. 인터미디

에이트 5파동은 주간 변동표에 보이는 5차례 파동으로 구성되어 1945년 12월 10일 196.59로 정점에 도달한다. 이 지점은 상위 평행 궤도선보다 약간 높은 것이다. 이 1945년 12월 10일의 정점에 이어 1946년 2월 4일 207.49에 이르면서 비정상 정점을 형성한다.

1943년 11월부터 1945년 12월간의 메이저 파동 (5)의 패턴은 한 가지 점에서 이례적이다. 즉 1943년 11월 이후 1945년 8월까지 진행이 평행궤도를 따라가는 것이 아니라 기본선에 바짝 붙어 푹 꺼진 형태를 보인 것이다. 이 같은 비정상적 패턴은 요즘 주식시장에 새로 등장한 맹목적인 투기꾼들 때문이다. 이들은 경험은 일천하고 자본은 많아 주요 지수에 포함된 우량주보다는 저가의 주식들에 더 많은 자본을 퍼붓고 있다. 이 같은 비정상 패턴을 극복하기 위해 시장을 정확히 반영하는 특수 지표를 고안했다. 이 지수에 따라 당시 상황을 차트로 표시하면 〈도표 97〉의 아래편 그래프가 된다. 여기서는 메이저 5파동이 기본선을 껴안고 진행되지 않고 처음부터 일관되게 직선 형태로 전개된다.

참고로 〈도표 97〉의 위쪽 그래프에서 다우존스 산업지수는 1945년 12월 10일 196.59로 정상적 정점에 올랐다. 이 책이 인쇄에 넘겨지는 현재 파동 B의 비정상 정점이 형성되어 가고 있다. 이 이후에는 7장에서 말한 파동 C가 후속될 것이다. 나는 12장 〈도표 76〉에 예시한 미약한 형태의 베어 마켓을 예상한다.

재검토와 결론

〈도표 71〉은 1928년에서 1942년까지 13년 삼각형을 분석한 그

〈도표 98〉

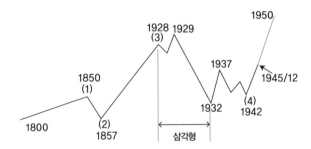

래프이다. 5장에서 밝힌 대로 삼각형은 언제나 4파동 국면에서 나타나며, 3파동의 정점은 5파동보다 높게 나타난다.

〈도표 98〉은 1800년부터 1945년 12월까지 시장 동향을 표시한 그래프다. 이 중 1800년부터 1857년까지는 비즈니스 역사기록을 통해 추정한 것이다. 1857년 이전의 주식시장의 기록이 전혀 남아있지 않기 때문이다. 1928년 11월은 파동 (3)의 정상적 정점이었고, 거기서부터 삼각형의 (4)파동이 시작된다. 1942년 4월 삼각형이 끝나고 추진형의 (5)파동이 시작되었다. 이 추진의 끝은 언제나 파동 (3)의 정점, 이 경우는 1928년 11월보다 높이 올라간다.

1921년부터 1928년 11월까지의 운동은 3차례의 불 마켓과 2차례의 이례적으로 규모가 작은 베어 마켓으로 구성되어 있다. 1945년 9월 현재까지 1942년부터의 파동 중 한차례 불 마켓이 기록되었다. 그러므로 1942년 이후의 진행 패턴과 폭은 1921년부터 1928년까지의 3차 불 마켓과 가운데 2차의 소규모 베어 마켓 형태를 갖춘 진행과 유사할 것으로 보는 것이 논리적으로 타당할 것이다.

다우존스 산업지수는 1921년에 64에서 시작, 1928년 11월 299포인트까지 235포인트나 상승했다. 1942년 4월에 93에서 급등세를 시작했으므로, 93에서 235를 더한 325포인트 선까지 오를 것이다. 이는 파동 (3)의 끝보다 29포인트가 높다. 그리고 이 상승은 1921~29년처럼 약 8년을 소요해 1950년에 끝날 것이다. 2차 대전의 재정을 위해 발행된 엄청난 통화량이 일반 대중들 손에 있어 이 같은 예측을 뒷받침한다.

1921~28년의 진행과 지금은 한 가지 다른 진행 순서가 있다. 1921~28년 기간에는 첫째 파동이 인플레이션 징후가 없는 평범한 불 마켓이었다. 그에 비해 1928년 11월에 끝난 5파동은 분명히 인플레이션의 가속 성향을 보였다. 그런데 이번 1942~45년의 첫 파동이 인플레이션의 모습을 드러냈다. 저가로 주식 가치가 입증되지 못한 주식들이 '블루칩' 대신에 급상승했다. 〈뉴욕 선〉지는 주식 가격이 급등한 96개 종목을 선정했다. 이중 모든 주식이 2달러 미만에서 출발했다. 최고 상승률은 13,300%에 달했다. 최저 상승률도 433%나 됐다. 평균 상승률은 2,776%였다.

앞에서 제시한 그래프의 패턴은 미국의 역사적인 흐름을 짐작케 한다. 미국의 발전은 참으로 대단하다. 그 발전의 요인은 다음과 같다.

1. **지리적인 위치와 국토의 형태와 경계:** 양쪽에 대양을 접한 장방형의 형태로, 선린 관계에 있는 국가들과 인접.
2. **위도와 기후:** 아열대와 온대여서 농경에 적합.

3. **자연 자원:** 풍부한 금, 철광, 석유, 목재와 수자원.

4. **개인의 재능과 의욕:** 1850년과 1929년 사이 신청된 특허 수와 그 가치는 엄청난 것이다. 〈도표 81〉을 보면 특허 신청 파동과 주식시장 파동이 시기와 형태 면에서 일치함을 보여준다. 이는 당시의 산업 활동과 대중의 심리를 반영하는 것이다.

5. **민주적 이상:** 민주 정부는 개인의 능동적인 창의성을 자극한다. 결코 완벽한 민주 형태에 도달했다고는 할 수 없으나 바른 길로 나아가고 있음을 보여준다.

PART

4

엘리어트의
파동 해설 서신과
시장 예측 서신

R.N. Elliott's Market Letters
1938-1946

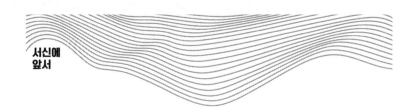

시장 예측의 기술

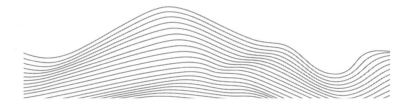

혼란에 빠진 경제학자, 은행가, 사업가들에 의해 사이클 문맥에 따라 사이클 또는 주기로 표현함-옮긴이의 움직임이 집중적으로 탐구되었다. 보수적인 성향인 〈런던 이코노미스트〉는 최근호에서 저명한 영국 경제학자인 윌리엄 베버리지 경 Sir William Beveridge 의 사이클에 관한 오랜 연구 결과를 논평하며 다음과 같이 밝혔다.

"윌리엄 경의 연구는 사이클을 깊이 연구할수록 실감하게 되는 사이클이 지닌 힘에 대해 역설한다. 사이클은 사람의 힘으로 통제하는 것이 불가능할 정도는 아니라 할지라도, 적어도 정부 정책을 조류에 휩쓸린 물고기가 허우적대는 것처럼 보이게 만들 정도의 거침없는 힘을 지녔다. 윌리엄 경이라면 무역 사이클은 경제 정책도 무시한다고 덧붙였을 법도 하다."

수년에 걸친 데이터를 활용한 별도의 연구에서 저자는 사이클의 움직임이 확실히 반복적인 변화를 보이는 것을 관찰했다. 이러한 변화는 필연적으로 대다수에 영향을 주는 자연의 법칙을 따른다. 따라서 이 법칙을 완전히 이해한 학습자라면 시장 그 자체만 보고 사이클의 종료를 예측할 수 있다. 여기서 사용되는 시장 예측의 원칙은 이미 알려진 모든 공식을 능가하는 개념이다. 이 원칙은 시장을 예측하는 동시에, 뒷받침될 통계적 증거가 나오기 한참 전에도 사이클의 정도, 조정, 그리고 다양한 방향성의 전환을 측정하게 해준다. 이 원칙이 지닌 독특한 장점 중 하나는 경험을 쌓은 학습자에게 현재 시장이 각 사이클의 어느 위치에 있는지, 언제 전환이 다가오는지 항상 사전에 경고해 준다는 것이다.

이렇게 시장을 예측하는 원칙에 대한 상세한 정보를 수록하고 증명한 책의 제목은 《파동 이론》이다. 현재 시장 상황에 근거한 해설 서신도 시의적절하게 발간될 것이다.

R. N. 엘리어트

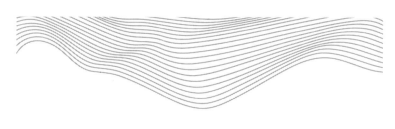

서신 서비스 설명과 비용

내가 제공하는 서비스는 시장 예측과 해설 등 두 가지다.

시장 예측 서비스는 새로운 국면이 펼쳐질 때 발행되며 명확하게 추천하는 형식을 취한다. '시장 예측 서신'에는 '기밀'이라는 제목이 붙어있다. 시장 예측 서신은 간결하고 유용하며, 관련 없는 사건, 통계, 정치와 같은 따분한 내용이 없다. '시장 예측 서비스'는 아래 두 유형의 사람들에게 쓸모가 있다.

(a) 나의 추천을 활용하고 싶지만 아직 스스로 주도적으로 행동하기에 충분한 능력을 갖추지 못한 학습자들

(b) 할 일이 너무 많아 '파동 이론'을 공부할 시간이 없는 사람들

해설 서비스는 최근 시장의 움직임을 도표화하고 그 파동을 분류하고 기호를 매기는 등의 조사로 구성된다. 해설 서신에서는 내 저서《자연의 법칙》에 따른 간결하고 정확한 용어로 이러한 파동들의 움직임을 분석하므로 참고 자료로 가치가 높다. '해설 서비스'는 구독자가 '시장 예측 서비스'를 더는 필요하지 않게 됨을 목표하기에 독특하고 경제적이다.

《자연의 법칙》은 사이클의 궤적을 밝히는 교과서다. 언제나 그래왔고 앞으로도 그러할 사이클의 습성은, 길이와 속도는 다를지라도 파동의 숫자는 항상 같다는 사실이다. 가격은 5달러다.

연간 구독 – 12개월 서비스 비용

해설 서비스	57.5달러
시장 예측 서비스	95.5달러
해설 서비스+시장 예측 서비스	152.5달러

연간 구독을 하지 않더라도 '파동 이론'의 실제 적용을 관찰할 수 있도록 체험 구독 또한 가능하다.

체험 구독 – 4개월 서비스 비용

해설 서비스	20달러
시장 예측 서비스	33달러
해설 서비스+시장 예측 서비스	51달러

연간 구독과 체험 구독 상관없이, 해설 서비스와 시장 예측 서비스를 같이 구독하는 경우《자연의 법칙》을 무료로 제공한다.

R. N. 엘리어트

날짜   ···

받는 이   이름: R. N. 엘리어트 귀하

           주소: 뉴욕주 뉴욕 5, 월스트리트 63가

수표를 동봉합니다. 액수에 부합하는 구독을 희망합니다.

보낸 이   이름 ···

           주소 ···

해설 서신과
시장 예측 서신

Interpretive and Forecast letters

파동이론

다음의 서신부터 새로운 시장 서비스가 시작된다.
그 제목은 다음과 같다.

해설 서신 1번
1938년 3월 31일부터 11월 10일까지

이 서비스는 내 책을 통해 파동 이론을 학습하는 독자에게 도움을 주고자 만든 것이다. 이 서비스의 독특한 점은 시장을 예측하지 않고 파동 이론을 최근 시장 동향에 적용한다는 것이다. 독자들은 책을 교과서로 삼아 파동 이론을 앞으로 진행될 파동에 적용해서 시장을 예측해야 한다.

3월 31일에 시작된 사이클은 막 5개의 파동을 완성하였다. 첫 두 개는 저서 49페이지에 실려있으나, 사이클의 완전한 모습을 제공하기 위해 이 서신에도 포함했다.

앞으로의 서신들은 전체 사이클을 기다리지 않고 하나의 파동이 완성될 때마다 발간될 것이다. 이런 식으로 학습자들은 스스로 예측하는 법을 비용을 들이지 않고 배울 수 있을 것이다. 시장에서는 이 불변의 법칙을 적용할 수 있는 새로운 사례가 끊임없이 펼쳐지므로 파동 현상과 그 실질적인 적용 형태는 알면 알수록 흥미롭다.

어떠한 시장 움직임도 완벽히 같지는 않지만 파동 이론 현상은 저서에서 설명한 대로 모든 경우에 적용된다. 이 분석은 어떤 크기의 사이클에도 동일하게 적용된다. 현재의 사이클을 저서 37, 38, 42페이지의 사례와 비교해 보라.

서신에 사용된 차트에서 파동의 마지막에 표기한 숫자와 문자

명칭	위치	설명
1. 로마숫자	움직임의 전진	
2. 아라비아숫자	움직임의 전진	로마숫자보다 한 단계 낮음
3. 대문자	조정	
4. 소문자	전진 및 조정 모두	숫자, 대문자보다 한 단계 낮음
5. x	a에서 e까지의 소문자 앞에, 예를 들어 'xa'	연장
6. OT	불규칙한 형태의 조정 앞에	정상적인 고점
7. # 과 *	아무 곳이나	'하단 주석 참조'
8. T	아무 곳이나	'저서 (페이지: 단락) 참조'
9. C	아무 곳이나	차트 (번호) 참조

아래 그림은 현재의 상황처럼 파동 ⑪이 연장될 때 적용되는 주요 파동과 채널^점선을 보여주는 3월~11월 사이클의 개요다. 보조 추세선은 파동 Ⓥ가 언제 종료될지에 대한 대략적인 아이디어를 제시해 준다.

학습자가 파동 이론에 숙달하면 이를 모든 형태의 인간 행동, 지수, 섹터, 개별 주식, 채권, 상품 거래, 제품 생산, 생명 보험, 휘발유

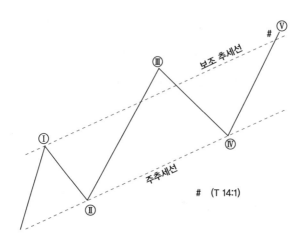

소비 등 어디에든지 적용할 수 있다 T 3:2 및 31에서 36.

　24포인트 및 다섯 개의 ⓘ파동으로 구성된 파동은 97.46포인트를 저점으로 확정해 준다. 1937년 3월 이후 이 단계에서 처음 나타난 5개로 이루어진 상승 파동 운동이기 때문이다.

　ⓘⓘ파동 첫 조정은 '플랫' 형태다. 플랫 형태는 두 번째 조정ⓘⓥ파동에서 지그재그 형태가 나와야 한다. C파동은 규칙대로 a에서 e까지의 5개의 파동으로 이루어져 있다 T 16:3.

　40포인트인 ⓘⓘⓘ파동은 연장되었다. 거래량과 움직임의 속도가 특이하게 높은데 이는 6월 18일에서 20일까지의 거래량 사이클의 역전 때문이다 T25, 35와 50.

　19포인트인 ⓘⓥ파동은 지그재그 형태다. 지그재그와 플랫 형태는 거의 예외 없이 교대로 나타난다. 9월 28일에 히틀러는 동원령을 연기했고 런던 산업 평균 지수는 어떤 측면에서 보더라도 1937년에 시작된 조정 사이클을 끝마쳤다.

31포인트인 Ⓥ파동은 연장되지 않았다. 점선 상단의 채널에 주목하라 T 14:1.

이 사이클의 모든 파동은 정상적으로 진행되었는데, 한 가지 예외는 Ⓥ파동의 미세마이뉴트 3파동이 출현하지 못한 것이다. 철도지수는 이 사이클을 적절하게 완성하였는데, 비교를 위해 이 기간의 철도지수를 산업지수 하단에 표기하였다 T 20:2.

이 사이클의 다섯 파동은 ①파동을 제외하고 모두 3개의 하위단계로 세분화된다. 이 차트는 다음 페이지에도 반복되는데, 가장

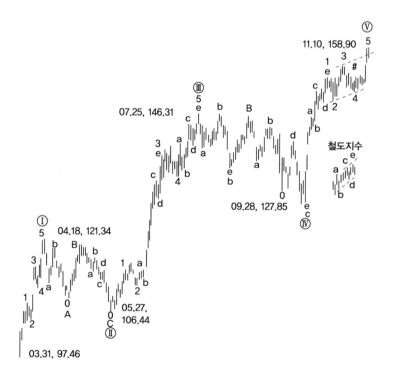

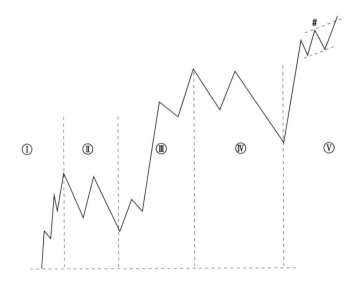

낮은 단계의 파동은 생략되었다.

앞선 차트에서는 3개 단계의 파동을 모두 표시했지만 위의 차트에서는 가장 낮은 단계의 파동이 생략되었다. 또한 수직 점선이 주요 파동을 구분해 준다. 이는 파동 이론의 새로운 학습자를 위해 단순화한 것이다.

이 사이클에서, 속한 단계와 관계없이 모든 경우에, 세부 단계 파동은 항상 전진하는 경우 5개, 조정의 경우 3개이다. 즉 모든 사이클은 하나 낮은 단계의 21개 파동을 갖고 있다.

채널^{점선}과 파동 Ⓥ최상단의 '돌파'에 주목하라^{T 14:1}.

R. N. 엘리어트

해설 서신 2번
1938년 3월 31일부터 11월 28일까지

해설 서신 1번은 하나의 완결된 사이클이 형성된 1938년 3월 31일부터 11월 10일까지의 기간을 다루었다. 학습자들의 파동 이론 적용을 돕는 것이 서신의 목적이고, 이를 위해 세 개의 차트를 제시하였다. 이번 서신의 다음 페이지에 같은 기간을 일봉 대신 주봉을 사용해 표시했다. 언급했던 사이클의 조정이 일봉뿐 아니라 주봉에서도 관찰되고 있다.

주봉 차트에서 사이클의 모든 파동은 ①파동을 제외하면 명확한데, ①파동의 하위 파동들은 1번 서신의 일봉 차트에서 명확하게 관찰되었다.

속도가 빠른 시장에서 일봉은 필수적이고, 시간봉은 필수는 아니더라도 유용하다. 반면, 파동의 주기가 길거나 움직임이 느린 경우에는 일봉이 불분명하기 때문에 주봉으로 압축하면 명확해진다 T 26:9:10 및 27:3 .

11월 10일의 최고점에서 11월 28일까지의 하락은 사이클의 조정이다. 주봉과 일봉 모두에서 관찰되는데, 일봉은 아래에 작은 차트로 표시하였다. 작은 차트의 측정 단위는 주봉 차트 단위를 2배 확대한 것이다. 첫 하락 파동 Ⓐ는 다섯 개의 작은 파동으로 뚜렷하게 세분화되는데, 이는 조정이 지그재그 형태일 것임을 가리킨다 ᵀ 17:1 A. 첫 하락 파동이 세 개의 작은 파동으로 구성되었다면 조정은 플랫 형태였을 것이다. Ⓑ파동은 일반적인 세 개의 작은 파동으로 구성되었는데, 이는 하락 추세의 조정 또는 망설임으로 볼 수 있다.

두 번째 하락 파동이며 Ⓐ파동과 함께 나타나는 Ⓒ파동은 일반적인 경우라면 Ⓐ파동처럼 5개의 작은 파동으로 구성되었어야 하는데, 6포인트인 하나의 파동만으로 이루어졌다. Ⓒ파동은 Ⓐ파동을 구성하는 파동들보다 한 단계 낮은 다섯 개의 매우 작은 파동으로 구성된다는 것에 주목할 필요가 있다. 이런 파동들은 오직 시간봉에서만 관찰되는데, 특히 다우존스 65 종합주가지수에서 두드러진다.

그렇지만 Ⓒ파동은 엄밀히 말하면 불완전하다. 불완전한 파동은 흔하지도 희귀하지도 않다. '특이하다' 정도가 적당한 표현일 것이다. 1937년 10월과 1938년 2월 ᵀ47과 48 사이에 형성된 큰 삼각형의 3파동과 4파동에서 두 개의 사례가 관찰된다. 참조의 편의를 위해 아래에 표시하였다.

파동 이론을 활용하게 되면 일반적으로는 마지막 하락 파동에서 매수할 것이다. 하지만 그렇게 할 수 없는 이유를 여기 매우 뚜

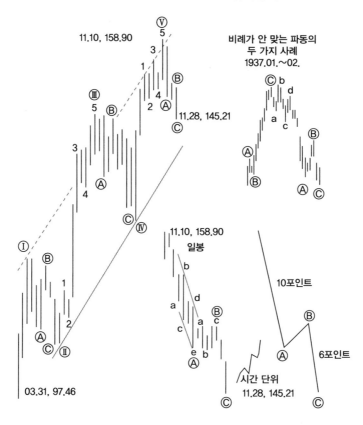

1938년 3월 31일부터 11월 28일까지의 다우존스 산업지수 주봉 차트

렷하고 희귀한 사례를 통해 소개하고자 한다. 압축된 ⓒ파동이 끝났다는 증거는 저점인 145.21포인트의 뒤를 이어 다섯 개의 파동 시간 단위으로 구성된 추세 전환이 일어난다는 사실에서 찾을 수 있다. 다섯 개의 상승 파동은 하락이 지속되었다면 일어날 수 없었을 것이다. 그러므로 ⓒ파동은 완료되었고, 다섯 개의 시간 단위 파동 다음에 세 개의 시간 단위 파동으로 이루어진 조정이 뒤이어 발생

해야 하는데, 이는 추세의 반전이 발생했다는 확실한 증거가 될 것이다. 서신 1번의 3페이지 1단락에서 다음과 같이 밝혔다.

"다섯 개의 파동으로 구성된 ①파동은 97.46포인트를 저점으로 확정해 준다. 1937년 3월 이후 이 단계에서 처음 나타난 5개로 이루어진 상승 파동 운동이기 때문이다."

직전 페이지 맨 아래 작은 차트 근처에 5시간 단위 파동의 전진을 표시하였다.

R. N. 엘리어트

해설 서신 3번
1938년 11월 10일부터 12월 24일까지

순수하게 교육적이고 시장 예측을 제공하지 않는 시장 해설 서신은 새로운 시도여서 아직은 그 차이를 잘 이해하기 어려울 수 있다. 파동 원칙이라는 현상은 최근에 발표된 것이기는 하지만 인간의 모든 행위에 언제나 존재해 왔다. 그렇기에 역사는 풍부한 증거로 가득하고 나의 저서에서도 많은 증거를 제시하였다. 해설 서신 구독 서비스가 연간 60달러인 데 비해 시장 예측 자문에는 일반적인 수준의 수수료가 부과된다는 공지에 주목해 주기 바란다.

아래 차트에 11월 10일 최고가부터 시작되는 조정과 현재 사이클의 첫 번째 상승 파동이 표시되어 있다. 이 조정에서 시장 추세를 짐작해 볼 수 있는데, 2번 서신에서는 이 부분을 의도적으로 생략했었다.

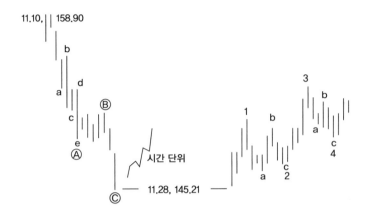

위 차트에 자세히 표시된 조정을 저서 17페이지 1단락의 지그재 그 형태와 비교해 보라. 이를 포함한 다른 두 형태는 완전한 조정이다. 지그재 그의 첫 번째 움직임인 Ⓐ파동은 저서와 차트 양쪽 모두에서 다섯 개의 작은 파동으로 구성되는데, 이 신호는 주의 깊게 봐야 한다. 하락 국면인 Ⓐ파동의 다섯 개의 파동을 보면, 일봉이든 시간 단 위든, 아래의 두 가지를 예측할 수 있다.

A. 실제로 그랬듯이, 조정이 지그재그 형태일 것이라는 점
B. 다섯 개의 파동으로 완전한 조정이 성립되었다는 점

나는 Ⓒ파동이 Ⓐ파동처럼 다섯 개의 작은 파동으로 구성되었으 리라고 예상했다. 하지만 그 대신 압축된 파동이 나타났는데, 때로 이런 일이 발생하기도 한다. 시간 단위로 표시된 11월 28일 종가부 터 시작되는 다섯 개의 상승 파동 형태는 아래 두 가지를 뜻한다.

A. ©파동의 종료와 완전한 조정, 그리고 그에 따른

B. 추세의 전환

해설 서신 4번은 특별히 흥미로울 것인데, 11월 28일의 145.21 포인트부터의 첫 번째 전진이 지금껏 언급되지 않았던 동시 발생 coincidence을 보여줄 것이기 때문이다.

R. N. 엘리어트

해설 서신 4번
1938년 11월 10일부터 1939년 1월 13일까지

다음 페이지에는 알파벳의 마지막 네 글자(W, X, Y, Z)로 표시된 네 개의 차트가 있다.

W 해설 서신 3번에서 나는 동시 발생 coincidence 에 대해 처음 언급한 바 있다. 1938년 11월 10일부터 12월 28일 사이에 다우존스 산업지수는 제법 괜찮은 삼각형을 형성했다. 삼각형은 5개의 파동을 가져야 하며, 그 각각은 3개 이하의 파동으로 구성되어야 한다. 지금의 경우는 제대로 형성된 것으로 보이지만 파동 4와 파동 5는 다소 의구심이 든다. 이 삼각형처럼 보이는 형태는 파동 ⑤의 꼭짓점에서 추가 상승할 것임을 시사하며 이는 서신 3에서 설명한 강세 징후와 일맥상통한다. 이 형태가 진짜 삼각형인지 의심을 들게 하는 단서가 적지 않았는데, 결국 삼각형이 아니었던 것으로 판명되었다. 만약 제대로 구성된 삼각형이었다면 직전 사이클의 완전한

조정이었을 것이지만, 이 경우에는 꼭짓점이 훼손되었기 때문이다.

X 이 차트는 1938년 11월 10일의 158.9포인트부터 1939년 1월 13일의 146.03포인트까지의 다우존스 산업지수를 보여준다. 11월 10일부터 28일까지에 걸친 조정은 'd'와 'e'점선 참조 사이의 다섯 번째 마이너소형 파동이 형성되는 데 실패했다는 점을 제외하고는 서신 3에서 설명된 대로 움직였다. 이런 실패는 매우 드물고 그 중요성은 살펴보고 있는 파동의 단계 다시 말해 급에 따라 다르다. 지금의 경우에는 사소한 것이다. 이러한 실패가 발생하면 일반적으로 이를 만회하려는 움직임이 생기는데 이 경우에는 없었다[T 20:2]. 사소한 실패가 1938년 3월~11월 사이클에서 하나 발생했는데, 서신 1번에서 설명한 바와 같이 10월 25일이다. 당시에 다른 산업지수들과 다우존스 철도지수에서는 이러한 실패가 나타나지 않았다. 현재 시점에는 철도지수에서도 실패가 나타났지만 유틸리티지수에서는 나타나지 않았다. 차트 Z를 참조하라.

해설 서신 3번에 다음과 같은 내용이 있다.

"나는 ⓒ파동이 Ⓐ파동처럼 다섯 개의 작은 파동으로 구성되었으리라고 예상했다. 하지만 그 대신 압축된 파동이 나타났다."

11월 28일 145.21포인트에서 발생한 ⓒ파동의 미완성 때문에 앞선 단락에서 언급한 다섯 번째 소형 파동의 실패가 일어났을 수

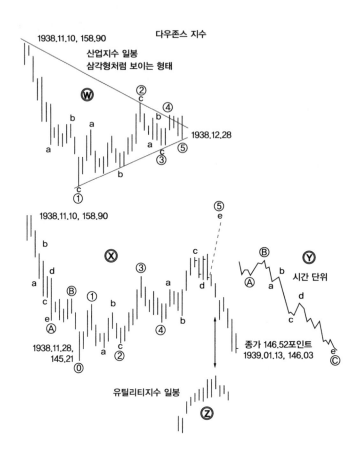

도 있다. 이와 비슷한 미완성 사례가 떠오르지는 않지만 경험상 미완성 조정은 강세장이었다. C파동은 정해진 목표보다 약 4포인트 정도 부족하다. 후속 전진이 4포인트 정도 더 이어졌다면 다섯 개의 파동을 완성할 수 있었을 것이다.

나는 구독자들에게 시장 예측 서비스를 통해 초대형 주기 그랜드 슈퍼 사이클 측면에서 현시점의 시장 움직임은 언론 보도에 민감하게 반응할 수 있고, 앞서 설명한 파동의 실패처럼 여러 불규칙성이 나타날 수 있다고 종종 경고했다.

파동 원칙의 장점 중 하나는 불규칙성을 드러내준다는 것이다. 파동 이론 없이는 '상승'과 '하락'의 두 움직임만 있을 뿐이다. 파동 원칙은 '방법'이나 '학설'이 아니라 실제 움직임이다.

Y 가장 오른쪽에 있는 차트는 12월 30일 154.94포인트(c)의 정상적인 고점^{OT}부터 1939년 1월 13일 146.03포인트 저점까지의 시간 단위 기록이다. 이 조정이 Ⓐ, Ⓑ, Ⓒ 등 세 개의 파동으로 이루어졌다는 것에 주목하라. Ⓐ파동과 Ⓑ파동은 각각 3개씩의 파동으로 구성되어 있고, 통상 그렇듯 Ⓒ파동은 5개의 파동으로 구성되어 있다.

거래량이 매우 낮을 때, 다우존스 산업지수의 특정 고가 주식에 거래가 없으면 가장 작은 시간 단위 파동에 이상이 생긴다. 얼라이드 케미컬Allied Chemical, IBMInternational Business Machines, 이스트만 코닥Eastman Kodak 등과 같은 주식들은 거래가 몇 시간 동안 없을 수도 있다. 이렇게 거래가 없는 동안 시장이 크게 변동한 경우 그 영향이 얼마나 클지는 쉽게 상상이 될 것이다.

R. N. 엘리어트

해설 서신 5번

1938년 11월 10일부터 1939년 1월 26일까지

아래의 차트는 이중원 안의 V, W, X, Y, X를 사용하여 표기하였다.

W 다우존스 산업지수의 하락 규모가 커 문자와 숫자 기호를 포함해 새로 분석하였다. 가장 중요한 기간은 ⓒ의 3, 4, 5번 파동에 해당하는 기간이다.

Z 다우존스 65 종합지수의 시간 단위 차트는 시장 움직임을 가장 명확하게 보여주고 완벽한 삼각형이기 때문에 대단히 중요하다. 저서의 27페이지 3단락의 내용은 다음과 같다. "결코 중요한 시간 단위주간, 일간, 시간 중 하나에만 의존하지 말고, 파동의 숫자를 분석할 때 그 모두를 염두에 두어라." 3, 4, 5파동은 과도하게 빠르기에 시간을 지표로 삼아야 한다. 파동 3은 5개의 한 단계 낮은 파동으로 이루어져 있다. 파동 4는 전형적인 abc다. 'c'는 완벽한 삼각형

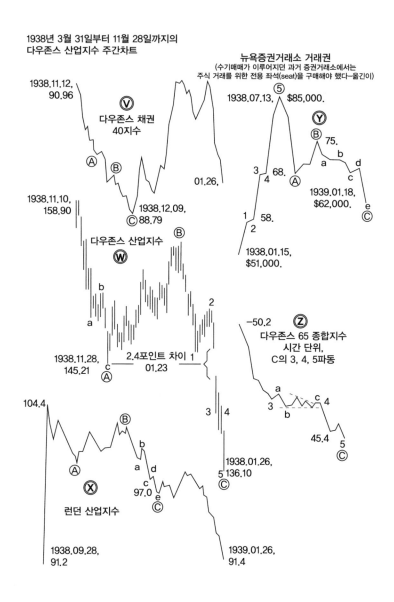

1938년 3월 31일부터 11월 28일까지의
다우존스 산업지수 주간차트

뉴욕증권거래소 거래권
(수기매매가 이루어지던 과거 증권거래소에서는
주식 거래를 위한 전용 좌석(seat)을 구매해야 했다―옮긴이)

1938.11.12,
90.96

Ⓥ

다우존스 채권
40지수

Ⓐ   Ⓑ

01.26,

1938.07.13, $85,000.
Ⓢ

Ⓨ

Ⓑ 75.

3   68.
4   Ⓐ

1939.01.18,
$62,000.

a
c   d
b   e

Ⓒ

1   58.
2

1938.01.15,
$51,000.

1938.11.10,
158.90

1938.12.09,
Ⓒ 88.79

다우존스 산업지수
Ⓦ

Ⓑ

b

a

2

2.4포인트 차이 1
01.23

1938.11.28,
145.21

c

Ⓐ

−50.2   Ⓩ

다우존스 65 종합지수
시간 단위,
C의 3, 4, 5파동

a   c 4
3
b
45.4 5
Ⓒ

3   4

5 136.10

1938.01.26,
Ⓒ

104.4

Ⓑ

Ⓐ

Ⓧ

런던 산업지수

b

a   d
c
97.0   e
Ⓒ

1938.09.28,
91.2

1939.01.26,
91.4

인데, 'c'의 파동 2가 하락하고 있는 것이 고점으로부터의 방향성
을 보여준다. 삼각형 직후에 나오는 추진은 언제나 현재 움직임의

마지막이다. 이 경우에, 파동 5는 5개가 아닌 3개의 파동으로 이루어져 있다. 가끔 마지막의 시간 단위 파동이 형성되지 않는데, 특히 움직임이 빠를 때 그렇다. 예를 들어 저서 47페이지의 시간 차트의 마지막 부분을 주목해 보라. 조정의 형태가 압축되고 쭈글쭈글하다면 강세장으로 해석할 여지도 있다.

X 1938년 9월 28일에 런던 산업지수는 1936년 12월에 시작된 완전한 조정 주기의 저점인 91.2포인트를 기록하였다. 91.2포인트로부터 104.4포인트까지 강세장 패턴이 나타났다. 그 다음에는 ⓒ97.0 포인트에서 끝나는 전형적인 ABC 조정이 나타났다. 차트를 보라. 그 지점부터 1월 26일의 저점인 91.4포인트까지, 적어도 나의 연구에서는 선례가 없었던 불규칙성이 나타났다. 이 불규칙성은 뉴욕 시장에 확실한 위협이다. 런던과 뉴욕이 비록 완벽한 동조를 이루는 일은 드물지만, 중요한 전환점은 두 곳에서 거의 동시에 나타난다는 점을 기억한다면 말이다. 이 불규칙성으로 인해 런던 시장은 새로운 약세장의 저점까지 내려갔고, 뉴욕 시장에서도 혼란이 커질 뻔했다.

Y 여전히 진행 중인 거래량 사이클의 조정은 뉴욕 시장의 약세 요인이 되었다. 증권거래소 거래권의 매매 주기는 뉴욕증권거래소 NYSE에서의 주식 거래대금과 비슷한 추이를 보인다. 이는 저서 35, 36페이지의 차트에 나타나 있고, 24페이지 6단락과 7단락, 25페이지, 31페이지 4단락에도 기술하였다. 이 차트는 1938년 6월 15일

의 저점인 5만 1천 달러부터 1938년 7월 13일까지의 강세장, 그리고 6만 2천 달러까지의 일반적인 ABC 조정을 표시하였다. 이후 6만 2천 달러보다 다소 낮은 가격으로 거래될 수 있지만 파동의 패턴을 바꾸지는 않을 것이다. 이 차트로 짐작건대 머지않아 거래량의 증가가 예상된다.

3번 서신과 4번 서신에서는 11월 고점인 158.90포인트부터 145.21포인트까지의 하락 구간을 설명하였다. 이는 압축된 형태지만 지그재그이므로 조정의 끝이었다. 같은 기간에 다우존스 채권지수인 V는 지그재그 형태로 하락하였지만 저서 17:1A에 표시한 모양대로 완결되었으므로 당시 형성된 저점을 훼손하지 않았다. 유틸리티지수는 12월 9일에 형성된 저점을 훼손하지 않았고, 오히려 두 번째 사이클에 큰 폭으로 상승했다. 철도지수는 단 1포인트 차이로 12월의 저점을 훼손하였다.

그러므로 미국 산업 주도주를 보유한 유럽 주주들은 심각한 압박을 받은 끝에 어쩔 수 없이 거래량이 부족한 미국 시장에 1월 23일 대규모 매도 물량을 쏟아냈고, 그 결과 다우존스 산업 평균에서 2.4포인트의 갭이 발생하게 되었다는 것이 명백해졌다.

R. N. 엘리어트

해설 서신 6번
1939년 1월 26일부터 4월 11일까지

오른쪽 차트는 모두 다우존스 산업지수를 나타낸 것으로, W, X, Y의 이중원 기호로 표시하였다.

그래프 W는 1월 26일 136.10포인트부터 4월 11일 120.04포인트까지의 일봉 차트다. 136.10포인트에서 끝난 5번 서신의 그래프 W에서 이어지는 것이다. 이번 서신의 그래프 W는 3개의 파동으로 이루어진 136.10포인트부터 152.71포인트까지의 전진을 보여준다. (5)를 가리키는 위쪽의 화살표에 주목하라. 또 다른 전진 파동, 즉 5파동이 완성되었어야 한다는 뜻이다. 152.71포인트를 약 4포인트 하회하는 조정이 적합한 상황이었지만, 그 대신 120.04포인트까지의 빠른 하락이 나타났다. 저서 20페이지의 두 번째 단락을 보라. 이 실패의 의미는 향후 논의할 것이다.

그래프 X는 '시간' 단위 기록이며, 위에서 언급한 빠른 하락을 보

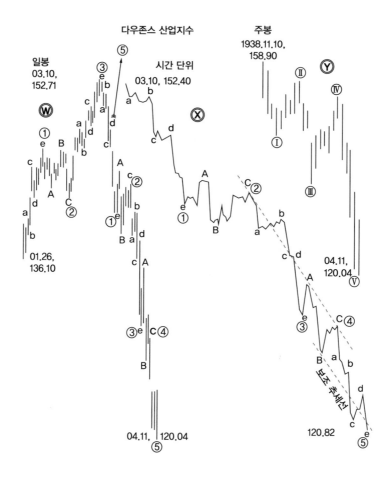

여준다. 우선 ①에서 ⑤까지의 숫자를 주의 깊게 보고, 그 다음에
는 한 단계 낮은 세부 파동, 즉 ①번, ③번, ⑤번 파동의 소문자 a에
서 e까지, 그리고 ②번, ④번 파동의 대문자 A, B, C를 보라.

　하락 파동이 연장되었을 뿐 아니라 저서 19페이지의 3단락에서
설명한 '약한' 타입의 조정이다. 현 상황에서 바닥에 근접한 5파동
의 a에서 b는 과도하게 약하다.

또 다른 중요한 특징은 ④의 C파동에서 보이는 대각삼각형인데, 이는 하락의 종료 시점이 다가왔다는 것을 확인해 준다. 저서 21페이지의 4단락 참고.

④의 B파동은 한 단계 낮은 3개의 파동으로 구성되는데, 이는 ④파동이 끝나지 않았다는 뜻이다. 이 패턴의 예시는 저서 46페이지의 그래프를 참조하라4의 B파동.

하락 속도가 빠르면서 가속하는 것은 유럽 시장의 전쟁 뉴스 때문이며, 이런 상황에도 불구하고 파동 원칙은 어긋나지 않았다.

②번과 ④번 파동을 잇는 주추세선과 보조 추세선, 그리고 저서 14페이지의 1단락에 설명한 '돌파'에 주목하라.

그래프 Y는 1938년 11월 10일부터 1939년 4월 11일까지의 주봉 그래프이며, 해설 서신 2번에 실린 주봉 그래프에서 이어지는 것이다. Ⅲ파동의 끝은 직전 상승 사이클의 정상적인 종결점인 1월 26일의 136.10포인트다. Ⅳ파동에는 분명히 3개의 파동이 있는데, 원래는 이번 서신의 W에서 설명한 것과 같이 5개의 파동이 있었어야 한다.

R. N. 엘리어트

해설 서신 7번
1938년 3월 31일부터 1939년 4월 11일까지

서신 6번 W 단락에서, 나는 '이 실패의 의미는 향후 논의할 것'
이라고 언급했다.

다음 페이지에는 U, V, W, X, Y, Z로 표시한 여섯 개의 그래프
가 있다.

W는 저서 17페이지 1단락을 전재한 것으로, 지그재그 패턴이다.

X는 W와 같은 패턴이지만 그래프 맨 위의 1937년 3월부터 시
작된 현재의 약세장을 명시하기 위해 확대한 것이다. A파동의 끝은
1938년 3월이다. 그래프 X의 B파동을 확대해 세부 사항을 표시한
것이 그래프 Y다.

그래프 Y는 다음과 같은 시장 움직임을 포함하고 있다.

1938년 3월부터 11월까지 a파동

1938년 11월부터 1939년 1월 26일까지 b파동

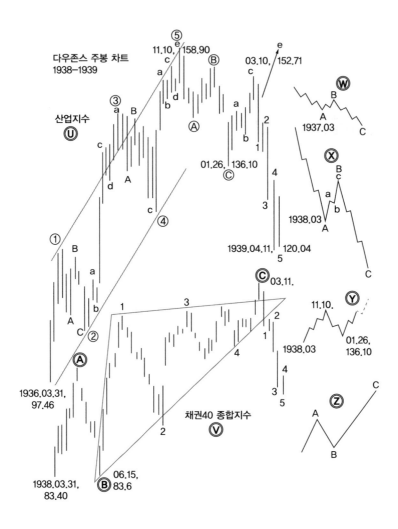

다우존스 주봉 차트
1938-1939

산업지수
Ⓤ

③
④
⑤ 11.10, 158.90
Ⓐ Ⓑ 03.10, 152.71
Ⓒ 01.26, 136.10
1939.04.11, 120.04

① Ⓐ 1936.03.31, 97.46

채권40 종합지수
Ⓥ

Ⓑ 06.15, 83.6
1938.03.31, 83.40

Ⓒ 03.11.
1938.03
11.10, Ⓨ 01.26, 136.10

Ⓦ
1937.03
Ⓧ 1938.03
Ⓩ

1939년 1월 26일부터 3월 10일까지 c파동

그래프 U실선의 끝은 3월 10일의 152.71포인트에 해당하고, 점선
은 실현되지 못한 움직임을 나타낸다.

U는 다우존스 산업지수의 주봉 차트로, 그래프 Y와 동일한 기간을 다루고 있다. 'e'를 가리키는 화살표는 그래프 Y의 점선 부분에 해당한다. 3월 10일 152.71포인트부터 4월 11일의 120.04포인트까지의 움직임은 그래프 X의 B파동을 하회하는 첫 파동이다.

저서에 등장한 패턴은 현재 시장 상황과도 관련이 많으므로 이와 연관된 여러 사례를 소개하고자 한다. 실패는 극히 드물게 나타난다. 파동 이론 학습자만이 언제, 왜 실패가 일어나며 그 의미가 무엇인지 파악할 수 있다.

V는 다우존스 채권종합지수의 움직임을 나타내며, 바로 위의 그래프 U와 일치하는 기간을 다룬다. 이 지수는 산업지수 그래프 U와 결정적으로 다른 패턴을 보이기에 선정했다. 최초의 두 파동 Ⓐ와 Ⓑ는 U의 1, 2와 같은 형태지만, 그 후의 Ⓒ파동은 윤곽선을 따라 보이는 것처럼 삼각형이다. 삼각형의 다섯 번째 부분4에서 5은 3월 11일이 속한 주에 끝났으며, 필수적인 숫자인 3개의 파동으로 이루어졌다. 삼각형은 언제나 조정이다. 저서 21, 22, 23페이지를 보라. 삼각형을 포함한 전체 움직임의 최종 결과를 그래프 Z로 표시했는데, 그 핵심은 1938년 3월 31일부터 시작된 3개의 상승 파동이 그래프 W와 X, 그리고 X의 B파동을 단순화했을 뿐인 Y에 부합하도록 1939년 3월 11일 약세장 랠리를 완성했다는 것이다.

U와 V에서 상승과 하락은 거의 동일하다. 두 그래프 모두 1월 26일에 저점을 기록했다. U의 Ⓒ파동의 136.10포인트와 V의 4파동을 보라. 그 지점 위로 두 그래프 모두 세 개의 파동이 나타났다.

이 세 개의 파동은 삼각형 패턴을 완성하는 데 꼭 필요한 요소였으며, 그래프 U에서 다섯 번째 파동이 나타나지 못한 원인이기도 하다.

삼각형 꼭짓점에서의 빠른 하락은 저서 22페이지의 2단락 A에서 나타난 패턴에 부합한다. 삼각형은 1938년 6월부터 1939년 3월까지 9달 동안 지속되었다. 저서 48페이지에 형성에 4개월이 걸린 삼각형이 실려있는데, 그때까지 기록된 것 중 가장 큰 삼각형이었다. 47페이지에 실린 2월 23일부터 3월 31일까지의 급격한 하락에 주목하라. 이는 그래프 U의 3월 10일부터 4월 11일까지와 똑같다.

요약:

1. 채권은 완벽한 패턴^{3부분}으로 약세장 랠리를 완성했다.
2. 철도지수와 철도장비 섹터는 채권과 유사한 삼각형을 완성했다.
3. 유틸리티지수는 '이중 3파동'이라 불리는 또 다른 패턴으로 랠리를 완성했다.
4. 산업지수^{그래프 U}는 랠리를 완성하기에는 비교적 작은 파동 하나가 부족하다.

R. N. 엘리어트

해설 서신 8번
1939년 4월 11월부터 6월 9일까지

미국 연방채권: 뒤에 나오는 그래프 W는 장기국채가 7.5년의 강세장 사이클을 마치고 현재 하락하고 있음을 나타낸다. 모든 종류의 국채가 같은 움직임을 보인다.

삼각형: 그래프 W 아래에 있는 그래프 Z에 나타난 것처럼, 다우존스 산업지수는 1937년 3월에 시작된 삼각형 윤곽을 1939년 6월 30일 128.97포인트로 완성했다. 이는 정상적인 삼각형이 아니다. 삼각형의 모든 부분이 세 개가 아닌 다섯 개의 소형 파동으로 이루어져 있기 때문이다. 마지막 부분은 예외로, 3개의 파동이 있다. 게다가 강세장의 상단에서 시작해 하락 추세를 보이기 때문에 2파동, 4파동과 같은 조정의 역할을 하지 못한다. 이와 관련해서는 뒤에 나오는 표에 기재된 저서 페이지를 참조하라.

	페이지	단락
대각삼각형	21	4
수평삼각형	21	2와 3, 고점에서의 추진 참조
수평삼각형	22	2A
1937년 10월~1938년 2월까지의 삼각형	47	
1937년 10월~1938년 2월까지의 삼각형	48	
소형 삼각형 파동	23	5
삼각형 기간의 거래량	24	4

1929년 9월에 시작된 비슷한 삼각형 윤곽도 앞서 말한 이유로 정상적이지 않다. 이러한 윤곽은 단지 우연인데, 문의가 많아 언급해 둔다.

추진: 정상적 삼각형의 꼭짓점으로부터 삼각형의 2파동이나 4파동 방향으로 빠른 움직임이 나타나는데, 저서 47, 48페이지와 해설 서신 7번에서 설명한 바 있다. 나는 이를 '추진'이라고 부른다. 추진이 완료되면 1938년 3월 31일과 1939년 4월 11일에 일어났던 것처럼 상당 규모의 반등이 뒤따른다. 반등의 정도는 외부 요소에 따라 달라진다.

그래프 X는 다우존스 산업지수의 1939년 4월 11일부터 6월 9일까지의 일봉 차트다. 이 움직임은 '플랫'으로 시작했고 지속적인 하락을 이어갔을 것이다. A, B, C는 '플랫'에 속한 파동이다. A와 C는 높이가 비슷해야 하고, B와 저점도 마찬가지다. a에서 e까지의 소문자는 전진에 해당하며, 하나 높은 단계의 1파동을 구성한다. c와

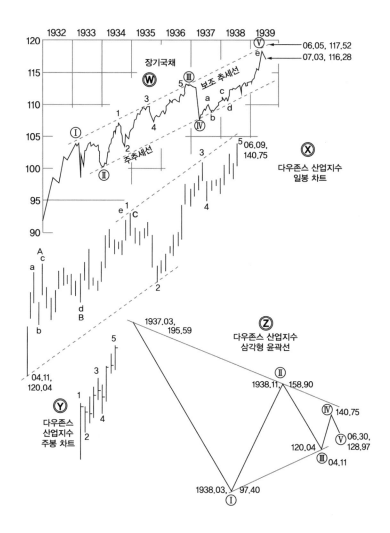

d 사이에서 시장 심리가 바뀌었다. 움직임이 진행 중인 상황에서 패턴이 바뀌는 것은 특이한 일이고 시장 심리 변화의 명확한 사례다.

그래프 Y는 같은 지수, 같은 기간의 주봉 차트이며 상황을 분명하게 보여준다. 저서 27페이지 3단락을 보라. 다음 서신에서는 국채의 현재 상태, 삼각형 윤곽, 회사채 시장의 추진이 주식에 미치는 기술적 영향에 대해 논의할 것이다.

강세장: 강세장 기간에는 그 전반에 걸쳐 강력한 기술적 매수세 유입이 있고 경제적인 실책이 발생해도 이를 무시하는데, 이런 실책은 다음번 약세장에 반영된다. 1932년~1937년에 있었던 가장 최근 강세장의 그래프를 참조하라. 그 5년 동안 저서에서 밝힌 전례에서 벗어나는 사례는 하나도 없었다. 24페이지의 1, 2단락을 보라. 1938년 3월부터 11월까지의 움직임은 해설 서신 1번에 실린 완벽한 사이클의 패턴이지만 강세장은 아니다. 정상적인 강세장들은 보통 서로 멀리 떨어져 있다.

약세장: 일반적으로 약세장은 강세장보다 오래 지속된다. 저서 38페이지를 보라. 약세장, 특히 약세장 랠리는 변덕스럽고 불안정하다. 직전 강세장 때부터 발생했던 경제적 실책을 바로잡으려는 정책적 시도가 오히려 상황을 악화시키는 경우가 많다. 몇몇 기술적 영향, 예컨대 활력적인 회사채 시장 때문에 약세장에서 일시적으로 반등이 나타날 수 있다. 7번 서신을 보라.

R. N. 엘리어트

기밀 서신

1939년 9월 6일

내가 시장 관측을 시작한 이래 근래의 기술적 시장 상황은 다른 어느 때보다도 더 복잡하면서도 흥미롭다. 파동 이론을 숙지하지 않으면 지금 시장 상황의 중요성을 이해하고 평가하지 못할 것이라 해도 과장이 아닐 듯하다. 다음 페이지에 여섯 개의 차트를 첨부했는데(U, V, W, X, Y, Z), 요소와 중요성은 다양하지만 모두 관련이 있다.

Z 다우존스 산업지수는 4월 11일 120.04포인트로 저점을 찍었고, 7월 13일에 그 세 번째 상승 파동이 145.75포인트로 고점을 기록했다. 이 움직임의 1파동은 5월 27일자 서신에 설명한 것처럼 과하게 느리고 헷갈렸다. 이렇게 지체되지 않았다면 지수는 훨씬 높이 상승했을 것이고 7월 18일에 5개의 파동을 완성했을 것이다. 이 지체로 인해 한 달 먼저 시작한 경기 사이클 그래프 W이 다우존스 산업지수를 따라잡았고, 경기 사이클과 다우 지수 사이클의 3

파동은 7월 18일에 동시에 고점에 이르렀다. 그 후 두 지표는 같이 횡보하는 움직임플랫을 보였다. 두 차트를 유심히 보라. 경기 사이클은 다섯 번째 파동을 시작했고 전진을 계속하고 있지만, 다우존스 산업지수의 C파동은 큰 폭의 하락을 기록하고 있다. 이 왜곡은 런던 산업지수그래프 Y로 인해 발생한 것인데, 런던 산업지수는 1월 26일 91.4포인트로 약세장 삼각형을 시작했고, 7월 28일 101.4포인트로 꼭짓점을 기록했다. 그 시점부터 5개의 파동으로 이루어진 하락 추진을 시작하고, 내가 8월 17일자 서신에서 예측한 것처럼 9월 초순 약 88포인트로 저점을 기록할 것이다. 런던 산업지수는 8월 24일 92.4포인트를 기록했다. 8월 31일부터 런던증권거래소는 폐쇄되었다.

나는 일반적으로는 이런 기술적 특징이 미국 시장에 특별히 중요하지 않다고 여겼을 것이다. 그러나 나는 전쟁의 위협을 약세장 삼각형의 원인으로 가정하고, 8월 17일자 서신에서 다우존스 산업지수의 강세 추세가 꺾이고 런던 시장과 동조화할 것임을 밝혔다. 8월 26일자 서신에서 보듯 이는 사실로 증명되었다. 그와 함께 124포인트가 다우존스 산업지수의 바닥일 가능성이 있다고도 예측했다.

X 2등급 채권 사이클도 런던 시장의 영향력에 굴복했다. 구독자 여러분도 이 채권지수와 다우존스 산업지수가 보통 함께 움직인다는 것을 알 것이라고 생각한다. 채권지수는 9월 1일 금요일에 5개 파동으로 이루어진 하락 추진을 확실하게 완료하였고 저점에 계속 머물러 있었다. 반면 다우존스 산업지수(Z)는 9월 1일 오

파동 이론

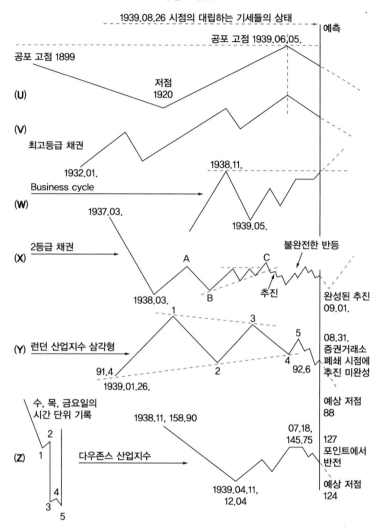

후 2시에 과하게 짧은 5개의 소형 파동 차트의 시간 단위 기록을 보라. 을 기
록하고, 124포인트가 아닌 127포인트에서 반전한 후 극적인 전진

Advance을 기록했다.

8월 26일자 서신에서 빠르고 큰 규모의 랠리를 전망하면서 아래의 세 가지 이유를 들었다.

1. 유리한 경기 사이클
2. 고등급 채권 사이클의 종료
3. 그리고 낮은 수준의 현재 주가
4. 유럽의 정치 현안을 네 번째 이유로 추가한다.

재무부가 국채 시장을 지원한다는 신문 보도가 있었다. 재무부는 하락을 완화할 수는 있겠지만 멈출 수는 없을 것이다. 5월 27일자 서신에서 언급한 것처럼 상승 사이클이 끝났기 때문이다. 경제적 사이클에 개입하는 것은 재앙으로 끝난 영국 재무부의 파운드화 부양 시도와 같은 결과를 낳을 것이다.

존경하는 마음을 담아
R. N. 엘리어트

해설 서신 9번
1939년 4월 11일부터 9월 13일까지

런던 산업지수의 움직임이 뉴욕 시장의 움직임을 압도할 정도의 영향력을 발휘한 것은 기술적으로 드물고도 중요한 상황이다. 이에 대해서는 9월 6일자 기밀 서신과 거기에 실린 '1939년 8월 26일 시점의 대립하는 기세들의 상태'라는 차트에서 자세히 설명한 바 있다. 한 지수가 압도적인 영향력을 발휘하는 비슷한 사례에 대해서는 해설 서신 7번에서 설명했다.

다음 페이지에 다우존스 산업지수와 런던 산업지수의 차트가 있다.

그래프 R은 1939년 4월 11일부터 9월 13일까지의 다우존스 산업지수 주봉 차트다.

그래프 S는 9월 13일까지의 2파동, 3파동으로, '플랫', '추진', '반등 rebound'이 등장한다. 1파동은 직선으로 표시했는데, 1파동의 자세한 일봉 차트는 해설 서신 8번에 실려있다.

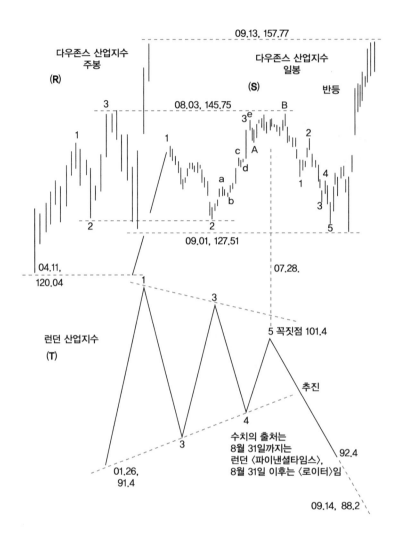

다우존스 산업지수
주봉
(R)

04.11,
120.04

런던 산업지수
(T)

09.13, 157.77

08.03, 145.75

다우존스 산업지수
일봉
(S)

반등

09.01, 127.51

07.28.

5 꼭짓점 101.4

추진

수치의 출처는
8월 31일까지는
런던 〈파이낸셜타임스〉,
8월 31일 이후는 〈로이터〉임

01.26,
91.4

92.4

09.14, 88.2

그래프 **T**는 런던 산업지수에서 나타난 정상적인 삼각형인데, 꼭짓점 다섯 번째 파동의 마지막이 발생한 날짜7월 28일와 다우존스 산업지수와의 관계에 주목할 필요가 있다. 그 시기에 다우존스 산업지수는 5파동의 준비 단계로 플랫의 A파동, B파동을 형성했다. 플랫의 C파동은 140포인트 전후에서 끝났어야 했다. 이것은 내가 시장 관측을 시작한 이래 플랫이 움직임을 계속3파동해서 이어나가지 못한 첫 사례이다. 2파동은 지그재그였다. 지그재그와 플랫은 보통 교대로 나타난다. 9월 6일자 서신의 4단락을 참조하라.

런던 산업지수에서 꼭짓점 아래부터 88포인트까지의 움직임은 '추진'이다. 뉴욕 시장이 런던과 동조화함에 따라 다우존스 산업지수의 B에서 5까지의 움직임도 '추진'으로 보아야 한다. '추진' 이후에 발생한 움직임은 '반등'이다. 다우존스 산업지수의 반등이 격렬한 이유는 9월 6일자 서신하단에서 설명한 4가지 이유, 그리고 8월 26일자 서신의 예측과 같다.

런던 산업지수는 현재 8월 17일자 서신에서 예측한 저점인 88포인트 내외를 기록하고 있으며, 반등은 아직 시작되지 않았다.

R. N. 엘리어트

해설 서신 10번

W 다음 페이지의 그래프는 다우존스 산업지수다. 9월 13일부터 10월 9일까지, 저서 21페이지 3C단락에서 설명한 대칭형 수평 삼각형이 나타났다. 이 삼각형의 출현은 10월 9일의 꼭짓점 이후에 5개의 파동으로 이루어진 작은 상향 추진의 조짐이다. 지금까지 추진은 항상 빨랐고 실패하는 경우도 없었다. 그러나 이번 추진은 느렸고 점선이 가리키는 것처럼 다섯 번째 부분을 형성하는 데 실패했다. 저서의 20페이지 2단락을 보라.

X Y Z 이 그래프들은 W와 같은 기간을 표시하며 모두 윤곽이 다르다.

Z는 개인적으로 산출한 산업지수다. 윤곽선은 저서 21페이지의 3B에서 보인 것처럼 밑변이 평평한 삼각형이다. 구조적으로 보면,

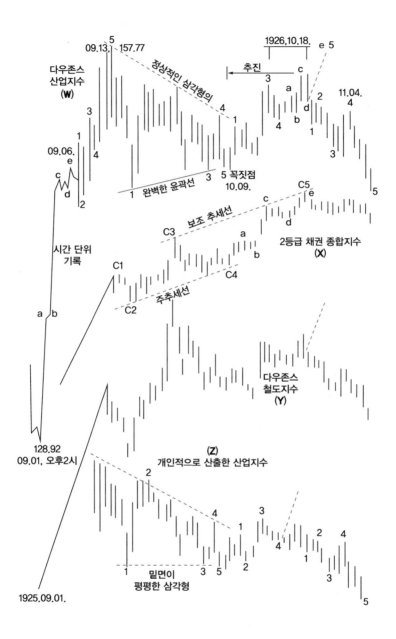

각 부분은 정상적이지만 윤곽선은 두 번째 부분이 위쪽 선을 관통

하기에 약간 불완전하다. 중요한 결함은 아니다. 추진은 완성되지 못했고 그 이후 나타난 움직임은 다우존스 산업지수보다 약해 보인다.

Y 다우존스 철도지수의 삼각형 기간 내 파동 구성은 다우존스 산업지수와 유사하지만 삼각형의 윤곽을 전혀 이루지 못했다.

X 2등급 채권 종합지수의 움직임도 삼각형 기간 동안 상승, 하락 양방향의 파동 구성 측면에서 산업지수의 구성과 유사하다. 삼각형 기간이 끝난 이후에는 시장의 과열이 없었음에도 추진이 훌륭하게 발달했다. C1에서 C5까지 채널과의 접촉을 주목하라.

W 움직임이 매우 빠를 때는 시간 단위 기록이 필수적이다. 왼쪽 끝부분의 다우존스 산업지수 시간 단위 기록을 주목하라. 저서 27페이지의 3단락을 보라.

일부 섹터와 개별 주식은 정상적인 패턴으로 추진을 완성했다.

이전 서신들에서 설명한 것처럼, 삼각형의 완성 이후에는 추진이 뒤따르고, 이는 움직임의 종결을 나타낸다. 이 경우에는 4월 11일에 시작된 움직임을 뜻한다. 최근의 추진은 그것의 다섯 번째 파동이다.

R. N. 엘리어트

해설 서신 11번
1939년 10월 25일부터 1940년 1월 3일까지

뒤에 W, X, Y, Z의 그래프 네 개를 실었다.

X는 1937년 3월 10일부터 1939년 10월 25일까지의 다우존스 산업지수다. 저서 17페이지 1단락 도표 A의 지그재그 패턴을 주의 깊게 보라. 도표 B의 B파동이 보여주는 그림이 1938년 3월부터 1939년 10월 25일까지의 움직임과 더 부합한다.

모든 조정의 주요 윤곽선은 언제나 같다. 그래프 X의 1939년 4월 11일부터 10월 25일까지의 B, C파동은 추가 설명이 필요할 것이다. 저서의 16페이지 2, 3단락을 주의 깊게 보기 바란다. B파동은 저서 16페이지 3단락의 도표 C에서 보이는 불규칙 타입이다. 3개의 소형 파동은 a, b, c로 표기하였다. c가 a 아래로 하락한 것에 주목하라. 해설 서신 10번에서 9월 1일부터 9월 13일까지에 대해 설명하면서

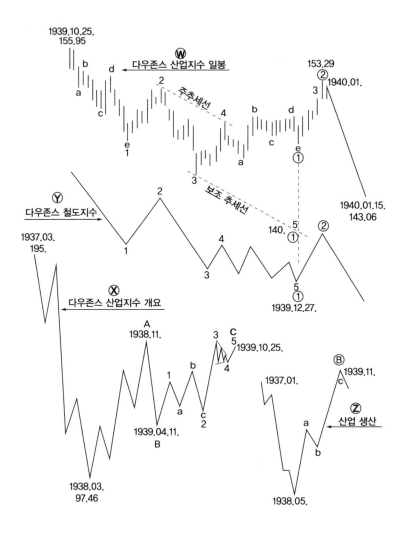

밝힌 것처럼 3파동에는 3개의 소형 파동이 있다. 4파동은 9월 13일 부터 10월 9일 꼭짓점까지의 삼각형이다. 5파동은 서신 10번에서 보인 것처럼 다섯 개의 소형 파동을 갖고 있다. 다섯 번째 소형 파동의 다섯 번째 초소형 파동은 형성되는 데 실패했지만, 움직임 자체를 무효화하지는 않았다.

10월 25일의 고점이 1939년 9월 13일과 1938년 11월 10일의 전고점들을 넘지도, 도달하지도 못했지만 중요하지는 않다. 해설 서신 10번의 마지막 단락은 다음과 같다.

"이전 서신들에서 설명한 것처럼, 삼각형의 완성 이후에는 추진이 뒤따르고, 이는 움직임의 종결을 나타낸다. 이 경우에는 4월 11일에 시작된 움직임이다."

9월 13일에 나는 시장 예측 서비스에서 모든 증권을 즉각적으로 매도할 것을 권유했다.

W 이 그래프는 그래프 X에 나온 C의 5파동 추진의 고점인 10월 25일에서 시작하는 다우존스 산업지수 일봉이다. 파동 이론의 많은 강점 중 하나는 학습자들이 시장이 예상외의 모습을 보일 때, 내가 관찰한 바로는 약세장 랠리뿐인데 이를 알아낼 수 있다는 것이다. 해설 서신 8번의 마지막 단락을 보라.

그래프 Y 철도지수 5파동의 정확한 패턴을 바로 위에 있는 같은 기간의 산업지수와 비교해 보라. 두 점선의 교차점에 있는 숫자 5는 산업지수가 1939년 12월 27일[140포인트]에 하락했어야 할 지점을 가리킨다. 산업지수 소형 파동, 즉 a에서 e의 숫자와 위치는 정확했지만 a, c, e는 그 움직임이 크지 않았다. 그렇다 하더라도 나는 12월 27일을 ①파동[10월 25일로부터 시작]의 끝으로 본다. 12월 27일부터 1월

3일 153.29포인트까지는 ②파동이다. ②부터의 하락은 ③파동의 시작이다.

Z 이 그래프는 X, W와 같은 기간 동안의 산업 생산 개요다. 이는 저서 16페이지 3단락에서 설명한 것처럼, B가 A의 시작보다 약간 높다는 점에서 '불규칙' 패턴이다.

이 서신은 원래 예정 시기보다 훨씬 일찍 발간되었다. 시장이 오랫동안 횡보하면서 구독자들이 이를 어떻게 해석해야 할지 불안해할 것 같아서다. 내가 11월 21일자 시장 예측 서신에서 아래와 같은 힌트를 제공했는데, 읽어 보면 흥미로울 것이다.

"오랜 기간 지지부진한 두 개의 주목할 만한 사례가 발생했다.

1. 1904년 1월에서 6월까지 5개월 동안 4.09포인트 범위 내의 움직임. 저서 24페이지의 3단락을 보라. 2. 1909년 10월부터 1914년 7월까지 5년 동안 28포인트 범위 내의 움직임.

두 케이스 모두 정치에서 그 원인을 찾을 수 있다."

R. N. 엘리어트

해설 서신 12번
1939년 10월 25일부터 1940년 4월 8일까지

1939년 10월 25일부터 1940년 4월 8일까지에 걸친 추진의 상단에서부터의 움직임은 특별히 흥미롭고 배울 점이 많다. 매우 희귀한 패턴들이 등장한 데다, 지수가 다섯 달 동안 고작 13포인트 범위라는 극적으로 좁은 구간에서 움직였기 때문이다. 이의 원인에 대해서는 따로 첨부한 1940년 4월 1일자 '주식시장의 현재 상황'이라는 제목의 특별 서신에서 다뤘다.

그래프 U는 다우존스 산업지수를 보여준다. 하락 파동 (1)은 10월 25일부터 1월 15일까지의 기간을 다루며 한 단계 아래의 5개 파동으로 세분화된다. 이 중에서 4파동은 '이중 3파동'인데, 이는 일반적인 단일 3파동 Single 3, 일반적인 조정파동이 3개로 이루어짐을 나타냄-옮긴이과 동일한 중요성을 갖는다.

그래프 W는 이 같은 유형의 조정을 단순하게 표현한 것이다. 4파동의 특징은 지난 3개 파동을 합친 것과 같은 수준의 지속 기간이다. 상승 조정파동 (2)는 1월 15일부터 4월 8일까지에 걸쳐 있다. 패턴은 상승 '지그재그' 즉 5개 상승, 3개 하락, 5개 상승하는 형태로, 저서 17페이지 1단락 도표 A를 뒤집은 형태와 같다. 지속 기간은 극도로 길었다. 그래프 X를 보라.

그래프 V는 다우존스 철도지수를 나타낸다. 10월 25일부터 1월 15일까지 철도지수는 하락하는 5개의 파동을 완성했다. 이 중에서 세 번째 파동은 12월 27일 30.78포인트까지 연장되었다. 이 연장은 4, 5파동에 의해 '이중 되돌림' 되었다. 1월 15일부터 4월 8일까지 반전된 '불규칙' 플랫이 뒤따랐다. 이는 3개 상승, 3개 하락, 5개 상승하는 형태로, 전부 합쳐서 [2]파동을 형성한다. 이 패턴은 저서 16페이지의 마지막 도표를 뒤집은 형태와 같다. 그래프 Y를 보라.

R. N. 엘리어트

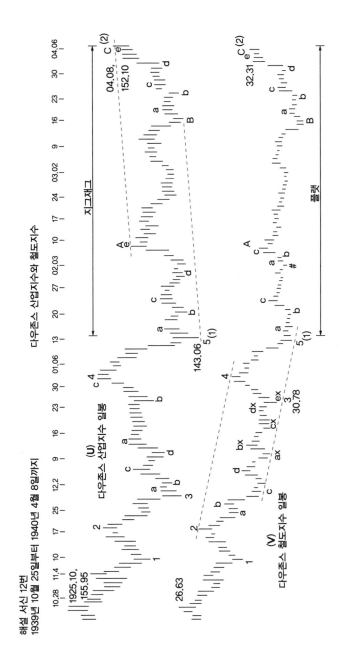

해설 서신 12번
1939년 10월 25일부터 1940년 4월 8일까지

다우존스 산업지수와 철도지수

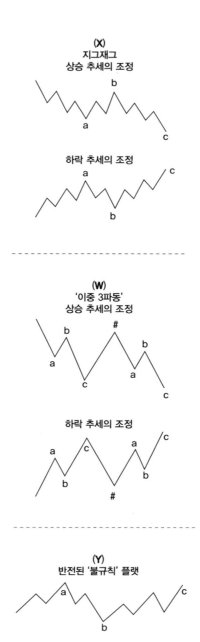

(X)
지그재그
상승 추세의 조정

하락 추세의 조정

(W)
'이중 3파동'
상승 추세의 조정

하락 추세의 조정

(Y)
반전된 '불규칙' 플랫

해설 서신 13번
1940년 4월 8일부터 6월 18일까지

그래프 **W1**은 해설 서신 11번 그래프 X에서 이어지는 1939년 10월 25일부터 1940년 6월 18일까지 다우존스 산업지수의 (1), (2), (3), (4) 파동을 보여준다.

그래프 **W2**는 해설 서신 12번 그래프 (U)의 (1), (2) 파동의 뒤를 잇는 (3)파동과 (4)파동을 보여준다. (3)파동과 (4)파동의 세부 사항은 매우 중요하고 철저한 학습이 필요하다. 소형주기 (3)파동의 미세주기들은 식별이 가능하지만 훨씬 낮은 지점까지 하락했어야 했다. 5월 15일 125.76포인트로 끝나는 소형주기 5파동의 미세주기들은 그래프 W3에서 보는 것처럼 시간 단위 기록으로만 식별이 가능하다. 빠른 속도 때문이다. 소형주기 5파동은 미세주기 5파동에서 연장되었다. xa, xb, xc, xd, xe를 주목하라.

그래프 **W2**는 5월 15일에서 6월 18일까지의 (4)파동을 다룬다. 이 파동은 시작점과 비슷한 수준에서 끝났다. 이 패턴은 저서 17페

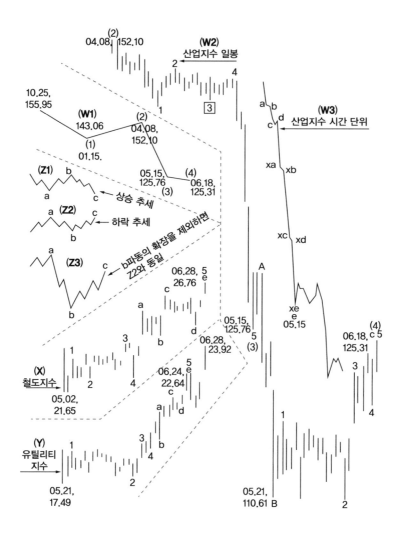

이지 1단락에서 보인 '플랫' 타입이며, 편의를 위해 아래 Z1로 기재

했다. 이 패턴은 상승 추세에 적용된다. Z2는 반전되었고 따라서 하

락 추세에 적용된다. Z3은 b파동이 늘어졌다는 것만 제외하면 Z2

와 동일한 패턴이다. Z3의 실제 사례는 저서 46페이지의 4파동에

수록했다. 파동의 길이는 다르더라도 그 숫자가 바뀌는 경우는 거의 없다는 것을 항상 명심하라. 이것이 파동 이론의 근본적인 가치다.

W2의 저점 근방 B와 2 사이의 움직임은 극히 드문 사례이기 때문에 저서에 이에 대한 설명이 나오지는 않는다. 세부 항목들은 어떻게 파동수를 계산해도 잘 맞지 않는다. 그러나 눈에 띄는 저서와의 첫 번째 접점은 2이고, 이는 저서 7페이지 1단락에 나와 있다.

X는 철도지수다. 6월 28일 26.76포인트가 고점이었다. 산업지수 6월 18일보다 열흘 늦었는데, 연장되었기 때문이다. 그 이후 이중 되돌림이 발생했다.

Y는 유틸리티지수다. 이 지수는 산업지수와 비슷한 바닥을 보였기 때문에 저점 전후로 산업지수와 동일하게 파동수를 계산했다. 그 이후에는 저서 18페이지 4단락에서 보인 것처럼 연장과 이중 되돌림이 발생했다. 유틸리티지수의 고점은 6월 28일의 23.92 포인트인데, 철도지수와 같은 날이다. 유틸리티지수의 연장은 윌키 Wendell Willkie, 미국의 변호사로 1940년 공화당 대통령 후보로 지명되었지만 루스벨트 대통령에게 패했다-옮긴이의 대통령 후보 지명 직전에 발생했다. 두 번째 되돌림은 그의 지명 바로 다음 날인 6월 28일 23.92포인트에서 일어났다.

이전 서신들에서 회사채가 주식에 미치는 영향에 대해 설명했다. 1939년 10월부터 이 영향력이 더 뚜렷해지고 있다. 7월 19일까지 이 지수는 연장되었고, 4월 8일부터 5월 21까지 하락분의 82%를 회복했다. 이에 대해서는 향후 발간될 서신에서 충분히 설명할 것이다.

기록으로 확인할 수 있는 한 1928년 일봉에서는, 연장이 중심 추세의 반대 방향에서 발생한 적은 없었다. 이것이 사실로 굳어질지는 앞으로의 전개를 보면 알 수 있을 것이다.

오늘날의 경제적, 정치적 혼란은 그 어느 때보다도 광범위하고 심각하다.

R. N. 엘리어트

해설 서신 14번
1940년 5월 21일부터 6월 18일까지 및
6월 18일부터 10월 3일까지

회사채 그래프 V의 상승 추세와 주식에 미치는 영향을 설명하기 위해 여기 실린 차트에는 해설 서신 13번의 5월 21일부터 6월 18일까지의 (4)파동과 1940년 6월 18일부터 10월 3일까지의 움직임을 실었다.

6월 18일부터 7월 2일 **그래프 W 산업지수**의 아래 수평선으로 표기까지는, 이 영향력이 더 강해졌다. 예정된 사이클상의 약세장 마지막 하락5파동은 나타나지 못했다. 5주간의 횡보 움직임에는 뚜렷한 패턴이 나타나지 않았으며, 이는 전에 관찰할 수 없었던 모습이다.

1934년 4월부터 1937년 3월까지, 회사채는 주식과 맞물려 움직이지 못하면서 어떠한 영향력도 보여주지 못했다. 지금 다시 채권이 주식과는 별개로 움직이면서 그 영향력도 사라졌을 것이다. 7월 25일 이후 패턴이 재개된 것은 이러한 추정을 확인시켜 준다.

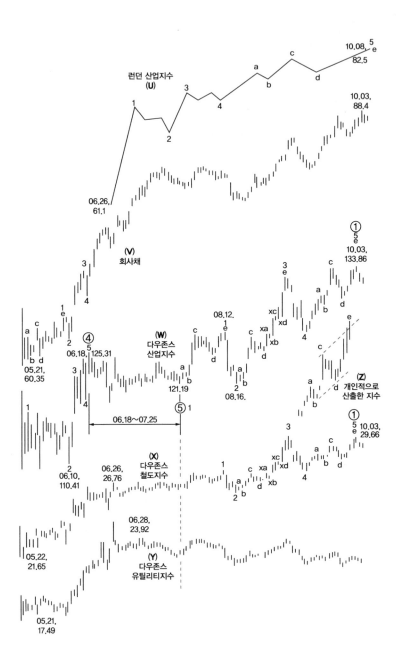

주목할 만한 또 다른 특징은 6월과 8월, 즉 패턴이 없었던 기간 이전과 이후에 수많은 연장이 나타났다는 것이다. 이 상황은 7월에 하락이 나타났어야 한다는 것을 확인시켜 주기 때문에 중요하다. 연장은 한 움직임에서 되풀이되지 않는다. 즉, 5개의 파동으로 구성된 움직임에서 세 개의 충격파동[1, 3, 5] 중 하나만이 연장된다. 그러므로 **철도지수 그래프 X**와 6월 **유틸리티지수 그래프 X**의 연장은 8월과는 같은 사이클에 속할 수 없다. 연장은 6월에 철도, 유틸리티, 회사채에서 발생했다. 8월에는 철도, 유틸리티, 산업지수에서 연장을 기록했다.

7월 25일부터 10월 3일까지, 세 개의 주식 지수는 상승 추세의 다섯 파동을 기록했다. 모든 패턴이 잘 형성된 것은 아니지만, 정상으로 돌아온 것은 명백했다.

그래프 Z는 5개 파동의 완벽한 패턴을 보여준다. 이는 개인적으로 산출한 산업지수로, 그 과학적 구성 때문에 다른 어떤 유명 지수보다 우수하다고 생각한다.

그래프 U는 6월 26일부터 10월 8일[61.1포인트에서 82.5포인트까지]의 런던 산업지수의 5개 파동을 나타낸다. 이를 보면 내가 지난 7월 9일 시장 전망 서신 구독자들에게 시장 저점이 지나갔다고 알린 것이 사실이었음을 확인할 수 있다. 1932년과 1937년에 런던 시장은 뉴욕 시장보다 각각 1달 및 2달 먼저 반전했다. 이를 토대로 보면 뉴욕 시장의 저점은 7월이나 8월이었어야 했다.

지금까지 입수 가능한 증거로 보아 우리 시장의 약세장은 7월 25일에 끝났다는 잠정적 결론이 나게 된다. 그렇다고 이것이 7월

25일 121.19포인트 아래로 이어지는 정상적 조정 발생 가능성을 배제하는 것은 아니다.

6월과 7월에 패턴이 출현하지 않아 이 서신의 발간을 보류했었다.

R. N. 엘리어트

해설 서신 15번
1940년 7월 25일부터 11월 8일까지

　다음 페이지에 7월 25일부터 11월 8일까지의 여러 지수와 유에스스틸U.S. Steel의 일봉 차트를 실었다. 차트들은 서로 조화롭지 못하다. 유에스스틸은 흔치 않은 강한 기세를 보이고 있는데, 이는 구리지수에서도 나타난다. 산업지수의 기세도 그 다음으로 강한데, 철강, 구리 관련 종목들이 지수에 편입되어 있기 때문이다. 철도지수는 겨우 버티고 있고, 유틸리티지수는 불완전한 패턴으로 횡보하고 있다.

　해설 서신 14번에서, 10월 3일 산업지수 중간 주기 1파동의 끝을 물음표와 함께 표시했다. 이 불확실성은 직전 약세장 중간주기 5파동의 모호한 마무리에서 기인하며, 마찬가지로 물음표와 함께 표시했다. 이 불확실성은 예상치 못한 방식, 즉 10월 3일 이후 철강과 금속의 흔치 않은 강세로 인해 해소되었다.

　철강과 산업지수의 중간주기 1파동은 모두 10월 3일에 완성되었는데, 둘의 소형주기 3파동이 연장되면서 10월 3일 이후까지 지속

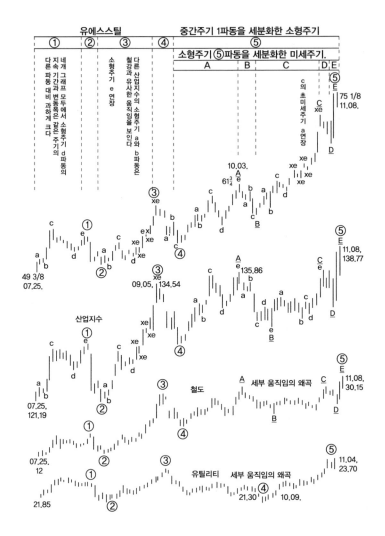

된 것은 예기치 못한 것이었다. 10월 3일 A 이후에 이어진 산업지수의 하락은 5개의 소형 파동으로 이루어졌는데, 이로써 10월 3일이 중간주기 1파동의 끝이라는 것이 확실해졌다. 그러나 철강지수는 10월 3일 A 이후에 단 3개만의 하락 파동을 보였고, 그 후 중간

주기의 두 번째 연장을 기록하며 상승했다. 내가 시장을 관찰한 이래 한 사이클에 두 개의 연장을 기록한 것은 이번이 경우 중간주기이 처음이다. 산업지수는 하락을 지속했어야 하나, 철강과 구리 섹터로 인해 경로를 바꿨다. 미세주기 C파동의 한 단계 아래 파동인 초미세 e파동에서 나타난 연장은 연장 내부의 연장이다. 이는 새로운 현상은 아니다.

참고로, 소형주기 E파동 11월 8일에는 5개의 미세주기 파동이 기록되며 유에스스틸 주가가 5에서 10포인트 상승했었어야 하지만 단하나의 미세주기만이 전개되었다. 내가 자신 있게 '과학적'이라고 지칭할 만한 개인적인 지수는 11월 14일까지 5개의 미세주기 파동을 기록했다.

철강의 패턴은 저서 17페이지 2단락의 그래프 5와 흡사하다.

이용 가능한 모든 기록을 철저히 조사했지만, 아래 a, b, c와 같은 기록이 나타난 지난 6개월처럼 비정상적인 기간은 발견되지 않았다.

a. 중간주기 파동 지난 약세장의 다섯 번째 파동의 누락

b. 하나의 중간주기 파동에서 두 번의 연장 발생 철강

c. 지수 패턴의 왜곡

해설 서신 13번에서 다음과 같이 말한 바 있다.

"오늘날의 경제적, 정치적 혼란은 그 어느 때보다도 광범위하고 심각하다."

R. N. 엘리어트

해설 서신 16번

1940년 11월 8일, 14일부터 1941년 2월 19일까지

직전의 해설 서신 15번에서는 중간주기 1파동 고점을 11월 8일 138.77포인트로 나타냈다. 그러나 이후의 시장 움직임을 보면 정상적인 고점이 11월 14일 137.78포인트에 발생했음이 밝혀졌다.

다음 뒤 페이지에는 그래프 Y와 Z가 있다. Y는 다우존스 산업지수의 일봉 차트고, Z는 〈헤럴드 트리뷴〉 채권지수다. 둘 다 1940년 11월 14일부터 1941년 2월 19일까지의 같은 기간을 다룬다.

최근 서신들에서는 연장을 주로 다뤘지만, 이번 서신에서는 1939년에 처음 등장해 해설 서신 12번에서 다뤘던 '이중 3파동' 패턴에 대해 논의한다. 이중 3파동이 일봉이 도입된 해인 1928년 이전에 발생했을 가능성도 있다. 이중 3파동은 오직 일봉으로 볼 수 있는 낮은 단계의 파동에서만 나타난다. 이전에 설명했듯이 '이중 3파동'도 일반적인 조정인 '단일 3파동single 3'과 동일한 중요성을 갖는다.

그래프 Y, 다우존스 산업지수: 첫 하락 움직임은 'a'에서 5개 파동을 완성함으로써 정상적 고점이 11월 14일에 발생했음을 확인시켰다. 이것은 또한 최소한의 조정이 '지그재그'일 것임도 가리켰다. 저서 17페이지 1단락의 그래프 A를 보라. 지그재그 패턴은 12월 23일 'A'에서 완성됐으나 최고조에 달했다는 특징은 보이지 않았다. 그 이후의 전진은 7개의 파동인 '이중 3파동' 형태로 1월 10일 134.27포인트의 'B'에 도달했다.

11월 14일에서 1월 10일 사이에 3번의 하락과 3번의 상승, 또는 저서 16페이지 마지막 그래프에서 설명한 것과 같이 5개의 하락 파동을 필요로 하는 'A B' 고점이 나타났다. 그러나 '이중 조정' 패턴이 최근 상당히 빈번히 발생하므로 학습자들은 2월 4일 122.29포인트에서 연장된 '이중 조정'을 대비해야 한다. 그 시점이 도래했을 때, 최종 저점의 증거는 보이지 않았다. 그러므로 1월 10일부터의 5개 하락 파동이 발생해 '플랫'을 완성할 것이 예상된다. 16페이지의 마지막 패턴을 보라. 극적인 움직임이 2월 14일에 전개되어 117.64포인트에서 사라졌다. 2월 19일 117.43포인트에서 다섯 번째 하락 파동이 기록되며 중간주기 2파동을 끝냈다. 1, 2파동이 매우 작고 3파동이 길면 4, 5파동은 1, 2파동과 비슷하게 된다. 17페이지 2단락 그래프의 3파동의 반전을 보라.

그래프 Z, 회사채: 전체의 패턴은 '이중 조정'이다. 11월 14일부터 'A'까지는 '지그재그'다. 세 움직임 A, B, C 각각은 3개의 파동으로 구성되었다. 'B'파동은 두 개의 '이중 3파동'이 '단일 3파동'을 사이에 두고 나누어져 있는데, 이는 지금껏 보지 못한 움직임이지만 매

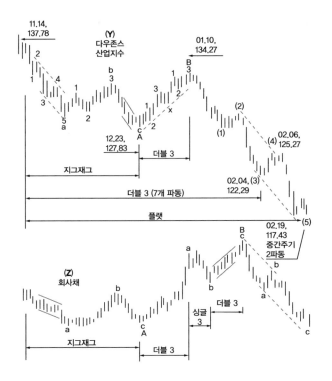

우 정상적인 것으로, 이런 움직임은 시점, 주가지수, 개별 주식 등을 막론하고 다시 나타날 수 있다. 이 연장된 '이중 3파동'이 '새 영역'지난 11월 고점 너머에서 나타났고 현재의 주된 추세상승 방향으로 나타났음에 주목하라. 이는 모두 연장의 법칙에 부합하는 것이다. 세부적으로 보나 전체적으로 보나, 강세장의 형국이다.

각 그래프마다 9개 움직임이 동시에 시작하고 마쳤음을 주목하라.

R. N. 엘리어트

해설 서신 17번
미국 역사의 두 사이클
1941년 8월 25일

1776년~1857년, 81년

1857년~1941년, 84년

입수 가능한 최초의 주가 기록은 1854년 시작된 액스-호턴Axe-Houghton Index 지수다.

1854년부터 1929년 9월까지 긴 움직임에서 변화의 본질적인 특성이 첨부한 그래프에 나타난다. 1857년부터 1929년까지의 파동은 1854년 이전의 미국의 특성과 발전 정도에 따라 사이클의 ①, ⑩ 또는 ⑰파동일 수 있다. 그러나 1857년부터 1929년까지의 기간은 사이클의 ⑩파동으로 보는 것이 타당하다. 우선, 약 80년에 달하는 긴 주기성이 독립전쟁 시기, 남북전쟁 시기, 그리고 지난 10년간 진행되어 온 2차 세계대전 시기를 연결한다. 둘째로, 1929년 이후 시장은 13년에 걸친 거대한 삼각형 패턴을 만들어 냈는데, 이 비관주의가

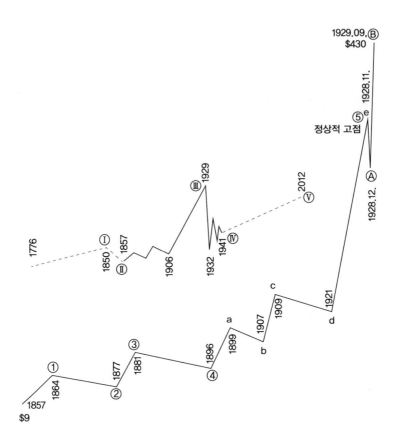

팽배했던 기간을 사이클 ⓘ파동으로 묶을 수 있다. 세 번째로, 내가 관찰한 바로는 정상적 삼각형은 사이클의 네 번째 파동으로만 나타난다.

사이클의 삼각형 ⓘ파동의 원인을 이해하기 위해서는 과거, 특히 1921년부터 1929년까지의 역동적인 기간을 검토할 필요가 있다. 그러므로 1906년부터 1929년까지를 표시한 액스-호턴 지수 그래프의 5파동에 주목해야 한다. 1921년부터 1928년 11월의 정

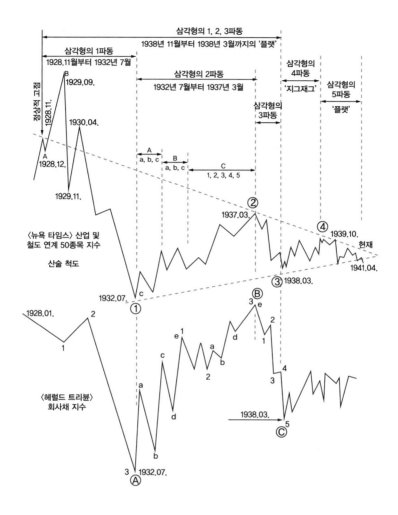

상적인 '연장' 고점까지 이어지는 5파동 또는 'e'파동은 저서 38페이지에 나와 있는 것처럼 더 세분화할 수 있다. 저서에서 나는 이 패턴을 '반달half-moon'이라고 명명했다. 이 움직임은 매우 역동적이었고, 빠른 속도와 큰 거래 규모, 그리고 극심한 투기를 동반했다. 또한 이것은 1857년부터 이어지는 긴 흐름의 완성기였다.

1857년부터 1929년까지 이어지며 1921년부터 1929년까지의 광기 어린 움직임을 포함하는 사이클은 주가 변동 측면뿐 아니라 지속 기간 측면에서 보아도 반드시 큰 규모의 조정을 필요로 한다. 한 방향으로의 빠른 움직임은 언제나 반대 방향으로 이어지는 후속 움직임에서도 그와 비례하는 빠른 움직임을 만들어 낸다. 조정 국면에서 추동력은 뒤이어 나오는 오름세 또는 내림세로 이어진다. 마찬가지로 지속 기간, 움직임의 정도, 거래 규모 등의 특징은 사이클마다 비례적인 관계를 갖는다. 요약하자면 1857년부터 1929년까지의 파동은 필연적으로 폭넓은 조정을 필요로 했으며, 비례적으로 그 움직임은 짧아지고 속도와 거래량은 줄어들게 되었다. 변치 않는 자연의 비례 법칙으로 인해 0.618의 비율이 움직임마다 반복된다.

파동 원칙은 주된 움직임과 조정적 패턴에서도 비례적이다. 올바른 통찰력을 얻으려면 학습자는 조정 국면에서의 소형 또는 중간주기의 움직임을 그보다 훨씬 큰 규모의 사이클의 추세에 잘 부합하도록 확장해 관찰할 수 있어야 한다. 따라서 미래에 대한 올바른 추론을 도출하려면 지난 20년 동안의 중요한 움직임들을 세심하게 분석해야 한다. 1928년 11월이 주기적 움직임의 '정상적 연장 고점 Orthodox Extension Top'이었고, 추동력으로 인해 1929년 9월까지 긴 기간이 추가되었음이 이미 입증되었다. 기술적으로 보면 1928년부터 1929년 9월과 1932년 7월까지의 움직임은 'C'가 정상적 고점 위부터 형성되는 '불규칙' A-B-C 패턴의 윤곽선을 이룬다. 이 반전된 A-B-C는 일반적으로는 주기적 조정의 끝이 된다. 하지만 1921년~1929년에 걸친 직전의 강세장이 너무 방대했기에 오랜 기간에 걸친 완전한 조정이 있어야만 시장이 또 다른 긴 사이클의 강세장을 시작할 위치에 도달하게 될 것이다. 이 분석을 토대로 보면, 1932년에서 1937년까지 55개월에 걸친 155포인트에 달하는 큰 상승은 단지 1929년~1932년 약세장의 첫 번째 조정이었다. 아래의 설명을 보면 더 확실하게 알 수 있을 것이다.

1928년부터 또는 1930년 4월부터의 전체 움직임은 거대한 삼각형을 형성하며, 이 삼각형은 1776년까지 거슬러 올라가는 구조의 Ⓘ파동으로 간주된다. 1928년 11월부터 1938년 3월까지의 움직임은 '플랫'3하락, 3상승, 5하락이며, 삼각형의 ①, ②, ③파동을 형성한다. 삼각형 ①파동은 1928년부터 1932년 7월에 이르는 세 개의 거대한 파동으로 구성되었으며, 세 번째이면서 가장 중요한 파동은 1929년 9월에 시작한다. 비율 삼각형ratio triangle에서 첫 번째 파동은 1930년 4월부터 1932년 7월까지 하락한다.

삼각형 ②파동은 1932년 7월부터 1937년 3월까지 계속되며, 5개가 아닌 3개의 파동으로 구성되었다. 이 셋 중 첫 번째 파동은 1932년 7월부터 1933년 7월까지 지속되며, '지그재그' 5상승, 3하락, 5상승이고 A파동의 'a', 'b', 'c' 파동을 형성한다. 그래프를 보라. B파동은 '플랫'이고 1933년 7월부터 1934년 7월까지 지속된다. C파동은 5개의 파동으로 구성되며, 1934년 7월부터 1937년 3월까지 지속된다. 분석에서 보듯, 1932년부터 1937년까지의 움직임은 정상적인 강세장이 아니라 상승 '플랫'이다. 이 패턴은 두 가지의 상반된 해석이 가능한 유일한 유형의 패턴이다. 이 설명을 적절히 시각화하려면, 차트를 뒤집어 바닥이 위를 향하게 하고 창문 유리에 비쳐서 뒤쪽을 통해서 보라. 1921년부터 1928년 연장 기간의 '이중 되돌림'은 1937년 3월 10일에 끝났다. 이는 다우존스 산업지수 월봉에서 가장 명확하게 관찰할 수 있다.

삼각형 ③파동은 1937년 3월 10일부터 1938년 3월 31일에 이르며, 또한 1928년 11월부터 시작된 '플랫'의 'C'파동을 형성한다.

지금까지 설명한 도표는 같이 수록한 회사채 지수 그래프를 통해 확증할 수 있다. 책을 출간한 이후 나는 회사채특히 2등급 철도채가 주식시장에 지배적인 영향력을 행사한다는 점을 발견했다. 이러한 특징을 서신에서 여러 번 언급한 바 있다. 1928년 1월부터 1938년 3월까지 지수의 형태는 같은 기간에서 이 새로운 해석에 따른 산업지수의 주기적 추세와 같다. 즉, 1932년까지 3번의 하락, 1937년 3월까지 3번의 상승, 그리고 1938년 3월까지 5번의 하락이다. 1932년 7월부터 1937년 3월까지의 채권지수 움직임은 명백하게 상승 '지그재그'다. '지그재그'와 '플랫'만이 조정이므로 다른 어떤 구조도 나올 수 없다.

2등급 철도 채권을 포함하는 회사채 지수와 관련하여, 다우존스 철도지수가 1906년에 138포인트를 찍었다는 것에 주목해야 한다. 당시 다우존스 산업지수는 103포인트에 불과했고, 두 지수 간의 비율은 132였다. 그 해부터 1940년까지 이 비율은 20까지 지속적으로 하락했고, 철도지수의 산업지수 대비 상대적 손실은 85%에 달했다. 1906년부터 1940년까지는 강한 영향력이 있는 숫자피보나치 수열을 지칭-옮긴이인 34년이다. 〈헤럴드 트리뷴〉 2등급 철도 채권은 1940년 중 사상 최저치인 26포인트까지 하락했지만, 최근에는 100% 상승한 52포인트까지 회복했다.

1938년 3월 31일부터 1939년 10월까지의 삼각형 ④파동은 단순한 상승 '지그재그'며, 이는 그 움직임이 조정임을 가리킨다.

삼각형 ⑤파동은 1939년 10월에 시작되었다. 이는 '플랫'이며 1928년 11월부터 1938년 3월까지 기간에 나타난 것과 형태가 유사하나, 그 정도와 지속 기간이 훨씬 작다는 차이가 있다. 주기적 삼각형의 꼭짓점에 근접했기 때문이다. '플랫'의 첫 번째 파동은 1939년 10월부터 1940년 6월까지 이어진다. '플랫'의 세 번째이자 마지막 파동은 1940년 11월에 시작되었다. 다섯 개의 소형 하락 파동이 1941년에 이미 형성되었지만 이 '다섯 개의 소형 하락 파동'이 '플랫' 'c'파동의 1파동일 가능성도 있다. 이 문제는 곧 밝혀질 것이다.

어찌 되었든 삼각형 ⑤파동은 잘 발달되었고, 그 종결점은 삼각형 영역의 안이든 밖이든 관계없이, 13년간 이어진 비관주의 패턴의 마지막 조정으로 기록될 것이다. 또한 그 마지막은 낮은 단계의 다양한 사이클로 구성된 새로운 사이클 파동 Ⓥ의 시작을 나타내는데, 이는 1857년부터 1929년에 걸친 긴 사이클과 여러 측면에서 유사할 것이다. 사이클 Ⓥ는 2012년경이 되기 전에는 끝나지 않을 것이다. 첫 번째 그래프의 점선을 보라.

R. N. 엘리어트

해설 서신 18번

지속 기간, 또는 시간 요소
1941년 8월 27일

《파동 이론》에서, 다양한 규모의 파동 구성은 피보나치 동적 대칭 수열을 구성하는 숫자들과 관련이 있음을 보였다. 이 수열은 1, 2, 3, 5, 8, 13, 21, 34, 55, 89, 144 등과 같이 계속된다. 이러한 관계는 모든 파동의 움직임의 크기를 인식하고 측정하는 데 매우 유용하고, 파동 원리와 함께 활용할 경우 다양한 기간 일. 주. 월. 년의 주기를 예측하는 데도 유용하다. 그러나 시간 요소를 단독으로 활용

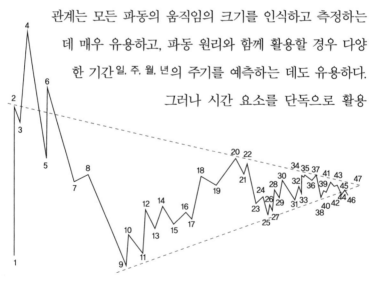

해 기존의 수열 법칙으로 추세의 지속 기간을 파악하기는 어렵다.

파동 원리와 함께 시간 요소를 활용한 사례는 1921년 8월부터 1941년 5월까지의 〈뉴욕타임스〉 50개 주식 평균지수의 산술 척도 그래프에 나와 있다. 20년 동안 파동이 반전되는 다양한 지점을 표 A에, 반전 지점 간의 기간은 표 B에 각각 표시했다.

〈표 A〉

반전 지점의 순번					
순번	월	년	순번	월	년
1	8	1921	25	3	1938
2	11	28	26	4	38
3	12	28	27	5	38
4	9	29	28	7	38
5	11	29	29	9	38
6	4	30	30	11	38
9	7	32	31	4	39
10	9	32	32	8	39
11	3	33	34	9	39
12	7	33	35	10	39
13	10	33	36	1	40
14	2	34	37	4	40
15	7	34	38	5	40
16	6	35	39	6	40
17	3	35	40	8	40
18	11	35	41	11	40
19	4	36	42	11	40
20	3	37	43	1	41
21	6	37	44	2	41
22	8	37	45	4	41
23	10	37	46	5	41
24	2	38	47	10	41

순번	지속 기간		순번	지속 기간
	월	년		월
1~2	89		20~23	8
1~4		8	20~24	
2~47		13	20~25	13
3~4	8		20~47	55
4~9	34		23~24	5
4~47	144		25~30	8
5~6	5		30~31	5
9~12	13		31~34	5
9~20	55		35~36	3
12~15	13		35~47	
20~25	13		36~37	3
20~21	3		37~46	13
20~22	5		41~46	5

회사채 추이를 나타낸 아래 그래프와 같이, 다른 지수에도 파동 원리와 함께 시간 요소를 활용할 수 있다. 장기국채 시장에서 5개

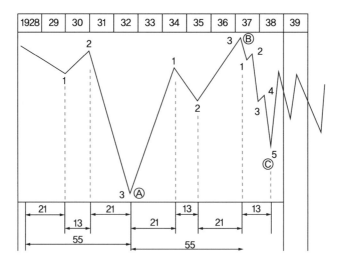

파동으로 이루어진 강세장은 1932년 1월부터 1939년 6월까지 89개월간 지속되었다. 화살표와 함께 표기한 13, 21, 55는 파동의 지속기간을 개월 수로 표기한 것이다.

시간 요소를 연구할 때 움직임이 월의 초, 중순, 후반 등 어느 때든 시작되고 마칠 수 있음에 유의해야 한다. 그렇기 때문에 개월 수를 일이나 주 단위로 측정할 경우 실제 소요 시간이 한 달 늦거나 빠른 것으로 측정될 수 있다. 공통의 근원에서 유래한 파동 이론, 주기적 추세의 비율, 움직임 간의 상대적 소요 시간, 삼각형의 수학적 특성, 피보나치수열 등 다섯 가지 척도가 모두 거대한 13년 주기적 조정의 마지막에 임박했음을 가리킨다는 것은 놀랍다.

R. N. 엘리어트

해설 서신 19번

새로운 지수

1941년 9월 24일

오른쪽 그래프는 고등급 채권과 보통주 수익률 간의 비율을 표시한 지수다. 이 패턴은 1929년 8월부터 1941년 4월까지의 '지그재그' 조정으로, ⓒ파동의 채널을 포함해 모든 세부 사항을 완성했다.

이 명확한 그래프는 해설 서신 17번의 분석을 확증해 준다. 저서 17페이지 첫 번째 도표의 '지그재그' 패턴을 보라.

R. N. 엘리어트

지속 기간

ⓐ파동 : 34개월 ─┐
ⓑ파동 : 13개월   수열 숫자
ⓒ파동 : 8년   ─┘

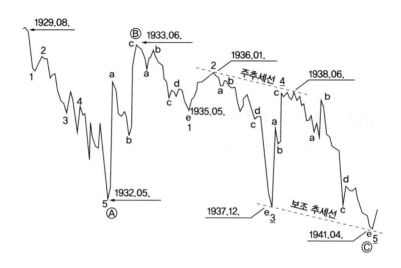

해설 서신 20번
1940년 11월부터 1941년 12월 10일까지

저서 17페이지 1단락에 세 개의 도표가 실려있다. 이 중 도표 'B' 와 'C'를 주의해 보기 바란다. 도표 'B'의 'C'파동은 한 묶음 series 의 5개 파동으로 이루어졌으며, 도표 'C'의 'C'파동은 각각 5개의 파동으로 구성된 세 묶음으로 이루어졌다.

해설 서신 17번에서 1928년 11월부터 1941년 5월 1일까지의 13년 삼각형에 대해 설명했다. 3페이지의 일부를 여기 인용한다.

"플랫의 세 번째이자 마지막 파동은 1940년 11월에 시작되었다. 다섯 개의 소형 하락 파동이 1941년에 이미 형성되었지만 이 '다섯 개의 소형 하락 파동'이 '플랫 c파동'의 1파동일 가능성도 있다. 어찌 되었든 삼각형 ⑤파동은 잘 발달되었고, 그 종결점은 삼각형 영역의 안이든 밖이든 관계없이, 13년 삼각형의 마지막 조정으로 기록될 것이다."

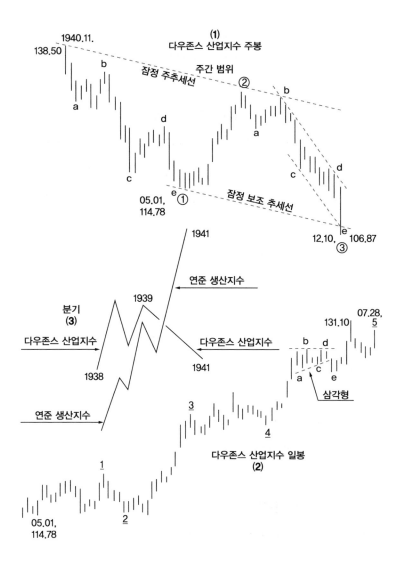

그래프 (1)은 1940년 11월부터 1941년 12월 10일까지 다우존스 산업지수 주봉을 보여준다. 첫 5개의 하락 파동은 5월 1일에 끝났다. 두 번째 5개의 파동은 7월 28일에 시작해 12월 10일에

106.78포인트로 끝났다. 상승 조정 이후 세 번째의 5개 하락 파동이 기록되어야 하며, 이로써 하락과 13년 삼각형을 완성할 것이다.

큰 삼각형 내부에 세 개의 삼각형이 형성되었다. 첫 번째는 저서 47, 48페이지에 수록된 것처럼 1937년 10월 19일과 1938년 2월 23일 사이에 나타났다. 두 번째는 해설 서신 10번에 수록된 것처럼 1939년 9월~10월 사이에 나타났다. 세 번째는 1941년 7월 9일과 17일 사이에 나타났고, **그래프 (2)**와 같이 다섯 번째 소형 파동의 4번째 미세 파동으로 이루어졌다 앞의 그래프 참조. 이 중 관통 Penetration이 나타난 것은 없었고, 어느 정도 시간이 흘러야 관통이 나타날지는 1928년 이전의 주식 일봉이 없어 아직 파악할 수 없다. 현재12월 15일 시장의 국면은 위에 설명한 첫 번째와 세 번째 삼각형의 사이에 있다.

그래프 (3)은 다우존스 산업지수와 연준 생산지수Federal Reserve Production Index 간의 분기를 보여준다. 삼각형에 대해 무지하고 생산지수를 판단 지표로 삼는 투자자는 큰 손실을 입었는데, 그들은 증권 매도를 통해 손실을 실현하는 것이 높은 세율에 대비하는 좋은 방편이라는 점을 이용했다. 이런 매도세가 추가적인 주가 하락 압력을 높였고, 그 결과 상대수익률 기준으로 지금 시점의 주식은 1932년 7월보다 싸다. 이를 해설 서신 19번에 그래프로 나타냈다.

산업생산은 최근 5개의 주요 상승 파동을 완성했다.

산업지수 편입 종목의 주가는 1938년 3월 이래 최저가를 기록하고 있다.

유틸리티지수는 최저점을 기록하고 있는 반면 전기 생산량은 최고 수준이다.

기업의 신규 자금조달은 0에 가깝다.

정부 부채는 사상 최고치이며 지속적으로 증가하고 있다.

미국은 세계에서 가장 심각한 분쟁에 참가 중이다.

인플레이션에 대한 우려가 크다. 믿을 만한 헤지 수단이 불분명하다.

분명히 '현금'은 가장 피해야 할 피난처다.

R. N. 엘리어트

해설 서신 21번
1942년 3월 13일(추정)

해설 서신 17번, 특히 (4)파동의 끝이 위치한 1939년 10월의 움직임을 보여주는 그래프에 주목하라. 또한 17번 서신의 본문 마지막 두 단락을 다시 읽어 보기를 권한다. 현재 서신의 다음 페이지 394쪽 참조에는 다우존스 산업지수를 나타낸 W, X, Y, Z 등 4개의 그래프가 나온다.

그래프 W는 1939년 10월부터 1942년 5월 12일까지 움직임의 개요를 나타낸다. 이는 13년 삼각형의 다섯 번째이자 마지막 파동이지만 아직 완성되지 않았다. 저서 17페이지 1단락 그림 C를 통해 패턴을 확인하라.

그래프 X는 1940년 11월부터의 주봉을 나타내며, 위 단락에서 언급한 그래프 W의 ⓒ파동의 세부 내용을 보인 것이다. 플랫 ⓒ파동은 다섯 개의 파동으로 구성되어야 한다. 다섯 번째 파동은 미완성이다.

그래프 Y는 그래프 X의 개요다. 2파동과 4파동의 끝을 이어 점선으로 표시한 주추세선과 3파동의 끝에 맞닿게 그린 보조 추세선에 주의하라. 5파동 미완성은 보조 추세선에 놓여 있다. 이는 일반적으로는 그래프 W의 '플랫'의 종료를 확실하게 보여주는 것이다.

그래프 Z는 4파동 12월 10일부터 1월 6일까지의 일봉을 보여준다. 그 패턴은 반전된 '불규칙 플랫'이다. 저서 16페이지의 마지막 그림을 보라. 페이지의 위아래를 뒤집고 뒷면을 통해 보라.

그래프 X의 4파동 12월 10일부터 1942년 1월 6일까지은 눈에 뚜렷하게 띄지 않고 그 규모와 지속 기간이 비교적 짧다. 2파동 1941년 5월~7월과 비교해 보라. 이 비대칭의 원인은 1941년 12월의 세금 상각용 주식 매도 규모가 몹시 컸기 때문이다. 이로 인해 3파동 끝 12월 10일에 '돌파'가 발생해 4파동은 낮은 수준에서 시작되었다. 게다가 2파동 1941년 5월~7월이 석 달에 걸쳐 있는 반면 4파동의 지속 기간은 한 달에 불과했다. 4파동이 세금으로 인한 매도로 왜곡되지 않았다면 5파동은 약 10포인트 위에서 시작했을 것이고 5파동의 첫 부분은 보조 추세선 훨씬 위에서 끝났을 것이다.

1942년 3월 12일 이후 다우존스 산업지수의 움직임은 약세장이며, 가격 하락이 확실시된다.

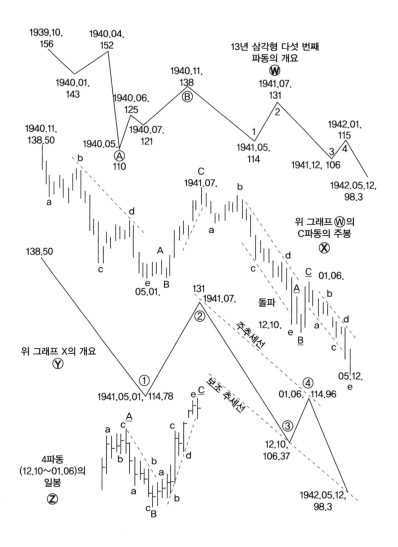

피보나치수열은 파동 원칙의 근간이다. 시간 요소도 같은 수열에 기초하고 있으나, 파동 이론에 보조적으로만 사용될 수 있다는 제약이 있다. 시간 요소를 활용할 좋은 기회가 나타났다. 참조의 편의를 위해 수열의 숫자를 한 번 더 반복한다. 3-5-8-13-21-34 등.

시간 요소는 해설 서신 18번에서 설명한 바 있으니 한 번 더 읽어 보기를 권한다.

다음 그래프는 시간 경과의 실제와 예상치를 월 단위로 표시한 것이다. 1939년 10월부터 1940년 11월까지의 ⒜와 ⒝파동에는 13개월이 걸렸다. 1940년 11월부터 1942년 3월까지는 16개월이 경과한 반면, 수열에서 13 다음으로 높은 숫자는 21이다. 1940년 11월에 21개월을 더하면 1942년 8월이 된다. 1939년 10월에 34개월을 더해도 1942년 8월이 된다. 그러므로 이는 8월이 플랫 ⒞파동과 13년 삼각형의 종결점이며 최저점임을 가리킨다. 해설 서신 18번에서 한 달 정도의 오차는 일반적이라고 밝혔다.

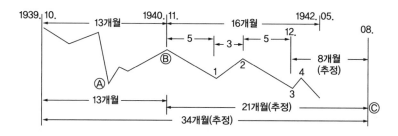

21의 구성 요소는 5, 3, 5, 3, 5이다. 1, 2, 3파동에 각각 5개월, 3개월, 5개월이 걸려서 1941년 12월까지 총 13개월이 소요되었다. 1941년 12월에 8개월을 더하면 8월이다.

1942년 1월부터의 5개 하락 파동이 1, 2파동과 비슷한 시간이 소요된다면, 그 결과는 다음과 같을 것이다.

1파동, 1월과 2월,

2파동, 3월

3파동, 4월과 5월

4파동, 6월

5파동, 7월과 8월

총 8달.

R. N. 엘리어트

해설 서신 22번
거래량
1942년 6월 22일

파동 이론은 주식시장의 세 가지 구성 요소, 주가, 시간 요소, 거래량 모두에 적용이 가능하다. 저서는 주가를 주제로 다루며 24페이지에서 거래량에 대해서도 간략히 언급했다. 시간 요소는 해설 서신 18번과 21번에서 논의했다.

거래량의 움직임은 다음 페이지에 나타난다. 4개 그래프 모두 1878년부터 1942년 6월 13일까지의 일평균 거래량을 나타내며, 각 그래프는 각기 다른 기간을 표시한다.

그래프 1은 1878년부터 1941년까지의 일별 거래량을 나타낸다. 1929년까지 상승하는 5개 파동에 주목하라.

그래프 2는 1929년부터 1941년까지의 3년 이동평균으로, 그래프 1의 같은 기간 움직임을 명확하게 보여준다. 'C'파동은 지속적으로 하락한다.

그래프 3은 그래프 2 'C'파동의 세부 내용으로, 1937년부터

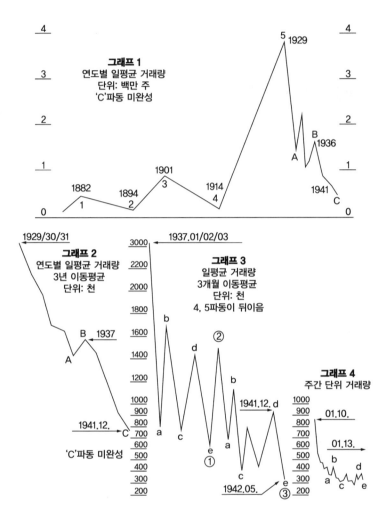

1942년 5월까지의 3개월 이동평균이다. ①, ③파동의 5개 세부 파동인 a, b, c, d, e에 주목하라.

그래프 4는 1942년 1월 10일부터 6월 13일까지의 그래프 3 마지막 파동③의 'e'의 세부 내용이다. 이동평균이 아닌 주간 단위다.

그래프 2의 'C'파동에는 5개의 하락 파동이 있어야 했다. 그래프 3에서 보이는 것처럼 현재까지 1, 2, 3파동만이 기록되었다. 하락 추세에서 조정파동인 2, 4파동은 거래량 증가를 보인다.

아마도 ④파동 거래량 증가은 주가지수의 아래 두 기간에 걸쳐 발생할 것이다.

a. 마지막 하락, 그리고
b. 다가오는 강세장의 첫 번째 전진

5파동은 거래량 감소세가 동반될 것이고, 다가오는 강세장의 첫 번째 조정 기간에 걸쳐 발생할 것이다. 이러한 모습이 자주 나타나기는 하지만 항상 그런 것은 아니다. 다우존스 산업지수 그래프들을 보면 최저 가격이 3월에, 최저 거래량이 6월에 출현했다.

지속 기간과 거래량은 파동 이론의 유용한 보조 수단이다.

R. N. 엘리어트

추신. 마틴Mr. Martin의 〈R-M 시리즈〉가 호평받고 있다.
한 구독자는 파동 이론이 "정확한 과학이 되고 있다."라고 말했다.
동의하는가?

해설 서신 23번
철도지수의 장기적 움직임
1942년 10월 26일

아래 표는 철도지수와 산업지수 사이의 비율을 다양한 날짜에 걸쳐 실은 것이며 그래프는 그 비율을 표시한 것이다. 철도지수가 중요한 고점을 기록한 1906년 1월부터 시작된다.

	산업지수	철도지수	비율
1906년 1월	103.00	138.36	134.2
1929년 9월	381.17	189.11	49.6
1932년 7월	41.22	13.25	32.0
1937년 3월	195.00	64.46	33.0
1940년 6월 10일	110.84	22.79	20.2
1942년 10월 2일	110.85	28.51	25.7

1906년에, 헵번 법 Hepburn Act 은 I.C.C. Interstate Commerce Commission, 주간통상위원회에 철도 산업을 통제할 수 있는 권한을 부여했다. 이것

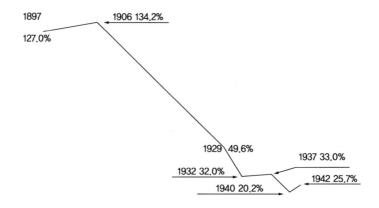

은 관료주의적 규제의 첫 사례였다. 1914년[8년] 후, 파나마 운하가 개통되어 철도특히 대륙횡단선와의 치열한 경쟁을 시작했다. 현재 그 경쟁은 일시적으로 중단된 상태다.

1940년 6월1906년부터 34년 이후, 철도지수는 저점을 기록했고 1906년 이래 처음으로 비율이 반전되었다. 1940년 저점 위에서의 패턴은 연장되었는데, 이로써 큰 반전이 확실시된다. 당시 철도 회사의 3분의 1은 법정 관리 중이었고, 나머지 3분의 1은 아슬아슬하게 버티고 있었다.

1906년부터 1940년까지, 철도지수는 보통 제일 먼저 고점을 기록하고 가장 나중에 저점을 기록했다. 1940년 이후로 이 특징은 반전되었는데, 상당 기간 동안 현재의 추세가 이어질 수 있다.

철도 채권이 주도하는 회사채지수도 1940년 6월까지 상승이 연장되었고, 현재는 1941년의 고점을 경신했다.

R. N. 엘리어트

해설 서신 24번
13년 삼각형의 다섯 번째 파동
1942년 12월 4일

해설 서신 17번에서 보인 것처럼, 큰 삼각형의 ④파동은 1939년 10월에 끝났다.

다음 페이지의 **그래프 W**는 1942년 10월까지 5파동의 움직임을 보여준다. 여기에는 ⓒ파동의 다섯 번째 파동이 없는데, 이는 잠정적으로 점선으로 표시되었다. 이론적으로는, ⓒ의 5파동은 ⓒ의 1파동과 길이와 각도가 대략적으로 같아야 한다. 저서 17페이지 1단락의 도표 C는 전체 움직임의 패턴을 보여준다. 그래프 Z는 1933년 7월부터 1934년 7월까지의 다우존스 산업지수를 다시 게재한 것이다. 그래프 W와 Z는 '플랫'이다.

그래프 X는 **그래프 W**의 3, 4파동의 세부 사항을 보여준다. 1942년 4월부터 7월 15일까지의 Ⓐ파동은 5개의 소형 파동으로 이루어진다. 7월 15일부터 9월 16일까지의 Ⓑ파동은 삼각형이다. 10월 13일까지의 ⓒ파동은 삼각형 이후에 통상 나오는 추진이며,

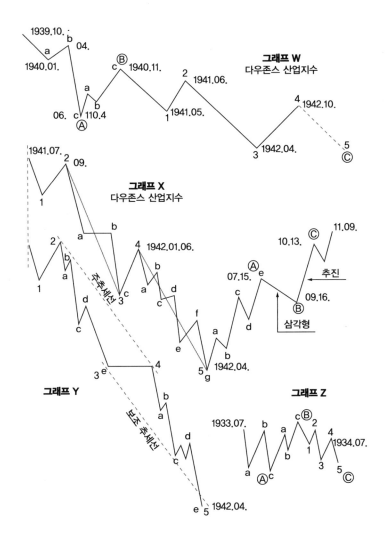

1942년 4월부터 이어진 움직임의 마지막을 표시한다. 이 추진은 연장되었고, 일반적으로 그렇듯 10월 15일과 11월 9일에 걸쳐 이중 되돌림이 되었다.

1941년 9월과 1942년 4월에 걸쳐 모든 산업지수의 세부 파동에서 왜곡이 발생했다.

그래프 X에서 3파동은 단 3개의 소형 파동만을 갖고 있으며, 5 파동은 7개의 소형 파동으로 이루어졌다. 채널도 완벽함과는 거리가 멀다.

그래프 Y는 완벽한 구성과 채널을 보인다. 3파동은 'a'에서 'e'까지 다섯 개의 소형 파동으로 구성되었다. 5파동도 마찬가지다. 채널의 주추세선과 보조 추세선이 완벽한 형태를 보이는 것에 주목하라.

새로운 지수를 표시한 그래프 Y가 문제를 해결했다. 이를 통해 유명한 지수들이 평화 상태로 편향돼 있고, 평화에서 전쟁으로 산업 여건이 전환함에 따라 파동 움직임에 왜곡이 발생했음도 알 수 있다.

R. N. 엘리어트

해설 서신 25번
13년 삼각형
1942년 12월 15일

13년 약세장을 촉발한 요인은 다음과 같다.

1. 막대한 천연자원을 보유한 미개척지에서 약 60년에 걸쳐 펼쳐진 개인 경작에서 거대 기업체로의 대전환.
2. 그 뒤를 이어 1921년~1928년에 발생한 거대한 크기의 파동.
3. 그 파동의 연장.
4. 연장의 이중 되돌림
5. 시간

정치, 전쟁, 당면한 시사 문제 등이 전혀 언급되지 않았음에 주목하라.

다음에 나오는 그래프와 도표는 저서에서 전재한 것으로, 대중심리는 저서에서 설명한 특정 패턴을 따른다는 것을 보여준다.

37페이지 그래프에서 보이듯, 약세장의 지속 기간은 강세장보다 길다. 1921년에서 1929년에 걸친 움직임은 8년간 지속되었다. 그러므로 이어지는 약세장은 더 긴 시간이 소요될 것이다. 나올 수 있는 다음 숫자는 13이다.

22페이지 2단락의 도표 B에 나오는 삼각형은 1921년부터 1943년에 이르는 전체 기간의 윤곽선이다. 큰 그래프 아래에 삼각형 파동 숫자에 주목하라.

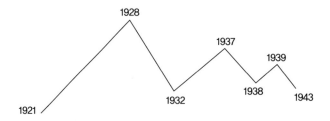

삼각형의 1, 2, 3파동은 17페이지 1단락의 도표 B와 같이 '플랫'을 형성한다.

삼각형 4파동은 17페이지 1단락의 도표 A와 같이 반전된 '지그재그'다.

삼각형 5파동은 17페이지 1단락의 도표 C에서 보인 것 같이 '플랫'이다.

저서에서 설명한 패턴은 어느 단계의 파동에서도 나타날 수 있다.

저서에서 설명한 조정 패턴은 모두 강세장 추세에서 적용된다. 약세장 추세의 경우, 조정 패턴은 반드시 반전되어야 한다.

한 방향으로의 빠른 움직임 뒤에는 반드시 약간 늦은 속도의 반대편 움직임이 따른다. 삼각형에서 파동이 연속적으로 이어지며 속도가 줄어드는 것에 주목하라.

1921년에서 1928년의 연장에서 발생한 이중 되돌림은 1937년 3월에 완성되었다. 모든 소형주기 연장에서 각각 이중 되돌림이 발생했다.

R. N. 엘리어트

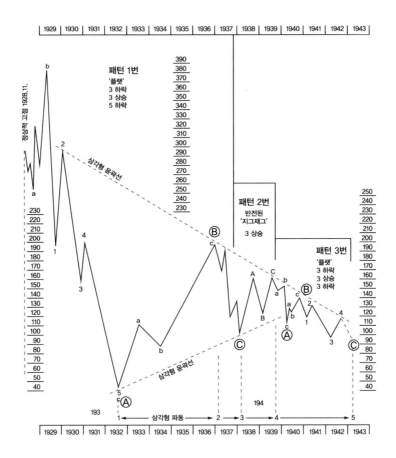

패턴 1번
'플랫'
3 하락
3 상승
5 하락

패턴 2번
반전된
'지그재그'
3 상승

패턴 3번
'플랫'
3 하락
3 상승
3 하락

정상적 고점 1928.11.

삼각형 윤곽선

삼각형 윤곽선

삼각형 파동

해설 서신 26번
파동의 보편적 비율
1943년 1월 11일

피보나치수열은 파동 이론의 근간이다. 수열을 이루는 숫자들은
아래와 같이 이어진다.

1-2-3-5-8-13-21-34-55-89-144

연속적인 인접한 두 수의 합은 그 다음 숫자와 같다. 예를 들어
5와 8을 더하면 13이 된다. 파동을 이루는 모든 움직임은 이 숫자
들과 일치한다.

모든 수는 그 다음 숫자의 약 61.8%다. 한 파동과 그에 이어 나
타나는 파동의 비율은 약 61.8%다. 이 특징은 첨부된 그래프에 나
타나 있으며, 시사 문제나 정치는 시장 움직임에 전혀 영향을 끼치
지 않음을 증명한다. 또한 저서 41페이지 그래프에서 보인 것처럼
1928년 11월이 1921년 이후 전진의 정상적 고점이다.

삼각형의 앞 네 부분의 크기와 비율은 아래와 같다.

파동	날짜		가격				
번호	부터	까지	부터	까지	포인트	비율	평균
1	11 '28	7 '32	296.0	40.5	255.5		
2	7 '32	3 '37	40.5	196.0	155.5	155.5/2 55.5=60.9%	
3	3 '37	3 '38	196.0	97.0	99.0	99.0/1 55.5=63.6%	62%
4	3 '38	9 '39	97.0	158.0	61.0	61.0/99.0=61.6%	

저서에서 밝힌 것처럼, 삼각형의 다섯 번째 부분은 삼각형 윤곽선 안쪽에서 종료되지 않을 수도 있다. 그러나 다섯 번째 부분은 나머지 네 부분과 마찬가지로 반드시 세 개의 파동으로 이루어져야 한다. 현 상황에서 다섯 번째 부분의 세 개 파동은 저서 17페이지와 같이 '플랫', 즉 3개 파동 하락, 5개 파동 상승, 3개 파동 하락 A, B, C의 형태를 보인다. 그래프 X에서 점선으로 표시한 'C'파동의 다섯 번째 파동만 제외하면 '플랫'의 전체 패턴이 이제 완성되었다.

삼각형 다섯 번째 부분의 세부 내용은 그래프 X에 표시했다. 이 '플랫' 형태를 구성하는 파동 역시 보편적 비율을 따른다. Ⓑ파동은 Ⓐ파동의 약 61.8%다. Ⓒ파동에서 1파동은 3파동의 61.8%다. 4파동의 정상적 고점은 10월 13일의 116포인트로, 4월의 저점 대비 24포인트 높으며, 3파동의 61.5%다. 그러므로 5파동은 1파동과

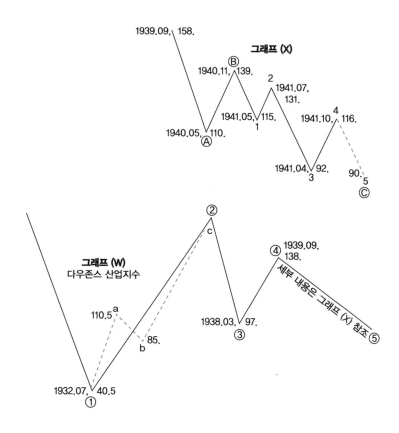

대체적으로 같은 규모, 지속 기간, 각도를 가져야 한다. 저서 17페이지 2단락 3번의 반전된 도표를 보라.

삼각형을 구성하는 파동들 사이에 많은 수의 보편적 비율이 관찰된다. 예를 들어 1932년 7월부터 1937년 3월까지를 나타내는 그래프 W의 2파동은 점선으로 표시한 a, b, c 등 세 개의 움직임으로 나뉜다. 1932년 7월의 저점인 40.5포인트부터 1933년 7월의 고점인 110.5포인트까지의 규모는 70포인트다. 1934년 7월 53포인트부터 1937년 3월의 196포인트까지의 규모는 111포인트다. 70과 111의 비율은 0.63이다.

R. N. 엘리어트

해설 서신 27번
프라이머리 1파동, 1942년~1943년

해설 서신 25번에서는 1942년 10월부터 약 90포인트 다우존스 산업지수 하락한 중간주기 하락 파동을 보였는데, 이는 13년 약세장 삼각형을 완성했어야 하는 패턴이었다. 미완성의 원인은 '심리 지수'라는 제목의 유인물 'P'에서 설명했다.

뒤에 나오는 **그래프 X**는 1942년 4월부터 1943년 4월까지의 다우존스 산업지수 일봉이며, 8포인트당 2.54센티미터1인치 규격으로 표시했다. 이 움직임은 새로운 강세장의 프라이머리 1파동이며, 각각의 번호로 표시된 5개의 중간주기 파동으로 구성되어 있다. 점선의 채널에 주목하라. 그 패턴은 저서 17페이지 3단락의 세 번째 도표와 유사하다.

1942년 4월 28일부터 7월 9일까지의 중간주기 1파동은 5개의 소형주기 파동으로 구성되어 있다.

1942년 7월 9일부터 9월 11일까지의 중간주기 2파동은 삼각형이다.

1942년 9월 11일부터 10월 13일까지의 중간주기 3파동은 삼각형 이후에 발생하는 일반적인 '추진'이다. 일봉 차트에서 확인 가능한 9개의 소형 파동으로 구성^{연장}되어 있다.

1942년 10월 13일부터 11월 24일까지의 중간주기 4파동은 3개 하락, 3개 상승, 5개 하락의 '불규칙 플랫'이다. 저서 16페이지의 마지막 도표를 보라.

1942년 11월 24일부터 1943년 4월 6일까지의 중간주기 5파동은 중간주기 1에서 3파동을 합친 것보다 길다. 저서 17페이지 2단락 3번 도표를 보라. 소형주기 3파동은 연장되었다.

그래프 Y는 중간주기 5파동의 일봉이며, 4포인트당 2.54센티미터¹인치 규격으로 표시했다. 소형주기는 숫자 1에서 5로 표기했다.

'단순한' 조정은 가장 작은 패턴인 3개 파동의 움직임이다. '복잡한' 조정은 확장된 패턴으로 잔물결과 같은 7개의 파동으로 이루어진 경우가 많으며, 예전 서신에서 설명한 것처럼 '이중 3파동'으로 불린다.

이 두 형태는 교대로 나타난다. 즉 '단순한' 형태가 2파동에 나타나면 '복잡한' 형태가 4파동에 나타나고, 그 역도 성립한다. 상승 움직임이 3개 파동으로 구성되었다면, 그것은 '조정'의 일부다. 현재 상황에서 소형주기 2파동은 '단순한' 형태고 4파동은 '복잡한' 형태다.

소형주기 3파동은 연장되었고, a, b, c, d, e로 표기되었다. 미세주기 'b'파동은 '복잡한' 형태고, 'd'파동은 '단순한' 형태다. a, c, e파동이 각각 5개의 초미세 파동으로 구성된 것에 주목하라. 저서

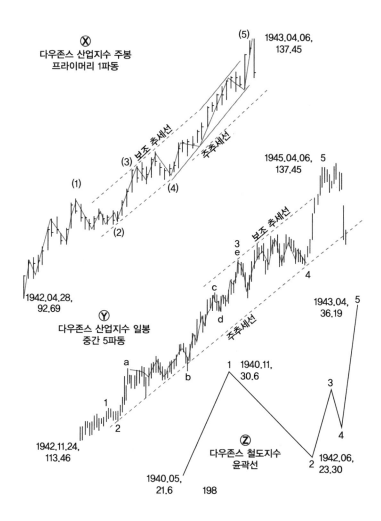

17페이지 2단락 도표 3을 보라.

그래프 Z는 다우존스 철도지수가 1942년 6월 이후 단 3개의 상승 파동만을 보였다는 사실에 주의를 환기하기 위해 수록했다. 해설 서신 23번을 주의 깊게 검토해 보라. 1940년 5월부터 11월까지의 움직임은 5개의 파동으로 구성되었고 연장되었다. 이는 1940년 5월이 저점일 가능성을 시사했는데, 이후 옳았음이 밝혀졌다. 1파동의 시작과 2파동의 끝까지 2년의 세월이 경과했다.

회사채 종합지수는 철도지수와 거의 같은 패턴을 전개했다.

런던 산업지수는 1940년 6월에 바닥을 기록했다. 그때부터 1943년 1월 19일까지 5개의 중간주기 파동이 나타났다. 1월 19일부터는 이 지수는 2포인트 범위로 횡보하며 프라이머리 주기 2파동을 형성하고 있다.

R. N. 엘리어트

해설 서신 28번

1944년 1월 10일

해설 서신 27번에서 1942년 4월부터 1943년 4월 6일까지에 걸친 5개의 중간주기 상승 파동을 설명했고, 그 윤곽선을 뒤에 나오는 그래프 X에 표시했다. 1943년 4월 6일에서 13일에 걸친 소형단계의 조정 이후, 산업지수는 7월 15일의 146.41포인트까지 5개의 소형 파동, 즉 1개 중간주기 파동에 걸쳐 전진했다.

이 7번째 파동이 5개의 소형주기 파동으로 이루어진 것과 주추세선이 아직 관통되지 않은 것을 보면 인플레이션이 시작되었을 가능성이 있다. 인플레이션의 특성에 대한 완전한 논의는 '인플레이션'이라는 제호의 1943년 9월 20일자 유인물을 참조하라.

1943년 7월 25일 일요일에 예상치 못한 일이 벌어졌다. 무솔리니가 21년간의 독재 끝에 축출된 것이다. 미국 산업지수는 즉시 주추세선그래프 참조을 관통했고 8월 2일에 133.87포인트까지 하락하여 대중의 전쟁에 대한 심리와 인플레이션의 양상을 완전히 바꿔 놓았다.

지금까지의 조정1943년 7월~11월은 '단순'했다. 조정의 2파동과 4파동은 교대로 나타나는 특징이 있다고 자주 강조한 바 있다. 2파동이 '단순'하면 4파동은 '복잡'할 것이고, 그 역도 성립한다. 그러므로 우리는 2파동이 '단순'할지 '복잡'할지를 미리 알 수 없다. '단순한' 조정은 3개 파동의 묶음이라는 최소한의 요건이 필요하다. '복잡한' 파동은 그 확장이다. 말하자면 '3개'가 둘 있는 것이다. 인플레이션 상황을 제외하면 단순하든 복잡하든 주추세선의 관통은 반드시 일어나야 한다. 바꾸어 말하면, 조정이 주추세선을 관통하지 못하면 인플레이션임을 나타낸다. 현재 상황은 조정이며 산업지수의 프라이머리 2파동이 1943년 7월에 그 주추세선을 관통했지만 철도지수는 1943년 11월 30일 31.42포인트에서 그 주추세선에 가까스로 닿았다. 나의 심리 지수는 1943년 11월 27일이 속한 주에 가까스로 그 주추세선을 관통했다.

그래프 X에서 보이겠지만, 조정 ⓒ의 e파동은 11월 30일에 128.94포인트까지 하락했다. 이 다섯 번째 파동은 상대적으로 봤을 때 매우 짧았다. 그 파동이 작은 채널의 보조 추세선에 닿지 않은 것에 주목하라. 만약 닿았다면, 저점은 '기밀 서신'에서 예측한 대로 1943년 12월에 124포인트에 도달했을 것이다. 그러나 이것은 전혀 중요치 않다. 중요한 것은 지금의 랠리가 5개 파동을 형성할 것인지 아니면 단지 3개의 소형 상승 파동만을 형성할 것인지다. 랠리는 지금¹월 8일 그것의 소형주기 세 번째 파동에 위치해 있다 그래프 X 참조. 3개의 소형 파동만이 기록된다면 강세장은 1943년 7월 15일에 완료되고, 가격 하락을 보게 될 것이다. 5개의 상승 파동이 형성된다면 강세장은 아직 끝나지 않은 것이며, 가격은 상승할 것이다. 통계학적, 정치적 관점에서 보면 어느 쪽으로 전개되어도 이상하지 않다.

뒤 페이지의 **그래프 Y**는 1940년 1월부터 1943년 9월까지 1등급 당시 I.C.C는 철도 회사를 총이익을 기준으로 3단계로 구분했음. 총이익이 1백만 달러 이상인 철도 회사는 1등급으로 분류-옮긴이 철도 회사의 순이익을 보여준다. 1940년 1월부터 1942년 10월까지 34개월에 걸친 5개 주요 상승 파동에 주목하라. 1940년 5월부터 1943년까지 철도지수는 5개의 상승 파동을 기록했다. 해설 서신 27번을 참조하라.

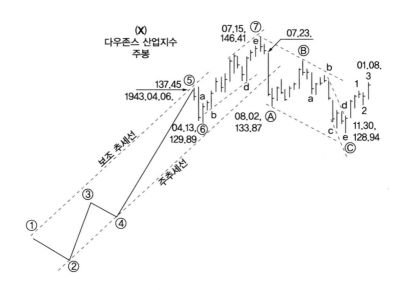

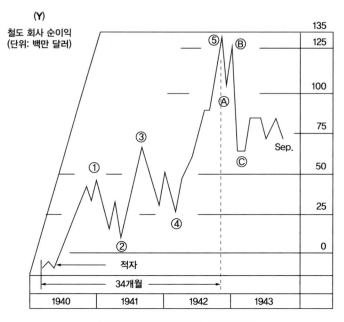

이 편지의 내용은 최근 들어 왜 해설 서신을 자주 발행하는 것이 불가능했는지를 보여준다.

시간 측면에서 보면, 나는 전쟁이 1944년 4분기에 끝날 것이라고 추정했다. 〈뉴욕 타임스〉는 1944년 1월 7일자 8페이지에서 '무기 대여Lend Lease, 주요 동맹국의 방위를 위해 미국이 무기 등의 물자를 대여하는 것-옮긴이에 대한 도표를 실었는데, 이는 1943년 10월 기준으로 정점까지 작은 상승 파동 하나만이 남았음을 명확하게 보여준다.

R. N. 엘리어트

해설 서신 29번
1944년 2월(추정)

철도지수를 유심히 관찰해 보면 흥미롭고 유용하며, 이익도 낼 수 있다.

운송은 미국 경제에서 가장 중요한 요소다. 루이지애나 매입 미국이 프랑스로부터 루이지애나 영토를 1,500만 달러에 사들인 사건—옮긴이, 멕시코 및 캐나다와의 국경 확정, 텍사스와 캘리포니아 편입 등으로 국토가 방대해졌기 때문이다.

철마시대 이전에는 교역은 운하를 이용한 바지 barge 선 회사 수준에 머물렀다. 최초의 다우존스지수는 1884년에 산출되었고, 8개의 철도 회사와 웨스턴유니언텔레그래프 Western Union Telegraph로 구성되었다. 철도지수는 1906년에 정상적 고점을 기록했고, 그 이후에는 저서 17페이지 1단락 도표 'C'와 같은 '플랫' 형태의 조정을 형성했다. (A)파동은 1906년 138.36포인트로 시작해 1921년 65.52포인트로 끝났다. (B)파동은 1929년에 189.11포인트로 끝났다. (C)파동은 1940년에 21.65포인트로 끝났다. (B)파동의 정점은 '불규칙' 고점이다. 다음 페이지 그래프 W를 보라.

그래프 X는 1906년부터 1944년 1월까지의 산업지수 대비 철도지수의 비율이다. 이를 통해 철도지수는 산업지수 대비 1906년부터 1940년까지 지속적으로 약세를 보였음을 알 수 있다.

그 이유는 다음과 같다.

(a) 보통주 대비 과도하게 높은 비중의 채권

(b) 1914년에 영업을 개시한 파나마 운하

(c) 자동차와 비행기

위에 언급한 세 가지 요인으로 인해 철도 채권과 주식 모두 약세를 보였고, 그 어려움도 극심해 철도 회사 3분의 1이 법정관리 상태였다. 그뿐만 아니라 나머지 3분의 1도 그 경계선에 놓여 있을 정도였다.

현재 진행 중인 전쟁으로 인해 일시적으로나마 파나마 운하와의 경쟁이 없어져 철도 회사는 여객과 화물에서의 수익이 모두 증가했다. 1940년부터, 특히 진주만 공습 이후의 엄청난 이익으로 철도 회사들은 채무와 고정비 부담을 줄일 수 있었다. 이 이익은 영구적이다. 그래프 X를 보라.

산업지수 대비 철도지수의 비율은 1940년에 최저점을 기록했고, 그 후 철도지수는 1943년 7월까지 그래프 Y와 같이 상승했다. 산업지수는 1942년 4월에 13년 삼각형이 끝나며 바닥을 벗어났다.

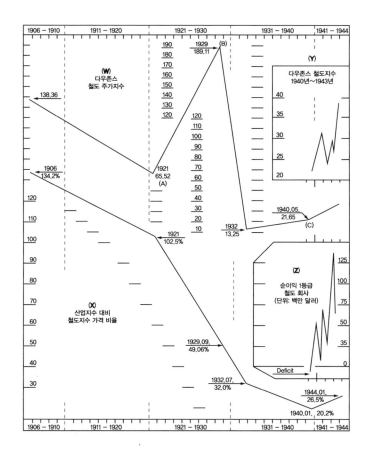

결론: 1906년부터 1940년까지 34년간 철도지수는 산업지수에 앞서 하락 반전하고, 산업지수의 뒤를 이어 상승 반전했다. 1940년부터 현재까지는 그 추세가 반전되어 철도지수가 먼저 상승 반전하고 나중에 하락 반전한다. 이 추세는 아마도 상당 기간 지속될 것이다.

R. N. 엘리어트

해설 서신 30번

1943년 11월 30일부터 1944년 3월까지

이번 서신은 특별히 중요하다. 저서 17페이지 1단락에 A, B, C의
세 그림을 실었다. 이를 아래에 X, Y, Z로 나타냈다.

위의 패턴이 반전되면 아래와 같다.

1943년 7월부터 11월에 걸쳐 모든 지수에 나타난 움직임은 그림 A와 같은 '지그재그'다. 따라서 1943년 11월 30일부터 3월까지의 모든 움직임은 조정적 패턴, 즉 조정의 조정이다. 만일 시장이 1943년 11월부터 더 상승했다면 1943년 7월부터 1943년 11월까지의 형태는 충분한 조정을 이루었을 것이고, 11월 30일 이후의 첫 움직임은 현재와 같은 3개 파동이 아닌 5개의 파동으로 이루어지게 되었을 것이다.

일부 움직임은 단 3개의 파동만으로 이루어져 있고, 일부는 '이중 3파동', 그리고 간혹 '삼중 3파동'도 등장하는데, 이들 모두는 조정적 특성을 갖는다.

그래프의 상단과 하단에는 한 주의 마지막 날이 표기되어 있다. 우측에는 척도가 나와 있다. 산업지수는 1포인트에 0.63센티미터⁴분의 1인치, 철도지수는 1포인트에 1.27센티미터²분의 1인치, 유틸리티지수는 1포인트에 2.54센티미터¹인치로 표기했다.

그래프 P는 산업지수다. 1월 5일까지의 첫 움직임은 '삼중 3파동'이다. 2월 7일까지 하락하는 두 번째 움직임은 '플랫'이다. 상승하는 세 번째 움직임은 반전된 '플랫'이다. 2단락의 그래프 Y를 보라.

그래프 Q는 철도지수다. 1월 22일까지의 첫 움직임은 그래프 Y와 같은 반전된 플랫이다. 2단락을 보라. 그 움직임은 거기서 끝날 수도 있었다. 그러나 11월 30일부터 3월 22일까지의 전체 움직임이 반전된 '플랫'이다 그래프 Z.

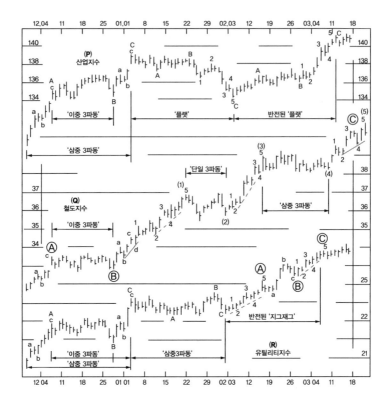

그래프 R은 유틸리티지수다. 2월 4일까지 두 개의 '삼중 3파동'
으로 구성되었다. 2월 4일부터 3월 7일까지는 그래프 X와 같이 반
전된 '지그재그'다.

모든 지수의 전체 움직임은 조정적 패턴으로 구성되었다.

1943년 11월부터 1944년 3월까지 철도지수 주봉은 7개의 파
동 이중 3파동을 보이며, 산업지수는 각각 3개의 파동으로 이루어진
두 개 움직임으로 구성되었다.

상승 움직임이 일봉 기준으로 3개 파동으로 시작되면, 그 움직임은 거기서 끝날 수도 있고 높은 단계의 3개 파동 안에 끝날 수도 있다. 이는 일봉 패턴의 가치와 그 시사점의 중요성을 입증해 준다.

1921년부터 1942년까지 21년간 인플레이션과 디플레이션이 시장을 좌지우지했다. 1942년 이후 오랫동안 강세장과 약세장은 1921년 이전의 움직임을 되풀이하게 될 것이다. 1919년 11월에 시작된 약세장은 1943년 7월부터 1944년 3월까지 전개된 패턴과 동일하게 시작되었다.

R. N. 엘리어트

해설 서신 31번
1943년 7월 15일부터 1944년 7월 10일까지

해설 서신 28번에서는 다우존스 산업지수가 1942년 4월부터 7월 15일 고점에 걸쳐 92.69포인트에서 146.41포인트까지 움직이는 것을 그래프로 나타냈다.

그래프 U는 1943년 7월 15일부터 1944년 7월 10일까지에 걸친 146.41포인트부터 150.88포인트까지의 다우존스 산업지수 주봉이다.

저서 17페이지 1단락 이후에는 '지그재그'와 '플랫' 등 2개의 조정 패턴을 그래프로 보였다. 참조의 편의를 위해 다음 페이지 그래프 V와 X에 전재했다. 반전된 '플랫'은 그래프 W로 표시했다.

이 패턴들은 '조정적'이며, 상승 또는 하락 방향과 관계없이 a, b, c 또는 A, B, C의 3개 파동으로 이루어진다. 소문자는 A, B, C보다 하나 낮은 단계의 파동임을 뜻한다.

1942년 4월부터 1943년 7월까지의 전진은 같은 단계 3개의 파동, 즉 그래프 X와 같은 A, B, C파동에 의해 조정되어야 한다.

그래프 U에서 A와 B파동은 완성되었다. A는 1943년 7월부터 11월 30일까지, B는 1943년 11월 30일부터 1944년 7월 10일에 걸쳐 진행되었다. 그리고 C파동이 뒤따를 것이다. A, B, C파동의 완성된 패턴은 그래프 X와 같을 것이다.

그래프 U에서 A파동은 그래프 V와 같은 '지그재그'다. B파동은 그래프 W와 같은 반전된 '플랫'이다. C파동은 그래프 X의 C파동과 같이 5개의 하락하는 주요 파동으로 구성될 것이다. C의 소형주기 2, 4파동은 소형 단계의 랠리일 것이다. 이 랠리 중 하나는 '복잡'할 것이며, 상당한 중요성을 가질 것이다.

그래프 U와 그래프 X에서 표시될 것처럼, B파동은 A파동의 시작점보다 높은데, 이는 '비정상'이다. '교대'라는 교육 유인물에서 설명한 것처럼, 1937년 고점은 '정상적'이었고, 그에 따라 1944년 고점은 '비정상'이어야 한다.

해설 서신 30번은 1943년 11월 30일 이후 움직임은 그 정도와 관계없이, 새로운 강세장의 시작이 아닌 단지 랠리일 뿐일 것이라고 밝혔다.

해설 서신 29번에서 그 이유를 밝혔듯, 철도지수는 산업지수보다 하락폭이 덜할 것이며 산업지수보다 먼저 상승 반전할 가능성이 있다.

유틸리티지수는 산업지수와 같이 하락할 것이며, 그 하락률도 유사할 것이다.

그래프 Y는 저서 41페이지 그래프의 윤곽선이자 산업지수의

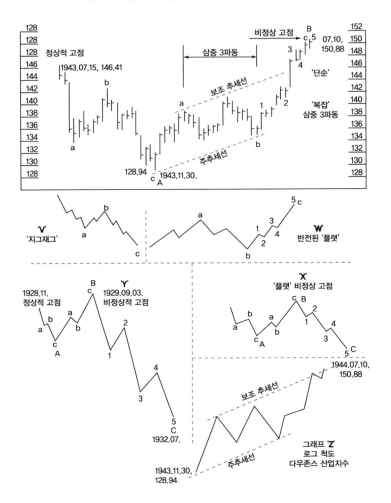

그래프 'U' 다우존스 산업지수

1928년 11월 정상적 고점부터 1932년 7월까지의 윤곽선이다. 그래프 Y의 B파동과 그래프 U의 B파동은 그 세부 패턴이 동일하다. '비정상' 고점과 A, B파동의 패턴도 그래프 U와 동일하다.

그래프 Z는 1943년 11월부터 1944년 7월 10일까지 산업지수 윤곽선을 로그 척도로 표시한 것이다. 이를 보면 그래프 U와 같이 산술 척도에서 '돌파'가 발생했을 때 그것을 로그 척도로 표시하면 어떤 효용이 있는지를 알 수 있다. 그래프 U에서는 B의 c파동이 보조 추세선을 벗어났고 이것이 저서 14페이지에서 설명한 '돌파'다. 그래프 Z를 보면 c파동에서 돌파가 없음을 알 수 있으며, 이로써 정확한 고점을 추정하기가 더 편리해졌다. 이 주제에 대한 완전한 논의는 '금'이라는 제목의 유인물 'W'를 참고하기 바란다.

R. N. 엘리어트

해설 서신 33번
1942년 4월 28일부터 1945년 3월 1일까지

1. 첨부된 그래프는 1942년 4월 28일부터 1945년 3월 1일까지의 다우존스 산업지수 산술 척도 월봉차트다. 패턴이 새로운 데다 역사상 최초로 등장한 13년 삼각형 이후의 첫 움직임이기 때문에 비상한 중요성을 갖는다.

2. 패턴이 새로운 이유는 5개의 중간주기 파동이 '주추세선'과 '보조 추세선'에 의해 형성된 채널 내부에서 만들어지지 않기 때문이다. 1943년 11월부터 1945년 3월 1일까지의 다섯 번째 파동에서는 관례대로 채널 내부에서 5개의 파동이 형성되었음에 주목하라.

3. 1942년 9월부터 1943년 7월까지의 중간주기 세 번째 파동은 '연장'되었다. 그러므로 5파동에서의 연장은 없을 것으로 예측된다.

4. 이전 서신에서 설명한 것처럼 피보나치수열의 숫자와 비율은

파동과 그 규모뿐 아니라 시간에도 적용된다.

5. 그래프 아래의 수평선 화살표는 각각의 시점에서 1945년 2월까지 걸린 개월 수를 나타낸다. 각각 걸린 기간인 5, 8, 13, 21, 34개월은 모두 피보나치수다. 둘 이상의 기간이 동시에 종료되는 것은 반전의 신호다. 큰 숫자의 기간이 동시에 종료되는 경우이거나 기간의 단위일. 주. 월. 년가 큰 경우는 그 중요성 또한 크다.

6. 기간이 완벽하게 정확하지 않은 것은 월마다 그 길이가 다르고 5를 제외한 모든 피보나치수는 소수점을 포함하고 있기 때문이다. 또한 움직임이 월의 첫날에 시작하거나 끝나는 일은 매우 드물다. 그러므로 약간의 오차는 용인된다. 주간 단위 기간이 더 정확한 것은 자명하다.

7. 피보나치 숫자의 보편적 비율은 61.8%다. ⑤파동의 크기는 ①파동과 ③파동 크기의 61.8%다.

8. 여기 실린 모든 특징들에 대해서는 '자연의 법칙'이라는 제목의 교육 유인물에서 설명한 바 있다.

R. N. 엘리어트

기밀 서신

1945년 3월 7일

다우존스지수

	산업지수	철도지수	유틸리티지수
고점	162.22포인트, 3월 6일	52.87포인트, 3월 6일	27.67포인트, 3월 2일

1945년 1월 31일의 기밀 서신에서는 시간 요소에 근거해서 1945년 2월이 산업지수의 고점일 것이라고 예측했다. 이것은 파동에 의해 확인되었는데, 그 패턴은 동봉한 해설 서신 33번에서 보인 것과 같이 새로운 것이었다.

저가 주식에 대한 집중적인 매수가 있었다. 수없이 많은 '주식 분할split-up'은 배당이 있을 것임을 시사한다. 뉴욕증권거래소는 저가 주식에 대한 필요 증거금을 인상했다. 최근 연방준비위원회Federal Reserve Board의 의장인 에클스Marriner S. Eccles는 인플레이션의 위협과 이를 막기 위한 대책이 필요하다는 의견을 피력했다. 재무부 장

관 모건소 ^{Henry Morgenthau Jr.}도 에클스의 의견에 동의했다. 지금까지는, 산업지수 파동은 그들의 의견과 일치하지 않는다. 그러나 만약 조정적 약세장이 정상 수준 이하라면^{매우 짧다면}, 인플레이션이 발생할 것이다.

1920년대에 있었던 두 개의 정상 수준 이하 산업지수 약세장은 각각 20포인트와 25포인트에 걸쳐 이루어졌다. 정상적인 약세장은 약 40포인트다. 교육 유인물 《자연의 법칙》, 특히 마지막 단락을 참조하라.

지금은 반전이 예상되지만, 1942년 4월부터 현재까지에 걸친 새로운 패턴으로 인해 나는 조정이 얼마나 심각할지 예측하기가 망설여진다.

유틸리티지수는 산업지수를 따른다. 철도지수는 해설 서신 29호의 '결론'에서 예측했듯 최근의 상승을 주도하고 있다.

결론적으로, 나는 모든 보통주를 즉시 매도할 것을 권한다. 반전이 정상 이하일지라도 현재 가격 밑에서 시장에 재진입할 수 있을 것이다.

R. N. 엘리어트

해설 서신 33번의 차트에서 고점을 '3월 1일 161.15포인트'가 아닌 '3월 6일 162.22포인트'로 수정한다.

해설 서신 34번
시장 심리
1945년 8월 6일

미국의 천연자원, 기후, 재능과 민주주의는 개개인의 진취성에 자금을 대는 기업이 형성되는 배경이 되었다. 증권거래소는 기업 설립을 달성하는 자연스러운 매개체가 되었다.

뉴욕증권거래소는 현존하는 최대 증권거래소로, 1,300여 개의 기업이 상장되어 있다. 그것의 놀라운 시스템과 조직은 시장 심리를 즉각적이고도 완벽하게 반영해 낸다.

다음 페이지에는 1942년 4월13년 삼각형의 끝부터 1945년 7월까지를 나타내는 두 그래프가 있다.

아래쪽 그래프는 거래소에 상장된 모든 주식에 대한 나의 '심리' 지수다. 지수의 패턴은 완벽하고, 저서 17페이지 3단락의 오른쪽 끝에 실린 도표와 같다. 5개의 주요 주기 파동 원기호로 표시한 1, 2, 3, 4, 5에 주목하라. 원기호 없는 숫자 1, 2, 3, 4, 5로 표시된 다섯 번째 파동은 '연장'되었고, '연장된' 다섯 번째 파동은 소문자 a, b, c, d, e로 나타냈다. 모든 움직임은 '주추세선'과 '보조 추세선'에 의해 생긴 채널을 완벽하게 채웠다. 다섯 번째 주요 주기 파동은 1에서 3파동을 합친 것과 같은 길이다.

위쪽 그래프는 다우존스 산업지수다. 다섯 번째 파동은 169.55 포인트로 끝났고 첫 3개 파동의 75%에 그친다. 만약 다섯 번째 파동이 보조 추세선에 닿았다면 그것은 15포인트 높은 185포인트에 도달했을 것이다. 왜 실패했는지는 짐작만 할 뿐이다.

뉴욕증권거래소는 매달 말 모든 상장 주식의 시장 가치를 발표한다. 이 수치는 1945년 6월의 가치가 1937년 3월의 가치와 같음을 나타내는데, 이는 '심리' 지수가 정확함을 증명해 준다.

R. N. 엘리어트

* 해당 서신의 그래프는 입수하지 못했다.

다우존스지수

	고점	7월 19일 종가
산업지수	213.36포인트 5월 29일	201.13포인트
철도지수	68.77포인트 6월 17일	62.98포인트
유틸리티지수	43.95포인트 5월 29일	40.72포인트

앞으로 '저서'를 인용하는 경우에는 《자연의 법칙》이라는 제목의 새 버전을 참고하라. 60페이지 하단의 '주목할 점'과 23페이지의 '비정상' 고점에 대한 도표를 검토해 보라.

시장은 지금 '비정상' 고점의 'C'파동이다.

다음 상승기에 언제 무엇을 매수해야 할지 신속히 알리겠다.

R. N. 엘리어트

교육 유인물과 회보

Educational bulletins and Circulars

교육 유인물과 회보

파동 이론은 가설이나 기법이 아닌, 자연의 법칙이다. 시장의 움직임과 반응을 주요 Major, 중간 Intermediate, 소형 Minor 으로 분류하였다. 투자자와 주식 중개자에게 시장 상황을 알린다. 제공하는 서비스는 시장 예측과 교육의 두 가지다.

시장 예측 서비스는 새로운 국면이 펼쳐질 때 명확한 추천의 형태로 발행된다. 시장 예측 서신에는 '기밀'이라는 제목이 붙어있다. 시장 예측 서신은 간결하고 유용하며, 관련 없는 사건, 통계, 정치와 같은 따분한 내용이 없다. 시장 예측 서비스는 아래 두 유형의 사람들에게 쓸모가 있다.

(a) 나의 추천 사항을 활용하고 싶지만 아직 스스로 주도적으로 행동하기에 충분한 능력을 갖추지 못한 학습자들

(b) 할 일이 너무 많아 '파동 이론'을 공부할 시간이 없는 사람들

교육 서비스는 최근 시장 움직임을 도표화하고 그 파동을 분류하고 기호를 매기는 등의 조사로 구성된다. 나의 저서인 《자연의 법칙》에 따른 간결하고 정확한 용어로 이러한 파동들의 움직임을 분석하므로 참고 자료로 항상 가치가 높다. 신규 구독자에게는 투자 종목, 차트, 시장 타이밍 등의 일반적 주제에 대한 참고 자료와 유인물을 제공한다. 교육 서비스는 구독자가 서비스를 필요치 않게 되기를 목표로 한다는 점에서 독특하고 경제적이다. 추가 설명은 뒷면을 보라.

저서는 언제나 그래왔고 앞으로도 그러할 사이클의 행태를 밝혀주는 교과서다. 정기 요금은 다음과 같다.

저서	3.00달러*
교육 서비스	연간 57.50달러*
시장 예측 서비스	연간 95.50달러*
결합 서비스	연간 152.50달러*

* 이 서비스들은 현재 아래의 조건으로 이용 가능하다.

신규 구독자들은 37.5달러에 1945년 5월 1일까지 저서 1권과 두 가지 서비스를 모두 받을 수 있다. 구독 시작일과 관계없이 이

특별 할인 정책은 1945년 5월 1일에 만료된다.

1944년 11월 6일

R. N. 엘리어트

받는 이   이름: R. N. 엘리어트 귀하

주소: 뉴욕주 뉴욕 5, 월스트리트 63가

1944년 11월 6일 공고된 특가 판매를 신청하고 37.5달러를 동봉하오니 저서 및 두 종류의 서비스를 1945년 5월 1일까지 송부해 주시기 바랍니다.

보낸 이   이름 ....

주소 ....

시장은 동일한 파동이
반복되면서 움직인다

이 파동들은 자연의 법칙을 따르므로 한결같다. 이 법칙은 그리스 시대 초기부터 알려져 있었으며, 증권시장뿐 아니라 생물 및 무생물 세계 전반에 걸쳐 작동한다.

그러므로 어떤 강세장의 일반적인 패턴은 다른 강세장의 패턴과 일치한다. 어떤 약세장의 일반적인 패턴은 다른 모든 약세장의 패턴과 일치한다. 예를 들어 20년대의 강세장과 30년대의 강세장을 비교해 보고, 동일한 파동 형태를 관찰해 보라.

주식시장 학습자들은 나의 교육 서비스를 통해 파동의 움직임의 법칙을 숙지할 수 있다. 다음에 나오는 그래프는 그 단순한 예시 중 하나다.

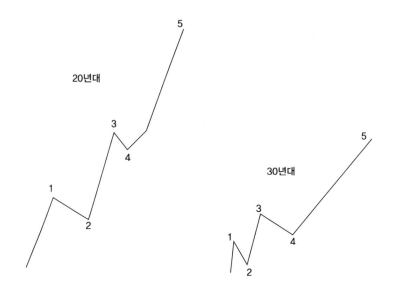

이 서비스는 학습자가 현재를 파악하고 다가올 방향성을 주요, 중간, 소형 단계별로 예측할 수 있게 철저히 훈련시키도록 고안되었다. 그러므로 이 값진 기본 법칙을 학습한 사람은 더 이상 다른 사람의 시장 조언에 기댈 필요 없이 그들 스스로 시장을 읽고 예상할 수 있게 된다.

파동의 움직임을 배우는 동안에 파동 원칙에 전적으로 부합하는 시장 예측 서비스가 함께 제공된다. 즉 구독자는 파동 현상을 배움과 동시에 시장 관련 안내도 제공받을 수 있는데, 시장 예측 서비스는 해설적인 특성이 있어 학습 대상인 중요한 원칙을 구독자가 더 깊이 파악할 수 있도록 해 준다. 이 예측 서비스는 시장 추세를 짚어 주며, 중요한 전환기에 특정 주식의 매수 또는 매도를 추천한다.

파동 원칙에 따르면 주식시장은 지금 가장 중요한 시점을 지나고 있다. 그렇기에 나는 시장 예측 서비스가 증권시장 참여자에게 엄청난 유익을 가져다줄 것으로 믿는다. 따라서 뒷면의 구독 신청서를 지금 바로 작성하기를 권한다.

R. N. 엘리어트

거래 종목의 선택

1939년 12월 15일

1939년 11월 20일 자 유인물에서 주식 거래에서 가장 중요한 요소는 타이밍, 즉 언제 사고팔아야 하는지 임을 설명한 바 있다. 어떤 주식을 거래할지가 그다음으로 중요한 요소임도 언급했다. 이번 회보에서는 후자의 주제에 대해 더 자세히 설명하도록 하겠다.

거래할 증권주식 또는 채권을 선택할 때는 아래의 기본 사항을 반드시 명심해야 한다.

1. **가격 변동과 수익:** 증권의 종류를 불문하고 시장 가치의 변동은 증권이 창출하는 배당 수익보다 훨씬 크다. 그러므로 가격 변동으로 인한 원금의 보전과 가치 상승이 다른 무엇보다 중요한 요인이다.

2. **강세장 고점:** 강세장 기간 동안에 〈스탠더드 스태티스틱스〉 55를

구성하는 각 섹터는 서로 다른 시점에 번갈아 가며 고점을 형성한다. 그 모양은 부채꼴 같다. 강세장은 약 5년에 걸쳐 5개의 주요 파동을 형성한다. 그 기간에는 사이클의 강력한 힘에 이끌려 여러 섹터가 대체적으로 같은 움직임을 보인다.

3. **약세장:** 일반적으로 약세장은 직전의 강세장보다 더 오래 지속된다. 격심하고 비교적 짧았던 1929년부터 1932년까지의 하락장에서는, 부실한 주식과 채권은 물론이고 최고의 주식과 채권들마저도 실제 가치와 관계없이 청산을 당해야 했다. 많은 투자자들은 모든 약세장의 저점에서 이런 결과가 반복될 것이라는 잘못된 인식을 갖게 되었다. 분석 결과에 따르면 이런 급락은 오랜 시간 후에야 다시 일어날 것이다. 약세장 최후의 저점은 모든 섹터에서 한꺼번에 형성되기 때문에 뚜렷이 관찰된다. 강세장 고점의 경우와는 반대다. 약세장 기간에는 강력한 주도주가 두드러지지 않는데, 약세장 랠리 기간에 특히 그렇다. 약세장 사이클에서는 시장 전체와 각 섹터 양쪽이 모두 뉴스와 외부 요인에 더 민감해진다. 1939년 1월 26일과 7월 28일 사이에 런던 산업지수는 삼각형을 형성했다. 그 직후 이어진 하락 추진은 뉴욕증권거래소에서 진행 중이던 상승 사이클을 중단시켰다. 나는 다른 서신에서 이 주목할 만한 예시를 예측하고 설명한 바 있다. 발생 원인은 다르지만 다소 비슷한 움직임을 보인 현상이 1922년과 1933년에도 있었다.

4. **과거 거래 경험:** 많은 투자자들이 이전에 실패한 경험으로 인

해 특정 주식에 대한 편견을 갖게 된다. 이런 일이 쌓이면 그에게는 결국 마음 편히 투자할 수 있는 주식이 하나도 남지 않게 된다.

5. **거래가 없는 주식:** 자주 또는 가끔 거래가 끊기는 주식은 매매하지 말아야 한다. 파동을 생성하는 대중 심리가 개입할 여지가 없기 때문이다. 거래가 없다는 것은 원활한 유통에 문제가 있거나 7(c)에서 설명할 성숙 단계에 이르렀음을 뜻한다.

6. **내부 정보:** 선의를 가진 친구가 전해주는 내부 정보는 거의 예외 없이 거래량이 부족하거나 가격이 낮은 주식이다. 하지만 시장 가격에 영향을 미치려면 대중의 심리가 반드시 필요함을 명심해야 한다. 그러므로 언제나 거래가 원활한 주식만을 거래하는 편이 더 낫다.

7. **주식의 나이:** 주식의 일생은 보통 아래 세 단계로 이루어진다.

(a) 첫 단계는 젊고 실험적인 단계다. 이 주식들은 아직 충분히 무르익지 않았으므로 피해야 한다.

(b) 두 번째는 창조적인 단계다. 이 범주에 속하는 주식은 건강하게 발전해 왔으므로 거래 대상으로 바람직하다.

(c) 세 번째, 또는 성숙 단계는 발전이 끝난 단계다. 배당금이 일정해 신뢰할 만하고, 가격 변동폭도 좁다. 그렇기에 포트폴리오에 장기투자 대상이 되며 시세차익 측면에서는 덜 매력적이게 된다.

위 내용의 요약:

주가지수의 패턴이 파동 이론을 적용해 보았을 때 유리하다면, 아래의 추천을 따르라.

A. 주가지수와 유사한 수준의 성과를 보이는 섹터를 고른다.

B. 그 다음으로 이 섹터와 비슷한 가격 추이를 보이는 주식을 고른다.

C. 언제나 유동성이 높고 가격이 적절하며 적당히 성숙한 주도주를 고른다.

D. 분산 투자하라. 즉 다섯 개에서 열 개 주식에 비슷한 금액을 투자하고, 한 섹터에 두 개 이상의 주식을 투자하지 말라. 예를 들면 다음과 같다.

제너럴모터스 General Motors   유에스스틸 U. S. Steel

유나이티드에어크래프트 United Aircraft   뉴욕센트럴 New York Central

유에스러버 U. S. Rubber   콘에디슨 Con. Edison

다섯 종목 미만을 거래하는 것이 열 종목 이상을 거래하는 것보다 낫다.

R. N. 엘리어트

차트 그리기
1939년 12월 20일

가격 변동을 차트에 기록하기에 대해서는 저서《자연의 법칙》의 24, 26페이지에서 다룬 바 있지만, 광범위한 기록 작업을 통해 찾아낸 구체적 제안이 학습자들에게 도움이 될 것으로 생각한다. 다양한 차트 견본을 다음 페이지에 수록하였다.

일별 가격 범위를 나타내는 선

파동 원칙을 적용해 낮은 단계의 파동을 정확하게 관찰하기 위해서는 고가-저가를 표시하는 일봉이 필요하다. 이 고가-저가 일봉은 1928년 다우존스사가 고안하였다. 가격 변동을 강조하기 위해 아래와 같은 차트 간격을 권장한다.

산업지수의 1포인트는 세로 0.63센티미터4분의 1인치

철도지수의 1포인트는 세로 1.27센티미터2분의 1인치

유틸리티지수의 1포인트는 세로 1.27센티미터2분의 1인치

이 정도 간격이 차트를 정확하게 해석하는 데 용이하고, 세로 간격을 더 짧게 하면 불확실성을 초래할 수 있다.

0.63센티미터 눈금은 5개로 세분화되므로 일봉과 시간 단위 기록의 정확한 위치를 어림짐작하지 않아도 된다.

마찬가지로, 견본 차트에 표시한 대로 날짜 사이에 간격을 두는 것이 중요하다. 차트의 모든 수직선을 한 칸씩 띄지 않고 다 표시하면 가격 범위 선이 너무 비좁아져서 읽기 어려워진다. 휴일을 위한 공간을 띄우지 말라.

시간 단위 기록

시간별 기록에는 정확히 동일한 0.63센티미터4분의 1인치 눈금과 형태를 권장하며, 5시간 세션session에는 수평으로 0.63센티미터4분의 1인치 또는 매 시간별로 가장 작은 정사각형 중 하나를 권장한다. 토요일 2시간 세션 후에는 공간을 비우지 않는다. 시가를 표시하지 않는다. 하루의 고가-저가 범위는 각 세션의 마지막 시간이 끝날 때 표시한다. 이 권장 사항 모두를 다음 페이지 차트에 설명해 두었다.

차트 용지

차트 용지를 아끼다 보면 명확성이 떨어진다. 한 움직임이 한 장에서 시작되고 다음 장에서 끝나면 명확성이 위협받는다. 움직임이 한 장의 상단에서 끝나고 다음 장의 바닥에서 다시 시작하는 경우도 마찬가지다.

파동의 해석을 명확히 하는 데 적합한 차트 용지는 큐펠앤에서 Keuffel & Esser가 제작하고 있으며, 직영점 또는 대형 문구점에서 판매하고 있다. 크기는 다음과 같다.

0.91미터[1야드] 단위, 폭 50.8센티미터[20인치]

장당 21.6센티미터[8.5인치] × 27.9센티미터[11인치]

장당 25.4센티미터[10인치] × 38.1센티미터[15인치]

세 사이즈 모두 용지의 무게는 두 종류가 있다.

25.4센티미터[10인치] × 38.1센티미터[15인치]의 용지를 사용하기를 권하며, 한 장에 표시하는 지수는 2개를 넘지 않도록 한다. 예를 들어 25.4센티미터[10인치] × 38.1센티미터[15인치]의 용지 한 장에 산업지수 일봉과 일별 거래량을 표기하고, 다른 25.4센티미터[10인치] × 38.1센티미터[15인치]의 용지에 철도지수 일봉과 유틸리티지수 일봉을 표기한다. 추가로 25.4센티미터[10인치] × 38.1센티미터[15인치]의 용지 두 장을 사용해 그중 한 장에는 산업지수의 시간 단위 기록, 전체 시장의 시간 단위 거래량을 표시하고, 다른 한 장에는 철도지수와 유틸리티지수의 시간 단위 기록을 표시하면 전체 상황을 총 4장에 표시하게 된다.

개별 주식의 경우도 차트 괘선을 1/5이 아닌 1/4로 세분화한다는 점만 빼고 위와 동일하게 적용하기를 권장한다.

두 가지 시간 축을 모두 표시한 실제 차트 용지는 옅은 녹색인데, 여기 검은색 잉크로 차트를 그리면 검은색이 강조되어 파동을 읽기에 매우 유리하다.

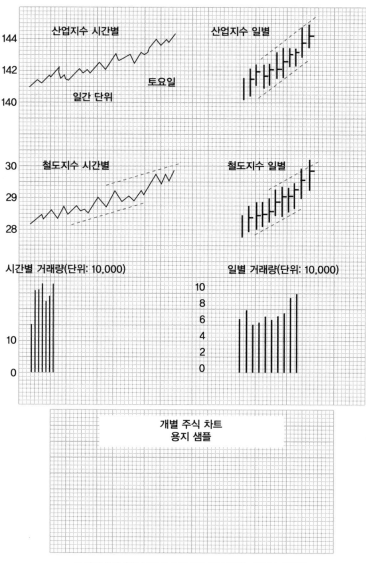

두 가지 시간 축을 모두 표시한 실제 차트 용지는 옅은 녹색인데,
여기 검은색 잉크로 차트를 그리면 검은색이 강조되어 파동을 읽기에 매우 유리하다.

주간 단위

주간 단위는 로그 차트를 사용해야 하는데, 매우 긴 기간을 커버할 수 있도록 가장 큰 사이즈의 용지를 사용하도록 한다. 하나의 강세장 전체를 표시하는 데 한 장의 용지를 사용하고, 하나의 약세장 전체를 표시하는 데 또 다른 용지를 사용한다.

R. N. 엘리어트

교육 유인물 A

1939년 12월(추정)

가격 추세를 만드는 근본적인 힘은 자연의 법칙에 의해 지배되고 통제된다. 이 자연의 법칙은 법령이나 규제로 뒤집히거나 없어지지 않는다. 뉴스와 정치적 상황은 부수적이고 곧 잊히고 만다. 시장 동향에 미치는 영향은 일반적으로 생각하는 것만큼 크지 않다.

수년간 주기적인 가격 변동, 그 원인과 특성에 대한 집중적인 연구 끝에, 나는 일련의 가격 변화에서 리듬 있는 규칙성을 발견했다. 이러한 리듬 있는 변화를 분류한 끝에 특정한 원칙으로 다듬었고, 오랜 기간에 걸쳐 신중하게 테스트했다. 이렇게 만들어진 매우 중요한 발견들은 저서 《파동 이론》에서 충분히 논의하였다.

파동 이론은 몇 년에 걸쳐 투자 펀드의 관리와 중요한 주요, 중간 주기 추세를 예측하는 데 성공적으로 적용되어 왔다. 1939년 6월,

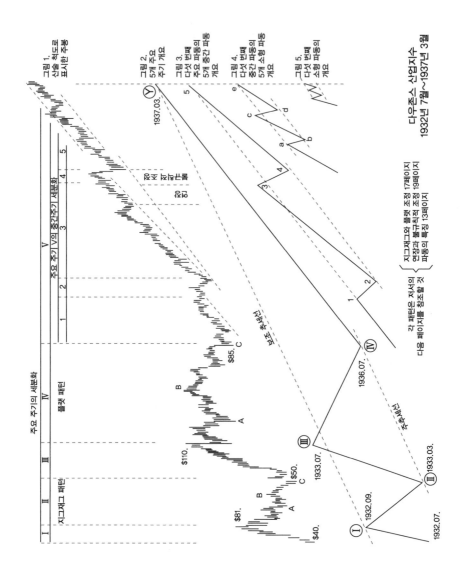

7월, 8월에 걸쳐 〈파이낸셜 타임스〉를 통해 파동 이론의 광범위한 적용을 보여주는 일련의 기고문을 게재했다.

파동 이론은 시장 시스템이나 학설이 아니다. 시장 분석에 파동 이론을 적용한 사례인 1932년~1937년 강세장의 주간봉 차트^{다우}를 같이 수록하였다. 마지막 고점을 포함한 중요한 전환점이 중요도에 따른 단계별로 명확하게 표시되었다.

이 5년간, 파동 이론은 저서에서 밝힌 법칙에서 벗어나는 일 없이 다양한 국면을 측정하고 예측했다.

교육 서비스는 시장의 다양한 국면과 추세에 파동 이론을 적용할 수 있도록 예비 지침의 도움을 받아 파동 이론을 완벽히 숙달하려는 진지한 투자자들을 위한 것이다. 파동 이론에 숙달한 교육 서비스 구독자는 이를 투자 과정에 스스로 사용할 수 있게 된다.

투자 예측 서비스는 시간이 부족해 투자 결정에 전문가의 조언이 필요한 사람을 위한 것이다. 이 서비스의 고객은 매수, 매도 시점에 대한 조언을 얻을 수 있다.

R. N. 엘리어트

교육 유인물 B

사이클

1940년 1월 16일(추정)

경제학자들과 시장 분석가들은 1939년 7월 25일 하락장부터 9월 1일 전쟁 발발과 예기치 못한 매수 열풍, 그리고 1940년 1월 15일까지 이어진 반락까지의 주식시장의 특이한 행동을 설명하기 위해 수많은 설명을 내놓았다. 가장 단순하면서 유일하게 신뢰할 수 있는 답, 그리고 이익과 손실을 결정짓는 해답은 바로 '사이클'이라는 말에 담겨 있다.

기업 활동 추이와 주가는 일정 수준의 상관관계를 갖는 것이 일반적이다. 그렇지만 이들이 앞으로 어떻게 변화할지 정확하게 예측하려면 각각의 사이클의 움직임을 개별적으로 면밀히 관찰해야만 가능하다. 외부 조건은 무시해야 한다.

《파동 이론》에서 정의한 용어 '사이클'은 완료된 추세 또는 움직임의 시작과 끝 사이의 거리를 뜻한다. 다음 페이지의 큰 차트는 사이클의 형태가 어떻게 형성되는지 명확하게 보여준다.

리듬은 사이클이 언제 끝나는지를 결정한다. 사이클의 움직임에는 구성 요소들이 있는데, 각각 주요, 중간, 소형주기 파동으로 알려져 있다. 숫자와 문자는 파동의 끝부분에 표기한다.

강세장은 다섯 개의 주요주기 파동으로 이루어진다. 주요주기 파동 각각의 전진 파동 홀수 번호인 1, 3, 5은 다섯 개의 중간주기 파동으로 이루어진다. 중간주기 파동 각각의 전진 파동은 다섯 개의 소형주기 파동으로 이루어진다.

약세장은 세 개의 주요주기 파동으로 이루어지는데, 그 세부 구성은 제각기 다르다. 다음 페이지의 약세장은 '지그재그' 패턴이라 불린다. 강세장의 조정 짝수 번호인 2, 4은 한 단계 낮은 파동과 동일한 특성을 갖는다.

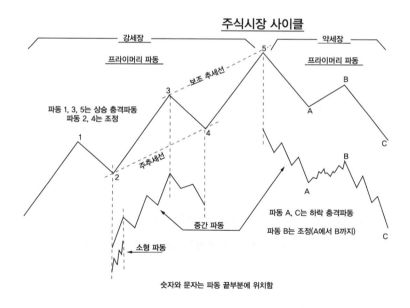

주식시장 사이클

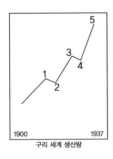

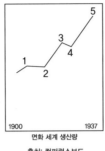

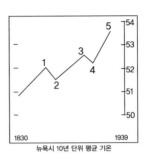

구리 세계 생산량	면화 세계 생산량	뉴욕시 10년 단위 평균 기온

출처: 컨퍼런스보드

이 주기적인 규칙성이 시장 움직임을 지배하고 통제하는 자연법칙의 핵심이다.

파동 이론은 시장 움직임을 다년간 철저히 연구한 끝에야 발견한 현상이다. 많은 구독자들이 시장 움직임을 예측하는 데 이 시장 이론을 성공적으로 테스트하고 활용하고 있다.

마음이 내킨다면 학습자들은 파동 이론을 전력 생산량, 제품 생산, 도농간 이주 추이 등과 같은 폭넓은 주제에 적용해 볼 수 있다. 흥미로우면서도 가치 있게 파동 이론을 적용해 볼 수 있을 것이다. 시장 움직임의 예측 외에 파동 이론이 갖고 있는 또 하나의 효용 가치다.

파동 이론은 '시스템'이 아니다. 이를 시장 움직임에 적용하는 데 익숙해지려면 연구가 필요하다. 저서는 원칙을 설명해 주고, 교육 서비스는 최근 시장 동향을 해설하는 해설 서신의 후속편이다. 신규 구독자는 '거래 종목 선정'과 '차트 그리기'에 대한 과월호 세트를 받아볼 수 있다.

시장 예측 서비스는 시장과 관련한 구체적이고 시의적절한 추천 사항을 제공한다.

R. N. 엘리어트

교육 유인물 C
움직임의 법칙
1940년 2월~6월(추정)

지금까지는 주식시장의 주기적인 리듬이 가장 두드러지는 주식시장에 주로 초점을 맞춰 왔다. 바퀴부터 행성에 이르기까지 모든 움직임Motion은 반드시 주기적이다. 모든 사이클은 각각 정해진 숫자로 세분화되므로 그 진행을 측정하기에 용이하다. 지금이 주기적 리듬 전반에 대해 논의하기 적당한 때인 것 같다.

행성: 행성은 서로 다른 속도로 각각의 궤도를 움직인다. 지구는 24시간마다 자전하고, 이로써 낮과 밤이 나뉜다. 지구는 태양을 일 년에 한 바퀴 돌고, 그럼으로써 사계절이 생긴다. 천문관의 장치는 앞이나 뒤로 돌리면 행성과 위성의 상대적인 위치와 움직임을 과거, 현재, 미래 어느 시점이든지 나타내준다. 한번 방문해 보기를 추천한다.

원소: 이들 중 일부는 절대 형태를 바꾸지 않지만, 바꾸는 것들

도 있다. 예를 들어 물은 그 순환 과정에서 계속해서 완전한 사이클을 만들어 낸다. 햇빛이 바다 표면에 닿으면 물을 증발시킨다. 기류는 수증기를 언덕과 산 너머의 차가운 대기와 만날 때까지 이동시키고, 수증기는 다시 응축된다. 중력은 물을 지구로 끌어당기고, 물은 다시 바다에 합쳐진다.

국가들은 크든 작든 정치적, 문화적, 경제적 사이클을 경험한다.

인간의 삶: '흙에서 흙으로' 돌아가는 사이클은 유년기, 생산기와 쇠퇴기로 나뉜다. 파동 이론의 패턴은 도농간 이주 추이, 평균 연령, 출산율 등 다양한 집단행동에서 관찰된다.

인간의 활동: 사람의 활동은 그 수가 엄청나고, 행성들처럼 각자의 궤도와 속도로 움직인다. '사이클'이라는 제목의 유인물은 '주식시장 사이클'을 보여주는데, 이 패턴은 모든 인간 활동에 적용해도 잘 들어맞는다. 다음 페이지 그래프를 대충만 훑어봐도 전 단계를 근거로 다음 단계를 예측할 수 없다는 것을 알 수 있다. 각 패턴의 주기는 외부 요소가 아닌 그 자체의 파동에 의거하여 분석해야 한다. 1939년 4분기에 주식시장이 경기 지표에 뒤처진 이유에 대해 의견은 분분했지만 제대로 된 설명은 없었다. 이 현상을 파악할 수 있는 유일한 방법은 저서에서 설명한 파동 이론뿐이다.

'사이클'이라는 제목의 유인물에 실린 '기온' 그래프는 매우 중요하다. 대기 기온은 인간 활동에 영향을 받지 않음에도 110년에 걸친 주기적 파동이 파동 원칙에 완벽히 부합하는 패턴을 만들어 냈다.

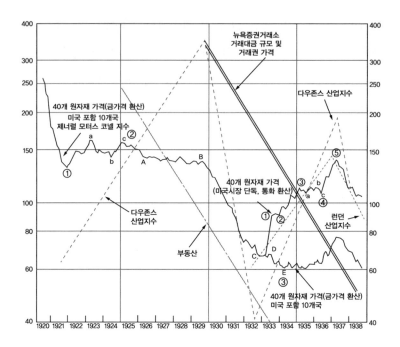

당신은 하루가 저무는 것과 계절이 바뀌는 것을 대비한다. 사이클의 패턴을 배워서 미래를 대비하는 것은 어떤가? 막연한 추측에 돈과 시간을 낭비하는 대신에 말이다.

파동 이론은 하룻밤 사이에 배울 수 있는 것은 아니다. 하지만 학습자에게는 후한 보상을 안겨줄 것이다.

R. N. 엘리어트

파동 원칙의 기초

1940년 10월 1일

문명은 변화에 의존한다. 변화는 기원과 특성이 주기적이다. 리듬이 있는 일련의 극단적인 변화가 사이클을 구성한다. 하나의 사이클이 완성되면 또 다른 사이클이 시작된다. 범위와 기간은 다를 수 있지만 새로운 사이클의 리듬은 이전 사이클의 리듬과 같을 것이다. 사이클은 자연의 법칙에 따라 진행된다.

이 자연 변화의 법칙은 피할 수 없으며, 계절과 조수와 행성의 움직임에도 적용된다. 변화란 '인생에서 변하지 않는 유일한 것'이라고도 하는데 참 맞는 말이다. 변화란 자연 현상이기에, 비교적 정적인 학문인 생물학, 식물학을 포함한 인간의 모든 활동을 지배한다. 몇 시간부터 수십 년, 수 세기, 수천 년까지의 시간과 수학조차도 이 리듬의 지배를 받는 것으로 보인다.

이 주기적인 변화의 원인은 인간 활동의 다양한 국면을 포함한 세상 만물을 다스리는 불변의 자연의 법칙에서 비롯되는 것으로 보인다. 그러므로 사이클의 장기적인 진행 과정에서 원인이라는 것은 그다지 중요하지 않게 된다.

원인과 관계없이 움직이는 사이클을 측정하는 것은 변화를 예측하는 신뢰성 있는 수단이 되기에 큰 수익을 안겨 준다. 오랜 기간 주식시장의 변화에 대한 광범위한 연구를 거쳐, 나는 사이클의 추세를 결정하는 단서를 발견했다.

1934년에 나는 주가의 다양한 변동 추세를 리듬감 있는 파동의 연속으로 파악하였고, 이를 '사이클'이라고 이름 붙였다. 이 주기적인 리듬은 증권 거래소의 다양한 기록뿐 아니라 원자재, 산업 생산, 기온, 음악, 색의 변화, 전력 생산량, 도농간 인구이동 등에서 규칙적, 반복적으로 출현한다. 인간 활동뿐 아니라 자연의 동작에 있어서도 광범위하게 드러나는 이 발견을 나는 '파동 원칙'이라고 명명하였다.

파동의 수, 움직임의 범위와 지속 시간은 분명 수학적 원리 및 시간의 경과와 궤를 같이하는 것으로 보이지만, 파동의 수는 사이클의 특성에 부합하는 분명한 경우를 제외하고는 변함이 없다. 파동의 길이는 감정을 흔드는 뉴스의 영향을 받을 수 있지만, 파동의 수는 그런 일시적인 사건에 영향을 받지 않는다. 이 리듬을 분석함으로써 현재 움직임의 끝을 알 수 있으며, 다가오는 움직임이 어떻게 전개될지도 알 수 있다. 따라서 강세장이 종료되고 약세장이 다가오는 것, 또는 그 반대의 경우를 자신 있게 예측할 수 있다.

다음 페이지에는 강세장의 발전적인 단계와 약세장의 파괴적인 단계를 포함하는 세 가지 주식시장 사이클이 나와 있다. 사이클을

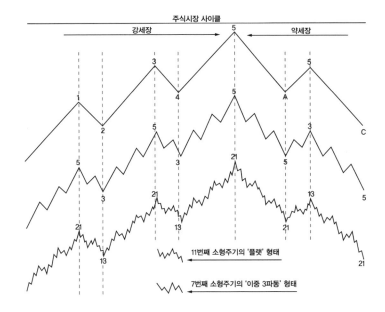

주식시장 사이클

강세장

약세장

11번째 소형주기의 '플랫' 형태

7번째 소형주기의 '이중 3파동' 형태

구성하는 파동의 수를 수 세기 전 피타고라스와 피보나치에 의해 확립된 수학적 원리와도 비교해 보았다.

파동 이론의 작동 원리와 수학 법칙과의 연관성

맨 위의 그래프는 완전한 사이클의 근본적이고 가장 큰 파동을 보여준다. 강세장에는 다섯 개의 파동이 있고, 약세장에는 세 개의 파동이 있다.

중간의 그래프에는 위와 동일한 기본 파동 8개를 더 상세히 표시해 34개에 달하는 그 부속 파동을 보여준다. '5-3' 리듬이 일정함에 주목하라. 이 그래프는 사이클의 중간 주기 파동을 보여준다.

세 번째 그래프는 동일한 8개 기본 파동, 즉 34개의 중간주기 파동을 좀 더 세분화해 분석한 것으로 강세장에는 89개의 소형 파동이, 약세장에는 55개의 소형 파동이 존재한다. 총 144개다. 여전히 '5-3' 리듬은 유효하다. 사이클의 조정기에는 소형 파동의 리듬이 약간 달라질 때도 있다. 이런 경우는 유형이나 패턴에 따라 7개 또는 11개가 되는데, 이는 현재 진행되고 있는 것이 어떤 파동인지를 알려 준다.

파동 이론의 기원은 매우 오래되었다. 기원전 6세기의 피타고라스Pythagoras, 13세기의 피보나치, 레오나르도 다 빈치와 마르코니를 비롯한 많은 과학자들이 이 현상에 대해 어느 정도의 지식을 갖고 있었다. 피보나치는 피사의 레오나르도라고도 알려진 이탈리아의 수학자였다. 그의 '동적 대칭의 수열Summation Series of Dynamic Symmetry'은 모든 측면에서 파동 이론의 규칙적 움직임과 일치하며, 파동의 수도 그를 따른다. 피보나치는 피타고라스의 유명한 피라미드 도표를 기반으로 수열 정리를 도출해낸 것으로 보인다. 피타고라스는 이 도표가 '우주의 비밀에 대한 열쇠'라고 말한 바 있다. 이 도표는 사계절뿐 아니라 잘 알려진 십 년 주기의 사이클에도 적용할 수 있다.

파동 이론, 피보나치수열 및 피타고라스 도표의 유사성은 다음 페이지의 표에 나와 있다.

내가 파동 원칙이 시장 움직임에 부합한다는 것을 알아냈을 당시, 나는 피보나치의 수열이나 피타고라스 도표에 대해 아는 바가 전혀 없었음을 언급하고 싶다. 수 세기 전에 확립된 오래된 수학적 원리가 현재 파동 이론이 실질적으로 사용되는 데 타당성을 증명

파동 이론					피보나치 수열	피타고라스의 피라미드 도표	도표에 대한 저자의 해석
그래프	단계	파동의 개수					
		강세장	약세장	사이클 총합			
상단	프라이머리	5	3	8	1+2=3 2+3=5	1 2 3 4	1 2 3 4 5 6 7 8 9 10
중간	인터미디에이트	5 3 5 3 5 = 21	5 3 5 = 13	34	3+5=8 5+8=13 8+13=21 13+21=34	1 / 2 3 / 4 5 6 / 7 8 9 10	1 2 3 / 4 5 6 7 8 9 10
아래	마이너	21 13 21 13 21 = 89	21 13 21 = 55	144	21+34=55 34+55=89 55+89=144		2 / 3 5 / 8 13 21 / 34 55 89 144

한다는 것이 나에게는 매우 만족스러운 일이다.

시간 요소, 즉 시장 추세의 지속 기간이 파동 이론의 리듬과 일치하는 사례를 많이 제시할 수 있다.

R. N. 엘리어트

냉담한 시장

원인과 종료
1941년 8월 11일

뉴욕증권거래소의 연간 주식 거래량은 5년 동안 감소하고 있고, 시장의 무관심은 1939년 19월부터 가장 심해졌다. 이 무관심의 원인은 사이클의 작용으로 추적할 수 있고 수학적으로 측정 가능하다. 시장 활동은 가격 추세의 길이에 따라 확장되거나 축소된다. 추세가 길수록 사람들의 관심과 주식 거래가 늘어나고, 그 반대도 마찬가지다. 최근 몇 년간 가격 주기의 전환이 점차 짧아지고 있는데, 이는 정상적인 삼각형을 이루는 움직임의 특징이다.

최근 몇 년간 다우존스 산업지수의 월 단위 추세 전환은 오른쪽 차트에 나타나는 것처럼 시장의 신뢰 부족과 그에 따른 무관심으로 설명할 수 있다. 두 개의 점선, 즉 –1930년 4월, 1937년 3월, 1939년 9월의 하락하는 고점에 걸쳐 이은 선 와 ⓡ–ⓥ1932년 7월과 1938년 3월의 상승하는 저점에 걸쳐 이은 선는 방대한 기간에 걸친 삼각형을 형성한다. 이 삼각형 내부 파동들의 완성 주기는 그 범위와 시간 모두 0.618이라는 등비

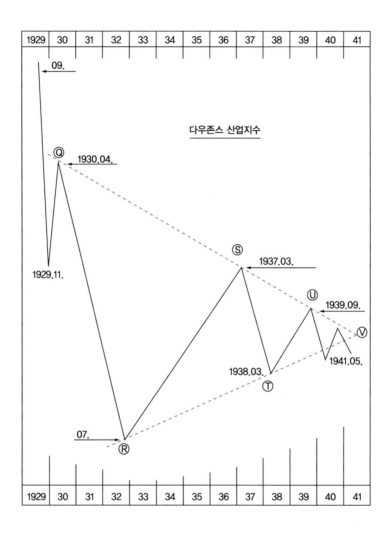

다우존스 산업지수

geometric ratio로 점차 짧아지고 있다.

따라서 이 삼각형의 윤곽선은 '비율 삼각형'이기도 하며, 나의 저서 '파동 이론'에서 설명한 '파동 삼각형'과는 완전히 다른 것이다. 0.618과 그 역수인 1.6의 비율은 원의 원주 대 지름의 비율인

상대성 표

첫 번째 항	두 번째 항	비율	반비
2 증가 3 동일	5	0.60	1.67
3 증가 5 동일	8	0.625	1.60
8 증가 8 동일	13	0.615	1.63
8 증가 13 동일	21	0.619	1.616
13 증가 21 동일	34	0.617	1.62
21 증가 34 동일	55	0.618	1.618
34 증가 55 동일	89	0.618	1.618
55 증가 89 동일	144	0.618	1.618

3.1416에서 직접적으로 기인한다. 이 비율은 파동 원칙의 구조를 이루는 숫자와 동일한 피보나치수열의 기본적인 특성이기도 하다.

이 유사성은 '파동 원리의 기초'라는 교육 유인물에서 충분히 설명하였다. 피보나치수열, 즉 각 항과 다음 항의 비율 및 역수 값은 위와 같이 표시된다.

전쟁, 정책, 생산 지수, 통화 공급, 구매력을 포함해 일반적으로 주식 가치를 결정한다고 알려진 요인들과는 무관하게 이 비율과 수열이 가격 추세의 범위와 기간을 통제하고 결정한다. 이 문장이 사실이라는 것은 1930년 4월부터의 중요한 시장 움직임을 나타낸 오른쪽 도표를 보면 알 수 있다.

이 시장 움직임은 삼각형을 구성하는 사이클들이 삼각형 영역 내에서 압축된 것에서 비롯되었다. 삼각형의 꼭짓점이 빠르게 다가

시장 추세의 주기적 상대성

파동 번호	기간		포인트		변동폭	비율
	−부터	−까지	−부터	−까지		
Ⓡ	1928년 11월	1932년 7월	296.0	40.5	255.5	
Ⓢ	1932년 7월	1937년 3월	40.5	196.0	155.5	155.5/255.5=60.9%
Ⓣ	1937년 3월	1938년 3월	196.0	977.0	99.0	99.0/155.5=63.6
Ⓤ	1938년 3월	1939년 9월	97.0	158.0	61.0	61.0/91.0=61.6

평균 62.0

온다는 것은 비교적 장기간에 걸친 주식시장의 호황을 알린다는 점에서 반가운 일이다.

R. N. 엘리어트

교육 유인물 N
대중 심리의 측정
1942년 중반(추정)

웹스터 사전의 정의에 따른 심리: '마음의 특징, 감정, 움직임, 속성의 총합'

대중 심리를 측정하기 위해서는 복합적인 생각이 숫자로 표시되고 차트에 표시되어야 한다. 그 결과 나타나는 그래프는 패턴을 보여줄 것이다. 이 패턴들은 명확한 규칙을 따른다. 많은 과학자들이 인간의 행위복합적 마음의 활동가 파동의 형태를 띤다는 것을 밝혔다. 하지만 이 파동에 패턴이 있음을 밝히지는 못했다. 그래프로 나타낼 수 있는 기록이 과거에는 없었기 때문이다.

오랜 시간 동안 '사이클'이라는 단어는 여기저기서 쓰였지만 분석되지는 않았다. 파동 이론은 대중 심리의 사이클을 명확하게 설명해 준다. 인간 활동의 변동을 표시하고 각각의 항목을 일, 주, 월, 년 등 동일한 단위로 표시하면 그 결과로 오른쪽 표와 같은 행동의 사이클이 나타난다. 상단의 글자는 월을 뜻하며, 좌측의 숫자는 가

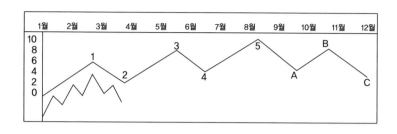

격 또는 수량을 의미한다.

사이클의 패턴, 즉 대중 심리의 측정값은 상승하는 다섯 개의 파동과 하락하는 세 개의 파동, 총 8개의 파동으로 표시된다. 패턴은 예측을 가능케 한다는 점에서 유용하다. 다섯 개의 상승 파동이 완성되었다면 세 개의 하락 파동이 뒤이을 것이며, 그 반대의 경우도 성립한다.

파동에는 다양한 단계가 있다. 예를 들면, 위 도표의 1파동은 다섯 개의 소형주기 파동으로, 2파동은 세 개의 소형주기 파동으로 구성되어 있다. 큰 파동은 한 단계 아래의 소형 파동들로 구성되어 있다. 이 현상은 주식, 채권, 거래량, 원자재, 생산량 등 그래프로 표현될 수 있는 모든 인간 활동을 설명해 준다. 위의 도표는 이 명백한 사실을 간단히 예시로 표현한 것이다.

무언가의 행동을 예측하기 위한 믿을 만한 수단은 없다. 의견은 서로 다른 관점에서 나오기에 항상 분열된다. 전쟁 뉴스, 정치, 경제가 뒤죽박죽으로 섞여 있을 때 이를 통찰하고 각각의 효과를 정확하게 평가할 수 있는 사람은 없다.

뉴욕에 있는 명망 높은 신문들은 시장의 안내자로서 뉴스의 가치에 대해 의문을 제기했다. 뉴스는 결코 사이클의 패턴이 바뀌는 이유가 되지 않는다. 시장의 움직임이 뉴스와 일치했다면 그건 단지 우연이다. 시장의 움직임이 뉴스에 부합하지 않으면 곧 잊히게 된다.

어떤 상황에서도 당신의 길잡이가 되어줄 자연의 법칙과 친숙해져 볼 마음이 조금 생기는가?

R. N. 엘리어트

교육 유인물 O

시장의 미래 패턴

1942년 10월 26일

과거 21년[1921~1942]의 패턴은 앞으로 다가올 70년을 예측할 근 거를 제공해 준다. 또한 이를 바탕으로 1776년부터 1850년까지의 기록도 추정해 볼 수 있다.

다음 페이지의 **그래프 1**은 위에서 언급한 전체 기간[1776~2012]을 다루며, 큰 규모의 다섯 개의 파동으로 표시한다. 파동 이론에서 사이클은 단계나 크기와 관계없이 언제나 상승하는 다섯 개의 파 동과 하락하는 세 개의 파동으로 구성된다.

2파동과 4파동은 언제나 조정이다. 삼각형은 4파동에서 나타나 는 경우는 있어도, 내가 관찰한 바로는 2파동에서는 결코 나타나 지 않는다. 1929년부터 1942년까지의 기간은 삼각형이므로 대형 주기[슈퍼 사이클]의 Ⅵ파동이다. Ⅴ파동은 막 시작되려 하는데, Ⅲ파 동의 지속 기간[1857~1929]으로 볼 때 2012년 즈음에 끝날 것이다.

Ⅳ파동이 1929년에 시작된 것이 확인되었으므로, Ⅲ파동은 당

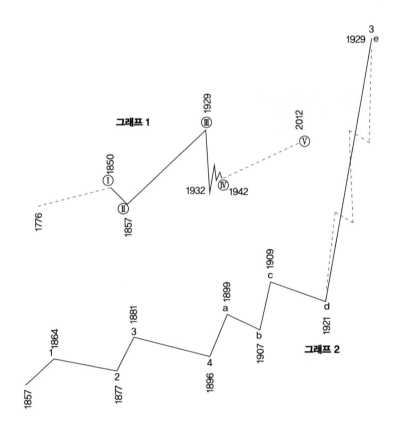

연히 같은 해에 끝난다. 그래프 1의 Ⓘ파동은 1857년부터 1929년
까지 지속되며, 그 세부 내용을 그래프 2에 액스-호턴 지수^{Axe-}
Houghton Index, 1800년대부터 산출된 미국에서 가장 오래된 주가지수 중 하나−옮긴이로 표
시하였다.

    그래프 2에서 다섯 번째 파동은 1896년에 시작된다. 이 파동은
5개의 파동으로 세분화되며, 그중 다섯 번째 파동은 1921년 시작
되며 연장된다. 연장은 한 사이클에서 절대 두 번 나오지 않는다.
그러므로 이 다섯 번째 파동과 같은 단계에서는 1942년에서 2012

년까지 연장이 나타나지 않아야 한다. 기록은 없지만 분명히 1850년 이전의 1파동에서도 연장이 나타나지 않았을 것이다. 이러한 이유로 그래프 1의 두 점선, 즉 1850년 이전과 1942년 이후의 모습은 타당한 추론이다.

1929년 이전 미국의 경제 역사

19세기 중엽 이전의 주된 산업은 농업이었다. 개인이 작은 규모로 운영했고, 고용인이 있는 경우도 거의 없었다. 도시에서는 상업이 농업의 자리를 대신했다. 우리가 알고 있는 기계를 사용한 노동력 절감은 아직 나타나지 않았다. 농촌과 도시를 불문하고 '고용인'과 '윗사람' 모두가 서로를 이름으로 부르는 사이였고, 서로의 고충을 이해했다. 그러나 시간이 흐르면서 이 모두가 변했다.

천연자원, 교통수단, 개개인의 진취성이 진보의 필수 요소들이다. 미국 발전 과정에서 수력, 석탄, 석유, 금속, 목재 등의 천연자원이 풍부하다는 것이 밝혀졌다. 온난한 기후여서 거의 모든 식량과 의복 생산에 유리했다. 태평양과 대서양, 우호적인 인접 국가들이라는 이상적인 지리적 경계가 사방을 감쌌다. 교통수단은 운하, 역마 택배, 증기선, 철도, 자동차와 비행기에 이르기까지 서서히 발전했다.

이러한 행운이 넘쳐났기에 개발을 위한 막대한 자본이 필요했다. 이런 자본은 일반 대중을 대상으로 할 만큼의 많은 증권을 사적 자본과 교환해 자본을 조달하는 회사만이 제공할 수 있었다. 때때로 경영진이 교체되었고, 이로 인해 피고용인과 고용주 사이의 불화가 조금씩 싹텄다. 경영진은 점차 독재화되어 주주, 피고용인, 일반 대중은 물론 경영진 서로 간에도 무자비해졌다.

1890년대에 걸쳐 파동의 흔들림이 반대 방향으로 전환되었다. 스스로를 방어하기 위해 노동조합이 생겨났다. 정치인들은 노동자와 손을 잡았다. 경영진과 자본의 독재는 1920년대에 정점에 달했다. 그래프 2를 보라.

그래프 1의 파동 Ⓥ에는 세 개의 강세장과 그 사이의 2개 약세장이 나타날 것이다. 파동의 진폭% 기준과 넓이는 그래프 2에 나타난 1857년부터 1909년까지의 양상과 비슷할 것이다. 지금 살아 있는 사람 중 1920년대와 같은 유형의 '신시대'를 목격할 사람은 아무도 없을 것이다.

R. N. 엘리어트

교육 유인물 P

심리 지표

1938년 4월부터 1943년 2월까지

1942년 9월 18일 자와 그 이전의 기밀 서신에서, 약세장의 끝은 '닳아 없어지는' 경향, 즉 패턴을 완전히 끝내지 못하는 경향이 있다고 밝혔다. 이 문제는 해설 서신 24에서 언급한 새로운 지표로 해결할 수 있다.

다음 페이지에서 1938년부터 1943년까지의 기간을 표시한 두 개의 그래프를 볼 수 있다.

그래프 Y는 다우존스 산업지수다. 13년에 걸친 삼각형의 ④파동이 1939년 10월에 끝났음을 해설 서신 26에서 언급했다. 그러므로 ⑤파동은 그 지점에서 시작한다.

⑤파동은 '플랫'이다. 1940년 5월까지 하락하는 A파동은 a, b, c 등 세 개의 소형 파동으로 구성된다. B파동은 a, b, c 등 1940년 11월까지 상승하는 3개의 소형 파동으로 구성된다. C파동은 1940년 11월 시작되고 1, 2, 3, 4, 5 등 5개의 소형 파동으로 구성되어야 한

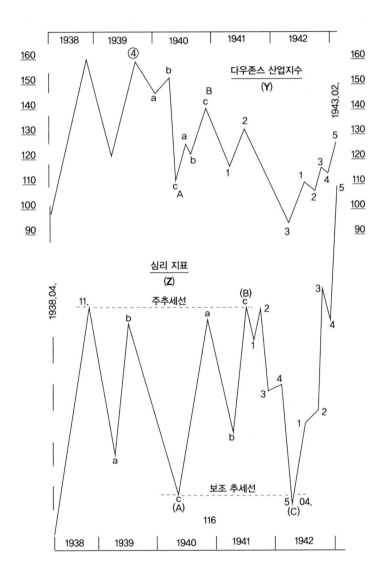

다. 1, 2, 3번 소형 파동이 만들어져 1942년 4월에 끝났다. 4번 소형 파동은 1942년 10월 13일까지 세 개의 마이뉴트 파동으로 구성되어야 했다. 그런데 세 개의 상승 파동 대신 다섯 개의 파동이 만들어져 1943년 2월에 끝났다.

그러므로 1942년 4월부터 이듬해 2월까지의 다섯 개의 파동은 이어지는 강세장의 프라이머리 1파동이 된다.

그래프 Z는 내가 '심리'라고 이름 붙인 새로운 지표를 나타낸다. 보이는 바와 같이 그래프 Y와는 사뭇 다른 패턴이다. 1938년 11월부터 1941년 7월까지의 고점들이 평행한 주추세선을 이루는 것에 주목하라.

이 패턴은 저서 17페이지의 1단락 도표 B와 같은 '플랫'이다. 1938년 11월에 시작되어 1940년 5월까지 하락하는 소형 파동 이후에는 1941년 7월까지 3개의 상승하는 소형 파동이 나타났다. 그 후에는 1942년 4월까지 5개의 소형 하락 파동으로 A, B, C 형태를 보조 추세선 약간 아래에서 마쳤다.

1942년 4월 이후의 5개 파동의 움직임이 1941년 고점부터의 5개 하락 파동보다 길이가 더 긴 것에 특히 주목하라. 이는 보기 드문 열기의 강세장임을 나타낸다.

R. N. 엘리어트

교육 유인물 Q
심리
1943년 4월 20일

경제적 측면에서의 심리 연구는 흥미로울 뿐 아니라 큰 깨우침도 준다. 두 분야를 모두 숙지한 사람은 그 효용을 높일 수 있으며 시장의 비정상적인 움직임을 보다 효과적으로 설명할 수 있다.

대부분 사람은 감정적 파동이 정점을 찍고 감소하는 경향이 있다. 호황기와 불황기에 개인과 집단은 정신의학적으로도 확인되는 강한 유사성을 보인다. 정상적인 기간에는 이 조울증 환자는 조용하고 지루한 상태를 유지한다. 그러다 고양기에 접어들면 그의 정신 활동은 매우 활발해진다. 무언가를 만들고 계획하고 기록하기에 바쁘다. 고양된 와중에 위기를 만나면 그는 우울증 단계의 하락 파동에 접어든다. 하락 추세는 자신감에 작은 상처가 나는 데서 시작되고 불안 단계를 거쳐 미래에 대한 완벽한 절망으로 끝난다. 이로써 사이클이 완성되고, 그 시점부터 자신감과 평정심을 점차 되찾는다.

순전한 경제적 사건과 과장된 감정이 각각 호황과 불황에 어느 정도 영향을 미치는지 정의하기는 물론 어렵다. 그러나 어느 쪽이 더 중요한지는 한번 생각해 보면 알 수 있을 것이다.

경제학자 피구는 심리적 오류와 호황, 불황의 관계에 대해 자세히 논평했다. 피구는 낙관적 오류는 집단 전체가 심리적으로 상호 의존하게 만들어 위기로 이어진다고 주장하였다. 그 후에는 낙관적 오류는 사라지고 비관적 오류가 그 자리를 차지한다.

내가 말하고 싶은 바는 이러한 현상이 비단 조울증 환자뿐 아니라 경기 순환에서도 매우 규칙적으로 일어난다는 것이다. 모든 인간은 변화무쌍한 감정의 영향을 받는 듯하다. 이러한 특징은 특히 미국에서 더 두드러진다.

바로미터는 아직 닥치지는 않았지만 임박한 변화에 대해 경고해 준다. 나는 대중 경기 심리라는 주식시장 바로미터를 고안했다. 이는 임박한 변화에 대해 수개월 앞서 경고해 주며, 추세 반전 시점도 나타내준다. 이 바로미터는 주식시장 기록을 사용하기는 하지만 다우존스 산업지수와 같은 가격 지수는 아니다.

뉴욕	런던
산업	산업
철도	철도
회사채	
유틸리티	

6년 만에 처음으로 앞의 지수들이 파동 이론에서 정의한 것처럼 '맞물려 돌아가고' 있다.

R. N. 엘리어트

교육 유인물 S
사이클의 주기성
1943년 5월 25일

1. 사이클에 대한 관심이 빠르게 증가하고 있다. 비영리 단체인 '사이클 연구 재단'은 뉴욕시 웨스트 118번가 400번지에 위치해 있다. 위원회는 영국, 캐나다, 미국의 저명한 연구자로 구성되어 있다. 이사 에드워드 듀이Edward R. Dewey가 1943년 4월 〈사이언스 다이제스트〉에 기고한 '사이클이 예측하는 미래'라는 제목의 글은 제너럴 일렉트릭General Electric사의 제의로 방영했던 내용을 글로 옮긴 것이다. 듀이의 사이클 관련 소책자와 '1943년 시상식' 관련 회보를 구입해 보기를 권한다. 사이클 연구 재단은 열렬한 지지를 받을 자격이 있다.

2. 같은 잡지 33페이지에 두 명의 의사가 쓴 기사가 실려있다. 세 번째 단락은 다음과 같다.

"생명은 지구와 태양의 궤도보다 훨씬 더 복잡하지만, 천체와 마찬가지로 인생 주기도 자연의 법칙에 지배를 받는다. 분명히 이 법칙은 중력의 법칙에 필적할 만하다."

〈사이언스 다이제스트〉의 1943년 5월호에는 '리듬은 평화가 빨리 찾아올 것임을 시사한다'는 기사가 실렸다. 캔자스대학의 연구 결과를 설명하는 기사였는데 매우 인상적이다.

3. 재단이 발간한 소책자에는 독감과 폐렴의 유행, 스라소니 가죽 생산, 텐트 애벌레, 연어 등 많은 품목의 고점과 저점 사이의 주기성을 그래프로 설명하고 있다. 각 항목의 고점과 저점 사이의 주기성은 상당히 균일하다.
4. 다년간의 연구 끝에, 나는 아래 나열된 일련의 숫자들이 주기성과 파동 양측 모두에서 인간 활동의 자연법칙을 구성한다는 아이디어를 심화시켰다.
3-5-8-13-21-34-55-89-144

인접한 어떤 두 숫자의 합도 그 다음의 높은 숫자와 같다. 예를 들면, 5 더하기 8은 13이다. 각 숫자는 그 옆 높은 숫자의 약 0.618배이다.

주식시장의 고점과 저점 사이의 주기성에 대한 예시 몇 개를 다음에서 살펴볼 수 있다.

시작 시점	종료 시점	주기성
1921년	1929년	8년
1929년 9월	1932년 7월	34개월
1929년	1937년	8년
1932년	1937년	5년
1937년 3월	1942년 4월	5년
1937년 3월	1938년 3월	13개월
1942년 4월	1943년 5월	13개월

5. 주식시장은 파동 형태를 지속적으로 만들어 내며, 이와 관련된 전부를《파동 이론》에서 설명하였다.

6. 완전한 사이클에는 4번 단락에서 제시한 일련의 숫자가 사용된다. 그것은 다음과 같이 반복된다.

	파동의 개수		
	강세장	약세장	완전한 사이클
프라이머리(기본)	5	3	8
인터미디에이트(주요)	21	13	34
마이너(소형)	89	55	144

금융 활동에서 사이클이 일정한 간격으로 등장하는 것은 아니지만, 주기성과 파동은 상관관계가 있다. 4번 단락에서 언급한 0.618이라는 비율은 종종 유용하다.

7. 최근에 나는 다가오는 심리의 반전에 대해 경고해 주는 바로미터를 개발했다.

8. 이 서신은 구독자가 요청이 있는 경우 추가 발송되니 원하는 경우 문의해 주기 바란다.

R. N. 엘리어트

교육 유인물 T
특허, 주식, 기온
1943년 9월 9일

다음 페이지에 1850년~1942년 기간의 두 그래프가 표시되어 있다. 위쪽의 그래프 X는 연간 특허 출원 건수다. 그 아래쪽 그래프 Z는 주가를 나타낸다. 1929년까지의 상승기에는 둘 모두 다섯 개의 파동으로 이루어졌고 다섯 번째 파동이 연장된 동일한 형태를 보인다. 저서 《파동 이론》 17페이지의 세 번째 단락에 도표로도 밝혔다.

정치, 전쟁, 금융, 경제, 주식시장은 모두 감정과 대중 심리의 영향을 받지만 특허는 그렇지 않다. 발명의 성공 또는 실패는 결코 발명 날짜, 특정 기간의 발명 또는 발명가의 수에 영향받지 않는다.

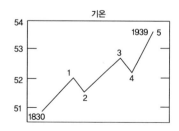

옆의 그래프는 110년에 걸친 뉴욕시의 평균 온도를 10년 단위로 표시한 것으로, 다섯 개의 파동으로 이루어져 있다.

앞서 언급한 세 가지 주제, 즉 특허, 주식, 기온은 전혀 다른 특성을 가진다.

기온: 인간 활동이 아님

주식: 감정적인 인간 활동

특허: 감정적이지 않은 인간 활동

이는 자연의 법칙이 광범위하게 작용함을 보여준다.

그래프 **X1**은 1850년부터 1929년까지의 특허 건수다. X2는 연장된 다섯 번째 파동으로, 그 하위 단계도 역시 다섯 개의 파동으

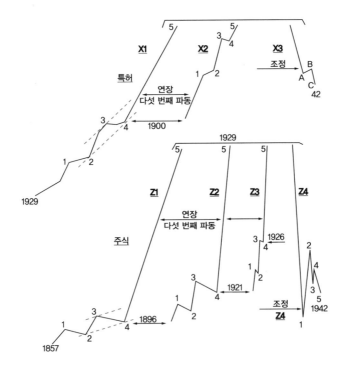

로 구성되었다.

그래프 Z1은 1857년부터 1929년까지의 주가 움직임이다. 연장된 다섯 번째 파동과 그 하위 단계는 Z2로 표시하였다. Z2의 다섯 번째 파동은 Z3에 자세히 표시하였다. Z3의 다섯 번째 파동도 동일하게 연장되었다.

그래프 X3은 1942년까지 이어지는 X1의 조정으로, A, B, C의 3개 파동으로 구성된다.

그래프 Z4는 Z1의 조정으로, 1942년까지 삼각형 형태를 이룬다. 위의 모든 형태는 나의 저서에 도표로 수록했다.

1, 3, 5의 모든 홀수 파동은 다섯 개의 한 단계 낮은 파동으로 구성된다. 2, 4의 모든 짝수 파동은 세 개의 한 단계 낮은 파동으로 구성된다.

특허 그래프 X1은 패턴이 전체적으로 고르다.

주식 그래프 Z1의 패턴은 1896년에 시작되는 다섯 번째 파동 이전에는 속도가 늦었다. Z3의 1921년부터 가속이 붙었는데 특히 1926년 이후에 두드러진다. 주식의 총 상승폭은 결과적으로 특허를 넘어섰다.

주식의 높은 상승 속도는 빠른 속도의 하락과 그 이어 출현한 삼각형의 원인이 되었다. 흡사 진자가 서서히 멈추는 것 같은 움직임이다. 삼각형의 2, 3, 4번째 파동 각각의 진폭은 그 직전 파동 진폭의 61.8%다. 시장 움직임의 수학적 정확성에 주목할 필요가 있다.

R. N. 엘리어트

교육 유인물 U

인플레이션

1943년 9월 20일

파동 이론이 주식, 원자재 등의 인플레이션 시기에 보이는 유용성에 대해 설명하기 알맞은 시기가 되었다. 일반 대중은 생필품의 가격 상승에 대해 걱정하고, 투자자들은 증권의 가격 상승에 관심을 가진다. 원자재와 주식의 인플레이션이 같이 발생해야 하는 것은 아니다.

인플레이션을 인식하고, 그것이 언제 시작할지와 끝날지를 파악할 수 있는 중요한 특징들이 있다. 전진 파동은 5개의 파동으로 구성된다.

그래프 V에서 보이는 것처럼 보통 조정 a, b, c은 추세선을 관통한다.

그래프 W는 V와 같은 패턴을 보여주는데, 조정 a, b, c가 추세선을 관통하지 않는 점이 다르다. 그러므로 이는 인플레이션을 나타낸다.

그래프 X는 인플레이션 기간인 1921년부터 1929년까지의 다우
존스 산업지수를 나타낸다. 조정이 추세선을 관통하지 않았고 모
든 움직임을 사분원 곡선으로 표시할 수 있다. 점선 윤곽을 주목
하라.

그래프 Z는 1940년부터 1943년 9월까지의 런던 산업지수를 표
시한다. 다섯 개의 상승 파동이 1943년 1월 29일에 끝났다. 그 시
점부터 1943년 6월 15일까지 조정 a. b. c이 세 개의 옆으로 얕은
파동으로 추세선을 관통하지 않고 일어났다. 6월 15일부터 전진이
재개되었다. 이는 인플레이션을 나타낸다.

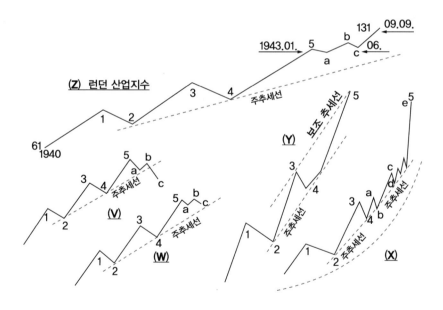

아래 두 가지 현상이 동시에 발생하는 것은 인플레이션의 종료를 뜻한다.

(a) 다섯 번째 파동이 연장을 끝내고, 산술 척도로 표시된 모든 움직임이 그래프 X와 같은 곡선을 나타내는 경우

(b) 같은 지수를 로그 척도로 표시했을 때 곡선이 사라지고, 연장을 포함한 5개 파동 움직임 모두가 그래프 Y와 저서 38페이지와 같이 하나의 채널 안으로 제한되는 경우.

R. N. 엘리어트

교육 유인물 Ⅴ

기술적 특성
1943년 10월 6일

1940년에 '움직임의 법칙' 제하의 서신을 통해 여러 시장 활동을 설명한 바 있는데, 그 목적은 하나의 움직임이 다른 움직임을 신뢰성 있게 예측하게 해 주는 경우는 거의 없음을 보여주고자 함이었다. 이에 대한 추가적인 근거가 발견되었다. 뒤에 런던 산업지수, 다우존스 산업지수, 미국 생산량 등 세 개의 그래프가 나온다. 셋 모두 1928년부터 현재까지를 표시한 것이며, 생산량 수치의 출처는 클리블랜드트러스트 Cleveland Trust Co. 이다.

그래프 Y, 다우존스 산업지수는 1928년 11월 정상적 고점부터 1942년 4월까지 다섯 개 파동으로 구성된 삼각형을 기록했다. '정상 Orthodox '이라는 용어는 저서에서 설명한 바 있다. 2, 3, 4번째 파동 각각의 진폭은 직전 파동의 약 61.8%다. 삼각형이 완성되었음은 (a)윤곽선, (b)시간 요소, (c)파동의 구조, (d)각 파동과 직전 파동 사이의 일관된 비율 등을 통해 확인할 수 있다. 1921년부터 1929년[8년]에 걸친 빠른 가격 상승은 1932년까지의 빠른 하락을 초래했다. 이로써 삼각형이 나타나게 되었는데, 진자가 서서히 멈추는 것과 흡사하다. 저서 21페이지 세 번째 단락의 타입 C '대칭 삼각형Symmetrical Triangle'을 보라. 삼각형이 형성되는 13년간 발생한 아래의 사건들은 삼각형에 영향을 주지 못했다.

공화당 정권에서 뉴딜 행정부로의 정권교체

달러화 평가절하

미국채의 금 태환 거부

중임 전통의 폐기 대공황으로 허버트 후버 대통령이 재선에 실패한 것을 뜻함-옮긴이

1939년 2차 세계대전 발발

1938년 상승을 시작하고 1941년 6월 다섯 개 파동 패턴을 완료한 생산 지표

그래프 X, 런던 산업지수는 1929년 6월 140포인트, 1936년 12월에 143포인트로 각각 고점을 기록하였다. 1932년과 1940년의 저점은 61포인트로 동일했다. 1940년부터 131포인트까지의 전진 움직임을 시작해 1943년 10월에는 1936년 고점과의 차이를 12포인트 이내로 좁혔다. 영국이 채권국에서 채무국으로 처지가 바뀌었다고 전해진다. 런던 주식은 1720년, 1815년, 1899년에 하늘 높은 줄 모르고 올랐지만, 1929년에는 아니었다.

그래프 Z, 생산 지표는 1929년 6월에 116포인트, 1936년 112

포인트로 고점을 기록하고, 1938년 63포인트로 저점을 기록했다. 63포인트부터 1951년 6월까지 다섯 개의 파동이 그 형태를 완성했는데, 이는 다우존스 산업지수가 1942년 4월의 삼각형 마지막에서 상승을 시작하기 이전에 발생했다.

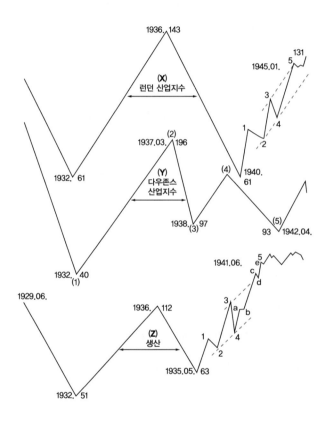

1857년부터 1929년까지 미국은 남북전쟁, 스페인 내전, 제1차 세계대전이라는 세 개의 전쟁에 참전했다. 그런데도 '특허, 주식, 기온'이라는 제호의 유인물에서 설명한 것처럼 대형 주기는 완벽한

형태를 이루었다.

영국 주가가 현재 상승 중이라고 미국 주식도 그렇게 될 것이라는 뜻은 아니다. 주식과 원자재의 가격이 일제히 상승한 적은 없었다. 그러므로 지금 원자재 가격이 하늘 높은 줄 모르고 올랐다고 해서 주식도 그렇게 될 것이라는 뜻은 아니다.

'뉴스의 가치'라는 제목의 유인물에서 뉴스의 유용성에 대해 설명한 적이 있다. 한 금융 전문 기자는 최근 다음과 같이 말했다.

"주가가 살레르노 Salerno의 승전보로 상승했지만 8월 시실리의 승전보에는 상승폭을 반납했다는 사실을 보면 학습자들은 8월의 반응은 전황보다는 대부분 기술적 요소 때문이라는 결론을 내리게 된다."

2년 전쯤 어느 날, 런던은 지독한 폭격독일군에 의한 런던 대공습-옮긴이을 당했다. 런던 시장의 주식은 상승했고 뉴욕 시장 주식은 하락했다. 두 도시의 금융 기자들은 모두 '폭격'을 주가 변동의 이유로 지목했다. 당시에 런던 시장은 상승 추세였고 뉴욕은 하락 추세였다. 두 시장 모두 '폭격'과는 무관하게 각자의 패턴을 따르고 있던 것이다. 7월 25일 무솔리니 축출 이후에도 같은 움직임이 나타났다.

위의 분석은 기술적 요소가 언제나 시장을 지배함을 증명해 준다.

R. N. 엘리어트

교육 유인물 W

금

1943년 11월 1일

이번에 소개할 뒤에 나오는 그래프는 두 가지 이유로 흥미롭다. 우선, 그래프의 대상인 금 가격이 가지는 속성 때문이며, 두 번째로 7세기라는 놀랄 만큼 긴 세월 동안 단 하나의 패턴만이 나타났다는 점 때문이다. 그래프의 세부 사항은 파동 이론에 대한 저서에서 도표로 설명한 내용과 부합한다.

아래쪽 그래프는 1935년 11월 16일 자 〈런던 이코노미스트〉의 970페이지에 실린 것으로, 영국 실링으로 표시한 1250년부터 1935년까지 685년간의 순금 1온스 시장 가격을 산술 척도로 표시한 것이다.

저서 17페이지의 두 번째 단락에 설명한 것처럼, 1, 3, 5 세 개의 전진 파동 중 오직 하나만이 연장될 것이다. 연장된 파동은 17페이지 세 번째 단락의 도표와 같이 9개의 한 단계 낮은 파동으로 구성된다. ③파동이 연장되었고 a에서 i파동, 따라서 ⑤파동은 연장되지 않을 것이다.

연장의 '이중 되돌림'에 대해서는 저서 17, 18페이지에 그래프와 설명을 수록했다. 3파동의 연장된 부분에서 ④파동과 ⑤파동에 의해 이중 되돌림이 발생했다.

2번과 4번의 조정파동은 대체적으로 닮지 않았다. 즉 하나는 작고 나머지는 큰데, '단순'하고, '복잡'하다고 하는 편이 더 낫겠다. 이 그래프에서 ②파동은 '단순'하고 ④파동은 '복잡'하다. ④파동의 Ⓐ, Ⓑ, Ⓒ에 주목하라.

채널을 형성하는 '추세선'과 '보조 추세선'의 효용 가치를 저서에서 설명한 바 있다. 산술 척도로 표시한 이 그래프에서, '보조 추세선'이 133실링에서 가격선과 교차한다.

1935년 〈런던 이코노미스트〉가 이 그래프를 출판했을 때 ⑤파동이 140실링에 달했다. 1935년부터 1939년까지, ⑤파동은 현재 가격1943년 11월인 168실링까지 전진했다.

산술 척도 기준으로 다섯 개의 파동이 채널 내부에서 완성이 된다면 인플레이션이 없는 것이다.

위쪽 그래프의 가격선이 133실링을 넘어갔을 때는 인플레이션이 나타난 것이고 위쪽 그래프와 같이 로그 척도가 필요해진다.

밑줄 친 숫자는 연도, 원형 기호 안의 숫자는 파동, 그 외는 실링이다. 위쪽 그래프는 로그 척도, 아래쪽 그래프는 산술 척도다.

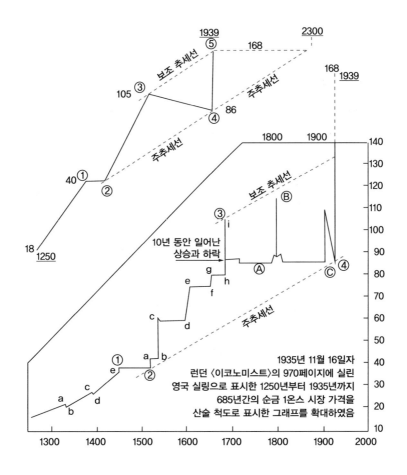

1935년 11월 16일자
런던 〈이코노미스트〉의 970페이지에 실린
영국 실링으로 표시한 1250년부터 1935년까지
685년간의 순금 1온스 시장 가격을
산술 척도로 표시한 그래프를 확대하였음

로그 척도 '보조 추세선'은 모든 인간 활동에서 발생하는 인플레이션의 마지막 고점을 가리킨다. 이에 대해서는 저서 37, 38페이지, 그리고 마지막 두 단락에서 언제 인플레이션이 나타나고 끝나는지를 밝힌 '인플레이션'이라는 제목의 유인물에서 설명하였다.

아래쪽 그래프 ①파동의 점진적인 상승은 그 당시의 금 가격이 '자유로웠음'을, 즉 권력에 의해 규제받지 않았음을 시사한다. 그 이후로는 전진은 갑작스러웠고 조정은 횡보했다. 최근 달러 가치의 상승처럼 아마 금 가격도 정치 권력에 의해 지배되었음을 암시한다.

아래쪽 그래프의 ④파동에서 보듯, 조정은 횡보할 수도, 하락 후 횡보할 수도 있다. 패턴이 완성된 후에 나타나는 조정은 패턴 내부에서 발생하는 조정보다 시간이나 가격 측면에서 더 규모가 크다.

파동 이론에 따르면, 위쪽 그래프의 ⑤파동이 '보조 추세선'과 만나 패턴이 완성된 경우 가격선이 '주추세선'을 관통한 이후에나 가격의 전진 파동이 발생한다.

그러므로 현재 168실링인 금 가격은 위쪽 그래프의 오른쪽 끝에서 점선과의 교차점이 나타내는 2300년경에 '주추세선'과 만나기 전에는 크게 움직이지 않을 가능성이 높다.

파동 이론으로 설명한 규칙이 7세기 동안 유지된 것을 보면, 그 규칙들이 영원히 유효할 것이라고 믿는 것이 합당하다.

R. N. 엘리어트

독재와 관료주의
1943년 12월 13일

1906년 전과 후로 나누어지는 두 기간의 이야기를 해 보겠다.

첫 번째 기간: 예전에는 농사가 가장 핵심적인 직업이었다. 때때로 농부는 부업으로 가게를 열거나 무언가를 제조하기도 했다. 물건을 하나씩 만드는 가내수공업 형태였다. 고용주와 피고용인은 서로의 사정을 잘 알았고 서로 이름을 불렀다.

특허와 기계의 도입은 점진적으로 모든 것을 바꾸었다. 공장이 필수 요소가 되었고, 이를 위한 자본이 필요했다. 먼저 조합이, 그 뒤를 이어 회사가 나타났다. 그 결과 관리자와 경영진이 출현했다. 고용주와 피고용인 사이의 친밀함은 사라졌고, 노동자와 관리자 사이에는 그런 것이 자라날 여지가 없었다. 고용주가 관리자에게 생산물을 더 많이, 더 잘 만들라고 압박하면, 관리자에게는 성과를 낼 수 있는 수단이 단 하나뿐이었다. 옳은 수단은 아니었다.

'루이지애나 매입', 캘리포니아 정복, 멕시코 및 캐나다와의 국경 협상을 통한 텍사스, 오리건 병합으로 거대하고 막대한 가치를 지닌 영토가 새로 생겼다. 그리고 '철마'가 나타났다. 남북전쟁은 길고도 복잡했던 문제를 해결해 주었다.

'회사'는 방대한 영토를 연결하는 철도를 건설할 자금을 제공했다. 회사 경영진들은 일반 대중, 정당, 그리고 서로에 대해 점점 오만해졌다.

회사 경영진은 정치인을 '무임승차'와 여러 가지 '혜택'을 무기로 지배했다. 피고용인은 협박당했다. 헌팅턴Collis Potter Huntington, 미국의 철도 재벌-옮긴이이 경영하는 서던퍼시픽The Southern Pacific은 캘리포니아주를 지배했다. 이 속박은 상원의원 히람 존슨Hiram W. Johnson이 주지사가 되면서 풀어졌다.

이런 여건 속에서 '끔찍하지만 불법은 아닌' 새로운 유형의 권력 남용이 발생했는데, 철도간 '운임 전쟁', 모든 교통수단이 지불해야 했던 철도 관세, 휴가도 없이 하루 10시간에서 12시간까지 일하는 피고용인들, 사기꾼 증권업자, 증권거래소에서의 주가 조작 등이다.

당시의 관행에 대해 더 알고 싶다면 다음의 책들을 읽어 보기를 권한다.

아이다 타벨Ida M. Tarbell의 《스탠더드 오일의 역사The History of the Standard Oil Co.》

프랭크 노리스Frank Norris의 《문어the Octopus》

업튼 싱클레어Upton Sinclair의 《정글The Jungle》과 《석유Oil》

두 번째 기간: 1906년 시어도어 루스벨트Theodore Roosevelt 대통령이 I.C.C에 철도 회사를 통제할 권한을 부여하는 헵번 법Hepburn Act에 서명하면서 분위기는 반전되었다. 법안은 매우 유익했지만 지금 세대는 그 진가를 제대로 이해하기 어려울 것이다. 헵번 법은 관료주의의 시초라고도 할 수 있다. 〈리더스 다이제스트〉 1940년 10월호에 실린 '관료주의의 죽은 손The Dead Hand of Bureaucracy'이라는 제목의 기사를 읽어 보기를 권한다.

헵번 법이 통과되면서 정치인과 노동계 지도자들이 힘을 합쳤기에 노동조합이 널리 퍼졌다. 노동조합으로 인해 고용주가 피고용인을 인간답게 대할 수밖에 없었고 그야말로 엄청나게 이로운 존재였다. 인사 관리자도 더 많이 생겨났다.

경영진의 독재는 1906년에 진자를 한쪽 정점으로 밀어 올렸다. 관료주의는 그 추세를 뒤집었고 진자는 1940년 반대쪽 정점에 도달했다. 당시 루스벨트의 노동 정책은 '첫 번째 기간'의 독재에 무조건적인 반대에만 집착한 끝에 존 루이스John L. Lewis마저 그의 재선에 반대하고 있었다. 1906년부터 1940년까지, 34년이 흘렀다.

R. N. 엘리어트

교육 유인물 X
자연의 법칙
1944년 1월 6일

"현재에는 과거의 반복, 미래의 예행만 제외하고 모든 일이 일어날 수 있음을 늘 상기하라."

마르쿠스 아우렐리우스 서기 120~180

새로운 아이디어의 탄생은 진보의 척도다. 좋은 아이디어라도 다른 분야가 발전하기를 기다려야 하는 일이 자주 있다. 예를 들어 라이트 형제의 새로운 아이디어는 내연 모터가 없었다면 쓸모없었을 것이다. 주가지수의 고점-저점 일봉의 출현도 내가 인간 활동의 패턴을 발견할 수 있도록 촉진했다.

내가 '파동 원리'의 열쇠를 찾을 수 있었던 가장 초기의 기록은 약 40세기 전에 지어진 이집트의 대피라미드다. 이 피라미드의 원래 크기는 밑면이 70.2제곱미터756제곱피트, 높이 146.6미터481피트로 추정된다. 0.636의 비율이다. 피라미드에는 5개의 면과 8개의 선이 있다. 이 숫자들의 비율은 0.625다. 이 숫자와 비율은 자연의 법칙에 있어 기본이다.

피타고라스 기원전 500년경의 그리스 철학자가 이집트를 방문하고 돌아왔을 때, 그는 피라미드를 그린 후 '우주의 비밀을 찾는 열쇠'라는 암호 같은 말을 쓰고 밑줄을 그었다. 역사적으로 보면 그리스인들은 미적이고 대칭적인 구조를 만드는 데 기여했다.

제이 햄비지는 그리스 미술 기록을 오랜 기간 연구했고, 《동적 대칭의 실용적 적용》이라는 제목의 책을 썼다. 그의 저서에는 〈잎차례 법칙〉이라는 제목의 챕터가 있는데, 그 27페이지와 28페이지를 여기 첨부한다. 햄비지는 그리스 예술이 '합계 수열'에 기반을 두고 있음을 설명한다. 13세기 이탈리아의 수학자인 피보나치가 이 수열을 발표했다. 햄비지는 예술가였고, 그의 설명은 대칭적 디자인과 잎 배열에 국한되었다. 그의 책을 주의 깊게 읽어 볼 것을 권한다.

나는 사람의 신체, 활동, 시간, 음악, 색깔 등은 모두 만유의 열쇠이자 중요성과 신뢰성을 갖춘 피보나치수열을 따르기 때문에 동일한 자연의 법칙에 적용을 받는다는 것을 발견했다.

1940년 10월 1일 자 유인물 〈파동 원칙의 기초〉에서 피타고라스, 피보나치, 햄비지 등의 문헌을 인용했다. 궁금한 점이 있으면 문의하기 바란다.

〈런던 이코노미스트〉는 사설에서 저명한 영국 경제학자인 윌리엄 베버리지 경 Sir William Beveridge의 연구에 대해 논의하며 다음과 같이 말했다.

"윌리엄 경의 연구는 사이클을 깊이 연구할수록 실감하게 되는 사이클이 지닌 힘에 대해 역설한다. 사이클은 사람의 힘으로 통제하는 것이 불가능할 정도는 아니라 할지라도, 적어도 정부 정책을 조류에 휩쓸린 물고기가 허우적대는 것처럼 보이게 만들 정도의 거침없는 힘을 지녔다. 윌리엄 경이라면 무역주기는 경제 정책도 무시한다고 덧붙였을 법도 하다."

R. N. 엘리어트

교육 유인물 Y
동적 대칭
1944년 2월 14일

동적 대칭은 자연의 법칙으로, 사이클과 주식시장 패턴을 포함한 모든 형태와 활동의 기초가 된다. '사이클'의 사전적 정의는 다음과 같다.

- 기간
- 완정된 자전이나 공전
- 나선형 잎 구조
- 스스로를 반복하는 일련의 어떤 것

지구가 둥글다는 것을 발견한 이래 사이클은 많은 연구의 대상이 되었다. 사이클은 다음과 같이 세 개로 분류할 수 있다.

(A) 낮과 밤, 사계절, 조수, 전염병, 날씨, 벌레의 창궐 등과 같이 정점 사이와 저점 사이가 균일한 주기. 도널드 쿨리Donald G.

Cooley가 1944년 2월 〈메카닉스 일러스트레이티드〉 잡지에 기고한 '사이클이 미래를 예견한다'라는 기사가 독자 여러분에게 흥미로울 것이다.

(B) 천문학적 변수의 영향을 받는 주기 현상.

(C) 13세기 이탈리아의 수학자인 피보나치가 발견한 수열에 의거한 패턴, 시간과 비율. 수열은 아래와 같이 반복된다.

1-2-3-5-8-13-21-34-55-89-144

피보나치수열은 다양한 영역에 걸쳐 적용된다. 예를 들면,

1. **역학 법칙** 아서 처치 교수는 《잎차례와 역학 법칙의 관계》라는 흥미로운 책의 저자다.

2. **잎차례, 즉 식물 잎의 배열** 그리스 미술 기록을 오랜 기간 연구한 제이 햄비지는 《동적 대칭의 실용적 적용》이라는 책을 썼다. 그의 저서에는 〈잎차례 법칙〉 챕터가 있는데, 그 27페이지와 28페이지를 여기 첨부한다 교육 유인물 X 참조. 햄비지는 그리스 예술이 위에서 언급한 수열에 기반을 두고 있음을 설명한다. 나는 이 수열을 다음에 나열한 분야에서 적용할 수 있음을 발견하였다. 다음에 오는 숫자들을 수열과 비교해 보라.

3. **다섯 개의 돌출 부위** 거의 모든 동물의 신체는 하나의 몸통과 거기서부터 나오는 하나의 머리와 네 개의 다리로 구성된다. 새에게는 머리, 두 개의 날개와 두 개의 다리 등 몸통에 붙은 다섯 개의 돌출 부위가 있다.

4. **다섯 개의 돌출 부위** 사람의 신체는 몸통과 거기로부터 나오는 머리와 팔, 다리로 구성된다. 팔과 다리는 세 부분으로 세분화된다. 팔, 다리의 끝에는 다섯 개의 손가락 또는 발가락이 있다. 이들 각각은 또한 다시 세 부분으로 세분화된다. 사람에게는 오감이 있다.

5. **음악** 가장 좋은 예시는 피아노다. '옥타브'는 8을 뜻한다. 각 옥타브에는 13개의 건반이 있는데, 여덟 개의 흰색 건반과 다섯 개의 검은 건반으로 구성된다. 검은 건반은 2와 3의 두 그룹으로 나뉜다. 피아노 건반은 모두 89개의 건반으로 구성된다.

6. **화학 원소** 약 89개의 원소가 존재한다.

7. **활동** 10년 전, 나는 주식시장, 기업이익, 그 외 많은 인간 활동의 움직임이 '그래프의 닫힌 경로 안에서' 명확한 패턴을 끊임없이 보이는 것을 발견했다. 그 일련의 움직임이 '사이클'의 정의에 부합하게 '정해진 기간 동안에 스스로를 반복'한다는 것도 발견했다. 《파동 이론》에서 이 발견의 성과를 밝혔다. 패턴의 그래프, 파동의 숫자와 소요 기간이 정확하게 피보나치수열을 따른다. 책을 출간한 이후에야 나는 햄비지와 피보나치수열에 대해 알게 되었다.

이 수열에 속한 임의의 연속되는 두 수를 더하면 그 다음의 높은 수와 같다. 예를 들면, 8+13=21이다.

각 숫자5 이상의 그 다음 높은 숫자와의 비율은 약 0.618이다. 이 비율은 흔히 볼 수 있다. 예를 들면, 주식시장의 1928년

11월부터 1942년 4월까지 13년 삼각형에서 각 파동은 직전 파동의 0.618배이다.

햄비지는 그의 저서에서 그리스인들이 이 비율에 매료되었고, 그리스 미술에 이 비율이 어떻게 구현되었는지를 설명했다.

일리노이대학의 병리학 교수인 윌리엄 패터슨 박사Dr. William F. Petersen는 《환자와 날씨 The Patient and the Weather》라는 제목의 매우 중요하고 흥미로운 책의 저자다. 책에는 질병의 진행 과정 그래프가 수록되어 있다. 감염자 수의 패턴은 주식시장을 포함한 다른 인간 활동과 정확하게 일치한다. 즉 다섯 개의 상승 파동을 보인다.

8. **시간** 이 수열의 숫자들은 파동의 전진과 하락에 걸리는 시간을 알아보는 데 유용하다. 예를 들면, 1921년에서 1929년까지의 가격 상승기는 8년이 걸렸다. 그에 대한 조정은 1929년부터 1942년까지의 삼각형으로 나타났는데, 13년이 걸렸다. 가격 상승과 하락 전 기간에는 21년이 걸렸다.

동적 대칭 수열을 주식시장 및 모든 인간 활동에 적용하는 것이 파동 이론이다.

R. N. 엘리어트

교육 유인물 Z
자연의 법칙
1944년 5월 3일

　자연의 법칙은 인간 활동의 모든 영역에 실용적인 쓸모가 있어 사업가, 투자자, 젊은이를 포함한 모든 사람에게 중요하다. 자연 법칙의 기원은 기원전 3000년의 이집트 피라미드까지 거슬러 올라간다. 그 기초와 적용을 지금부터 알아보겠다.

　자연의 법칙의 수학적 근거는 13세기 이탈리아 수학자인 피보나치가 발견한 수열이다. 이 수열은 아래와 같이 진행된다.

　1-2-3-5-8-13-21-34-55-89-144

　연속적인 두 수의 합은 그 다음 숫자와 같다. 예를 들어 5와 8을 더하면 13이 된다. 5 이상의 모든 수는 그 다음 숫자의 약 61.8%다. 예를 들면 21을 34로 나누면 61.8%다. 5 이상의 모든 수를 그 직전 수로 나누면 약 1.618이다. 예를 들면 34를 21로 나누면 1.618이다. 이는 역수라고 한다. 모든 수를 그 두 번째 전의 수로 나누면 약 2.618이 되고, 세 번째, 네 번째도 마찬가지이다.

뉴스, 사건, 개인적인 삶 등에서 이 수열의 숫자가 나타나면 그것을 알아볼 수 있도록 외워 두는 편이 좋다. 구구단을 외우는 것보다 훨씬 쉽다. 클로버에 잎이 세 개가 있다는 것은 누구나 알고 있지만, 그 숫자가 자연의 법칙에 속하는 수라는 것을 아는 사람은 거의 없다.

이 합계 수열은 자연의 법칙을 수학적으로 표현한 것이다. 예일 대학교 출판부의 승인하에 제이 햄비지의 《동적 대칭의 실용적 적용》 27, 28페이지를 발췌하여 삽입하였다.

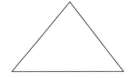

그리스와 이집트를 방문하고 이탈리아로 돌아온 후 피보나치는 이 수열을 발표했다. 기원전 500년경 활동했던 그리스 철학자 피타고라스는 이집트를 여행하고 돌아와 옆의 도형을 그렸다. 그리고 밑에 '우주의 비밀'이라는 비밀스러운 글귀를 적었다. 이 그림은 피라미드를 모사한 것으로 보인다. 피라미드가 다섯 개의 면과 여덟 개의 선으로 이루어졌다는 점은 중요하다. 대피라미드의 원래 크기는 밑면이 70.2제곱미터[756제곱피트], 높이 146.6미터[481피트]로 추정된다. 그 비율은 63.6이다.

해바라기는 자연의 법칙을 보여주는 사례 중 하나다. 곡선끼리 교차하는 점의 최대치가 89~144임에 주목할 필요가 있다. 실질적인 유용성이 있는 최대의 수는 144인데 매우 드물다. 89가 더 자주 등장한다.

이 숫자들을 시간의 경과에 활용할 경우 일수가 144일에 근접하면 시간 단위를 주로 바꾸는 것이 더 실용적이다. 주수가 144주에 근접하면 시간 단위를 월로, 그 다음에는 연, 10년, 100년 등으로 증가시키는 것이 낫다. 모든 월을 28일, 즉 4주로 나눠 보면 1년에는 13달이 있게 된다.

사람의 신체는 3과 5를 따라간다. 몸통에서는 머리, 두 팔, 두 다리 등 5개의 돌출 부위가 나온다. 각 팔다리는 세 부분으로 나뉜다. 팔다리의 끝에는 다섯 개의 발가락과 손가락이 있다. 발가락과 손가락은 엄지발가락을 제외하면 세 부분으로 나뉜다. 사람에게는 오감이 있다. 원숭이도 손과 발이 같다는 점만 제외하면 사람과 마찬가지다. 즉 엄지발가락이 엄지손가락과 같다. 대부분의 동물은 몸에서 머리와 네 다리의 다섯 돌출 부위가 나온다. 새도 머리, 두 날개와 두 발 등 몸에서 다섯 개의 돌출 부위가 나온다.

음악에서 가장 좋은 예시는 피아노다. '옥타브'는 8을 뜻한다. 각 옥타브에는 13개의 건반이 있는데, 여덟 개의 흰색 건반과 다섯 개의 검은 건반으로 구성된다. 검은 건반은 2와 3의 두 그룹으로 나뉜다. 피아노 건반은 모두 89개의 건반으로 구성된다.

화학에서는 약 89개의 원소가 존재한다.

서반구는 북미, 중미, 남미의 세 부분으로 구성되며, 범미 연맹 Pan-American Union의 구성원인 21개 공화국이 있다.

북미는 캐나다, 멕시코, 미국의 세 나라로 구성된다. 남미는 10개의 공화국, 3개의 유럽 식민지 등 총 13으로 나뉜다. 중미는 파나마 운하 이전에는 5개의 공화국으로 구성되었었다 미국이 운하 사용권 획득을 위해 콜롬비아의 지배를 받던 파나마의 독립을 지원하고 그 대가로 운하의 영구 조차권 등을 획득함–옮긴이.

미국은 원래 13개의 주로 구성되었다. 현재는 다음과 같이 55개로 나뉜다. 48개 주와 컬럼비아 특별구, 필리핀, 파나마 운하 지역, 푸에르토리코, 알래스카, 하와이 군도와 버진아일랜드이다. 독립선언문에는 56명의 대표가 서명했다. 원래 55명이었으나 나중에 한 명이 추가되었다.

연방 정부 구성 조직	3부
군대에서 예포의 최대 발포	21번
투표 연령	21세
권리 장전의 조문	13개
국기의 색	3색

워싱턴 D.C.의 워싱턴 기념탑은 1848년 7월 4일에 정초식을 올렸다.

총비용, 130만 달러	13
기둥 높이, 500피트	5
관석 높이, 55피트	55
기둥 밑면, 55평방피트	55
기둥 정상의 테두리, 34피트	34
토대의 계단, 8개	8
창문(각 방향으로 2개)	8

관석은 피라미드 형태다. 밑면은 34평방피트, 높이는 55피트이며 그 비율은 0.618이다.

추축국은 3개의 동맹국으로 구성된다. 독일은 신속한 진군으로 13개국을 지배했지만 14번째 국가인 러시아에서 교착 상태에 빠졌다. 독재자 무솔리니는 21년간 통치했다.

1852년에 페리 제독 Commodore Perry 은 일본을 예방해 '천황'에게 쇄국정책을 폐기하라고 권유했다. 55년 후인 1907년, 일본은 미국에 심각한 위협을 가했다. 그로부터 34년 후, 그리고 1852년부터 89년 후인 1941년에 일본은 진주만을 습격했다.

인간 활동은 수열에 등장하는 모든 숫자를 거치며 파동의 형태로 움직인다. 가장 높은 단계의 움직임은 1, 3, 5로 나타나지만, 소형, 중간, 주요 등 다양한 단계로 구성된다. 인간 활동의 일부 예시는 아래와 같다.

주식, 채권, 섹터, 지수와 같은 증권가격

개별 기업 및 국가의 산업 생산량

도농 간 인구 이동

증권 거래량

원자재 가격

특허 출원수

전염병

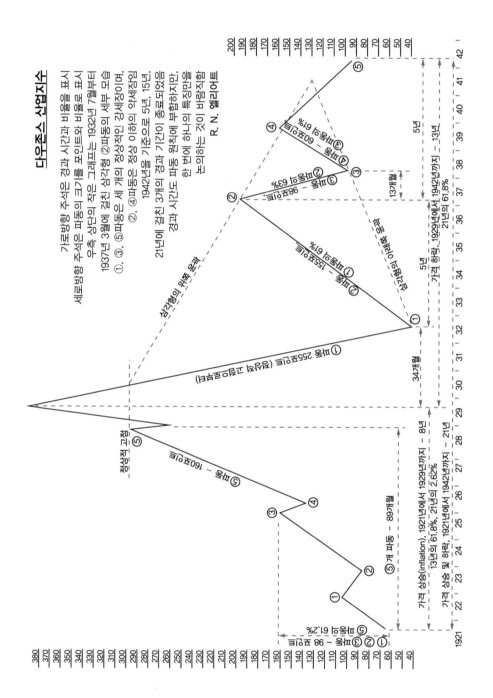

다우존스 산업지수

가로방향 주석은 경과 시간과 비율을 표시
세로방향 주석은 파동의 크기를 포인트와 비율로 표시
우측 상단의 작은 그래프는 1932년 7월부터
1937년 3월에 걸친 삼각형 ②파동의 세부 모습
①, ③, ⑤파동은 세 개의 정상적인 강세장이며,
②, ④파동은 정상 이하의 약세장임
1942년을 기준으로 5년, 15년,
21년에 걸친 3개의 경과 기간이 종료되었음
경과 시간도 파동 원칙에 부합하지만,
한 번에 하나의 특징점을
논의하는 것이 바람직함

R. N. 엘리어트

518

금 가격

신규 보험

무기 대여

온도 등

파동은 정확한 패턴을 형성한다. 강세장 움직임은 5개 파동으로 구성된다. 1, 3, 5파동은 상승이며 2, 4파동은 하락하거나 횡보한다. 약세장 움직임은 3개의 파동으로 구성된다.

같이 수록한 다우존스 산업지수 그래프는 합계 수열의 숫자가 파동, 움직임의 크기, 경과 시간에 어떻게 적용되는지를 보여준다.

이 도표에서 가로선은 경과 시간과 그 비율을 표시하며, 세로선은 파동의 크기를 포인트와 비율로 표시한다. 1921년 7월부터 1928년 11월까지 ①, ③, ⑤파동은 3개의 정상적인 강세장이다. ②, ④파동은 정상 이하의 약세장이다. 1942년을 기준으로 한 3개의 경과 시간은 각각 5년, 13년, 21년이다. 경과 시간도 파동 원칙에 부합하지만, 한 번에 하나의 특징만을 논의하는 것이 바람직하다.

다음의 그래프는 1932년 7월부터 1937년 3월까지 삼각형 ②파동의 세부 내용이다.

R. N. 엘리어트

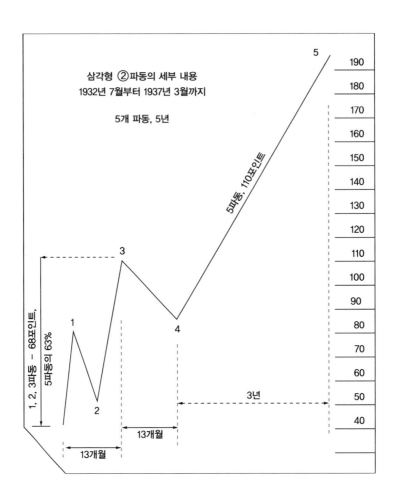

삼각형 ②파동의 세부 내용
1932년 7월부터 1937년 3월까지

5개 파동, 5년

교육 유인물 ZA

교대 발생

1944년 6월 7일

교대: '둘 또는 일련의 사건이나 활동이 차례로 일어나는 것.' 교대는 자연의 법칙이다. 잎이나 가지가 줄기의 한쪽에서 자라면 그 다음에는 반대쪽에서 자라면서 위치를 교대한다.

인체의 구성도 같은 법칙을 따른다.

첫 번째: 몸통에서의 돌출 부위, 몸, 팔, 다리 등 총 5개

두 번째: 팔다리는 세 부분으로 나뉨

세 번째: 팔다리는 다섯 개의 손가락이나 발가락으로 끝남

네 번째: 발가락과 손가락은 세 부분으로 나뉨

그러므로, 5-3-5-3

이런 예시를 들자면 끝이 없지만, 여기서는 인간 활동에서 나타나는 교대 현상에 한해서 논의해 보도록 하겠다.

강세장과 약세장은 교대로 나타난다. 강세장은 다섯 개의 파동

으로, 약세장은 세 개의 파동으로 각각 구성된다. 따라서 5와 3이 교대한다. 같은 법칙이 모든 단계에 걸쳐 적용된다. 강세장은 다섯 개의 파동으로 구성된다. 1, 3, 5번 파동은 상승한다. 2, 4번 파동은 하락하거나 횡보한다. 그러므로 짝수와 홀수가 교대한다.

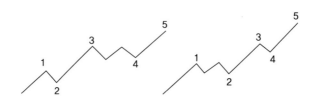

2, 4번 파동은 조정파동이다. 이 두 파동에서는 패턴이 교대로 나타난다. 2파동이 '복잡'하면 4파동은 '단순'할 것이고, 그 반대도 마찬가지다. 작은 규모에서 '단순한' 조정은 하락하는 하나의 파동으로 이루어진다. '복잡한' 조정은 하락하거나 횡보하는 세 개의 파동으로 구성된다. 위의 도표를 참조하라.

완성된 강세장과 같이 높은 단계에서는 약세장의 조정파동도 커진다. 이에 대해서는 저서 17페이지 1번 단락에서 설명했다. 마지막 하락장을 준비하는 기간은 길어지는 경우가 많다.

먼저 내가 대문자 'A'로 표기하는, 다소 중요한 하락 움직임이 나타난다. 이후 나타나는 상승 움직임은 'B'로 표기한다. 마지막으로 세 번째 하락 움직임은 'C'다. 'A'파동이 '지그재그' 패턴이라면 'B'는 반전된 inverted '플랫' 형태일 것이다. 'A'파동이 '플랫'인 경우 'B'가 반전된 '지그재그'일 것이다. 어떤 경우에도 'C'는 다섯 개의 하락 파동으로 구성될 것이다. 이 하락은 격심할 것이며 직전 강세장의 시작점 근처까지 하락한다. 저서 17페이지 첫 번째 단락의 도표 'C'를 참조하라. 이렇게 'A'와 'B'파동이 교대한다. 13년간 형성된 삼각형이 좋은 예시가 된다. 1928년 11월부터 1938년 3월 31일까지는 '플랫'이다. 1938년 3월 31일부터 1939년 10월까지는 반전된 '지그재그'다. 1939년 10월부터 1942년 5월까지는 '플랫'이다.

'비정상적인' 고점은 저서에서 설명한 바와 같이 'B'파동이 직전 강세장 다섯 번째 파동의 고점을 넘어서는 것이다. 이것도 교대로 발생한다. 1916년의 고점은 '비정상'이었다. 1919년의 고점은 '정상적'이었다. 1929년의 고점은 '비정상'이었으며, 1937년에는 '정상'이었다.

1906년까지는 철도지수가 상승 흐름을 이끌었다. 1906년부터 1940년까지의 34년간은 산업지수가 상승 흐름을 이끌었다. 1940년부터는 철도지수가 흐름을 이끌고 있다. 해설 서신 29번에서 이에 대해 설명했다.

R. N. 엘리어트

R. N. 엘리어트의
서비스 관련 유인물에서

1944년 11월 6일

시장은 동일한 파동이 반복되면서 움직인다. 이 파동들은 자연의 법칙을 따르므로 한결같다. 이 법칙은 그리스 시대 초기부터 알려져 있었으며, 증권시장뿐 아니라 생물 및 무생물 세계 전반에 걸쳐 작동한다.

그러므로 어떤 강세장의 일반적인 패턴은 다른 강세장의 패턴과 일치한다. 어떤 약세장의 일반적인 패턴은 다른 모든 약세장의 패턴과 일치한다. 예를 들어 20년대의 강세장과 30년대의 강세장을 비교해 보고, 동일한 파동 형태를 관찰해 보라.

파동 원칙은 자연의 법칙이고, 학설이나 단순한 도구가 아니다.

주식시장 학습자들은 나의 교육 서비스를 통해 파동의 움직임의 법칙을 숙지할 수 있다. 뒤 페이지에 나오는 그래프는 그 단순한 예시 중 하나다. 이 서비스는 학습자가 현재를 파악하고 다가올 방향성을 주요, 중간, 소형 단계별로 예측할 수 있게 철저히 훈련시키

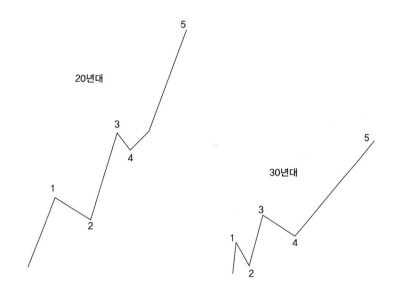

도록 고안되었다. 그러므로 이 값진 기본 법칙을 학습한 사람은 더 이상 다른 사람의 시장 조언에 기댈 필요 없이 그들 스스로 시장을 읽고 예상할 수 있게 된다.

파동의 움직임을 배우는 동안에 파동 원칙에 전적으로 부합하는 시장 예측 서비스가 함께 제공된다. 즉 구독자는 파동 현상을 배움과 동시에 시장 관련 안내도 제공받을 수 있는데, 시장 예측 서비스는 해설적인 특성이 있어 학습 대상인 중요한 원칙을 구독자가 더 깊이 파악할 수 있도록 해 준다. 이 예측 서비스는 시장 추세를 짚어 주며, 중요한 전환기에 특정 주식의 매수 또는 매도를 추천한다.

세기의 기적
1946년 12월 20일

1. 주식시장 사이클을 철저히 조사했고, 그 결과물로 1938년에《파동 이론》를 출간했다. 후속 작업을 통해 1946년 6월에 두 번째 저서인《자연의 법칙》을 출간했다. 기자 대피라미드의 형태가 나의 연구와 일치했기에 대피라미드에 많은 지면을 할애했다.

2. 대피라미드에 관한 책을 여러 권 읽었다. 그중 하나는 최근 친구가 보내준 워스 스미스 Worth Smith 의《세기의 발견 Miracle of the Ages》이라는 제목의 책이었다 매사추세츠 홀리요크 소재 엘리자베스 타운 출판사에서 출판 및 판매, 송료 포함 1.1달러.

3. 대피라미드의 뚜렷한 특징은 다음과 같다.
   a. 정확한 장기 예측
   b. 예측을 기록하는 새로운 방법
   c. 고등 수학
   d. 천문학적 지식

e. 막대한 건설비

f. 높은 수준의 공학적 역량

g. 대피라미드의 예측과 맞아떨어지는 많은 성경 구절들

4. 건축가들의 국적과 혈통에 대한 추측은 있지만 그 이름은 알려지지 않았다.

5. 46세기 전에 건축된 것으로 추정된다.

6. 예수 그리스도가 탄생하기 2,644년 전에 그 사실을 예언하였다.

7. 최근 연구자들은 예언의 상징들을 해석하는 법을 터득했지만, 앞날을 예측하는 법은 아직 알아내지 못했다. 피라미드의 높이는 알려져 있지만 《자연의 법칙》의 7에서 10페이지, 51, 56, 57페이지에서 설명한 외부 형태에 대해서는 거의 언급되지 않고 있다.

8. 피타고라스 기원전 500년경와 피보나치1300년경는 피라미드 내부의 상징에 대해 배울 기회가 없었다. 그렇기 때문에 그들의 지식은 예측의 비결인 피라미드의 형태나 5,813인치의 높이 등 외부 상징에 국한되어 있었다. 저서의 9페이지 3단락을 보라.

R. N. 엘리어트

추신. 《자연의 법칙》 정오표

7페이지 4단락. '기원전'을 '기원후'로 수정

14페이지, 중간 단계 2파동. 'AAC'를 'A B C'로 수정

비율 측정기

다음 지시를 따를 것.

산술 척도에서만 사용 가능함.

왼쪽 측정기의 0부터 임의의 숫자까지 거리는 오른쪽 측정기의 0부터 임의의 숫자까지의 거리의 61.8%다 뒤 페이지 참조.

예시: 왼쪽 측정기의 0부터 40까지의 길이는 오른쪽 측정기의 0부터 40까지의 61.8%다.

역으로: 오른쪽 측정기의 0부터 40까지의 길이는 왼쪽 측정기의 0부터 40까지의 1.618% 원문에 %로 되어있지만 분명한 오류로, 1.618배가 맞을 것—옮긴이다.

R. N. 엘리어트

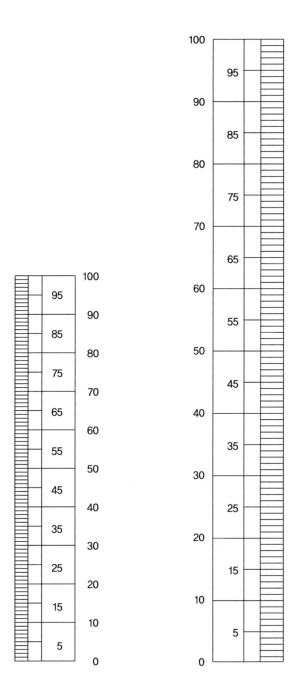

추가 서신
1946년 8월 12일

A. E .... 님 앞

사서함 ...., 뉴욕

.... 님,

8월 7일자로 보내주신 서신 감사합니다. 과거 서신을 요청하셨는데, 제가 《자연의 법칙》을 출간한 여러 이유 중 하나가 보유하던 과거 서신이 다 소진되었기 때문입니다. 저서 첫 페이지에 "이 책에 실린 논고는 모두 과거의 저작물이다."라고 밝힌 바 있습니다. 귀하에게 도움이 된다면 1938년 출간된 저서와 제공 가능한 서신과 유인물을 우편으로 보내 드릴 수 있습니다. 이 중 일부는 제가 13년 삼각형을 발견하고 해석하기 이전에 발행한 것입니다. 《자연의 법칙》 18페이지의 4단락에 13년 삼각형의 (5)파동이 1939년에 시작되었음에 주목하십시오.

파동 현상과 그 토대의 발견자로서 저는 사건들을 배열하고 역사적 배경을 발견하는 데에 많은 시간을 보냈습니다. 아마도 제가 발견한 것은 빙산의 일각일지도 모릅니다. 그런데도《자연의 법칙》은 세기의 발견이라고 말씀해 주시는 분들도 있습니다.

말씀하신 것처럼 제 수수료는 저렴합니다만, 일부 고객께서는 특별 서비스를 위해 그 이상의 비용을 지불하고 계십니다.《자연의 법칙》400부를 구입하겠다는 요청을 받기도 했습니다.

《자연의 법칙》을 여러 번 읽어 보시기를 권합니다.

요청하신 과거 모든 서신을 제공해드리지 못하게 되어 보내주신 수표를 반송합니다. 덧붙여 말씀드리자면, 저서의 옛 판본과 새로운 판본 사이에 약간 다른 점 매우 적으며 사소함을 발견하실 수 있습니다. 대부분 산술 척도와 세미-로그 척도의 사용과 관련된 것입니다. 1938년에 저는 당시 진행 중이던 13년 삼각형의 배경에 대해 아는 것이 없었습니다. 31페이지의 상관관계를 밝히는 데 많은 시간을 할애했습니다.

지금으로써는 어떤 서신을 보내드릴 수 있을지 알 수 없습니다.

R. N. 엘리어트 드림

엘리어트 파동 이론

초판 1쇄 발행 2024년 3월 29일
2쇄 발행 2024년 9월 1일

지은이 R. N. 엘리어트
옮긴이 Robin Chang, 윤지민

펴낸곳 ㈜이레미디어
전화 031-908-8516(편집부), 031-919-8511(주문 및 관리)
팩스 0303-0515-8907
주소 경기도 파주시 문예로 21, 2층
홈페이지 www.iremedia.co.kr **이메일** mango@mangou.co.kr
등록 제396-2004-35호

편집 김지숙, 이병철 **디자인** 최치영
마케팅 김하경 **재무총괄** 이종미 **경영지원** 김지선

SBN 979-11-93394-24-3 (03320)

＊ 가격은 뒤표지에 있습니다.
＊ 잘못된 책은 구입하신 서점에서 교환해드립니다.

당신의 소중한 원고를 기다립니다.
mango@mangou.co.kr